STERBEN UM ZU LEBEN

Politische Gefangene
im Zuchthaus
Brandenburg-Görden
1933–1945

STERBEN UM ZU LEBEN

Politische Gefangene
im Zuchthaus
Brandenburg-Görden
1933–1945

Herausgegeben
von
Walter Uhlmann

Kiepenheuer & Witsch

© 1983 by Verlag Kiepenheuer & Witsch, Köln
Schutzumschlag Hannes Jähn, Köln,
unter Verwendung eines Fotos: Politische Gefangene
des Zuchthauses Brandenburg-Görden,
Außenkommando Abbendorf,
1939 bei der Verlegung von Rohren zur Elbe-Regulierung
(Archiv Gerstenberg).
Gesamtherstellung Clausen & Bosse, Leck
ISBN 3 462 01584 2

Inhalt

HERMANN WEBER	Vorwort 9
ALFRED SCHAEFER	Einleitung 18
WALTER SCHWERDTFEGER	Ein Journalist wird zum Schweigen gebracht 26
FRITZ OPEL	Die Revolution, der Sozialismus war das Ziel 108
ALFRED SCHAEFER	»Nun bist du drin im steinernen Sarg« 115
HANS NAUMANN	»... die aber haben ein ganzes Volk verraten!« 136
GEORG WALTER	»NSKK-Obersturmführer Walter«, ein Angehöriger der Schwarzen Front 140
BODO GERSTENBERG	»Spitzbuben und Hochverräter!« 150
HANS BRAMMER	Mut, Kraft und Glaube 188
WALTER UHLMANN	Antifaschistische Arbeit 191
EDUARD WALD	»Opfer und Entbehrungen waren nicht vergebens« 241
WALTER HAMMER	Freiheit und Chaos 254
ANHANG	Drahtlose Nachrichten: »Der Draht« 263 Blick hinter die Gitter: Gesprengte Fesseln 279 Abkürzungen 293 Register 295 Bildnachweis 299

Hermann Weber Vorwort

Das Interesse an Informationen über die NS-Diktatur in Deutschland 1933 bis 1945 wächst gerade in der jüngeren Generation. Der 50. Jahrestag der Machtergreifung Hitlers war aktueller Anlaß für zahlreiche neue Publikationen zum Thema Nationalsozialismus. Beschreibungen und Analysen des Terrorregimes, des Alltags im »Dritten Reich« ebenso des Widerstandskampfes gegen die Hitler-Diktatur liegen vor. Dabei wird neben dem 20. Juli 1944 mit Recht der schon seit 1933 aktive Widerstand der Arbeiterbewegung ins Licht gerückt.
Der vorliegende Band ist als Teil der Literatur über den Arbeiterwiderstand zu verstehen. Doch er unterscheidet sich von den bisherigen Darstellungen dadurch, daß er ein Gebiet erschließt, das in der Bundesrepublik Deutschland bisher weitgehend unbekannt blieb: die Situation der Widerstandskämpfer im Zuchthaus wird hier erstmals umfassend thematisiert. Bislang ist diese Problematik nur in der DDR beschrieben worden. Wie die gesamten umfangreichen Widerstandspublikationen, die dort seit langer Zeit veröffentlicht wurden und viel Material zutage brachten, sind aber auch die Darstellungen über die politisch Inhaftierten parteilich im Sinne der SED verzerrt. Da die Geschichtsschreibung in der DDR in erster Linie der Legitimation der SED-Herrschaft zu dienen hat, muß sie Geschichte im Sinne der jeweiligen Parteilinie umdeuten, Verfälschungen und Legendenbildung sind die bedauerliche Folge.
Der vorliegende Band unterscheidet sich wohltuend von dieser parteilich verzerrten Sicht. Die Autoren kommen aus recht unterschiedlichen politischen Gruppierungen, doch sie haben ein gemeinsames Ziel: dem heutigen Leser zu erläutern, wie die Situation der politischen Gefangenen im Zuchthaus war, wie sie versuchten,

ihre politischen Ideen zu bewahren und auch isoliert entsprechend ihrer Gesinnung zu leben und zu überleben.
Dabei nimmt die Beschreibung des Zuchthauses, des Wachpersonals, der Mitgefangenen usw. einen breiten Raum ein – unter diesen Bedingungen mußten die Hitler-Gegner im Zuchthaus versuchen, solidarisch zusammenzuhalten, um nach den gegebenen Möglichkeiten den Widerstandskampf auch im Zuchthaus fortzuführen.
Die Widerstandskämpfer, die in diesem Buch über ihre Erfahrungen und Erlebnisse im Zuchthaus Brandenburg berichten, behandeln verschiedene Probleme, welche ein umfassendes Bild des Schicksals hinter Zuchthausmauern vermitteln. Ihr Lebensweg war ebenso unterschiedlich wie ihre politische Herkunft, sie kamen aus der KPD, dem Reichsbanner, der KP-Opposition – KPO, der Sozialistischen Arbeiterpartei – SAPD, der »Schwarzen Front« Strassers oder hatten Verbindung mit dem ehemaligen kommunistischen Pressechef Willy Münzenberg. Sie repräsentieren damit vor allem die verschiedenen Richtungen der deutschen sozialistischen Arbeiterbewegung, die im Widerstandskampf gegen das Hitler-Regime von Anfang an aktiv und dadurch großen Verfolgungen ausgesetzt waren und somit auch in den Zuchthäusern und Konzentrationslagern das Gros der politischen Gefangenen stellten. Die plastischen Erinnerungen und packenden Darstellungen der Autoren zeigen zugleich, daß sie ihre Erfahrungen verarbeitet haben, von kleinlicher parteilicher Sicht entfernt sind und trotz unterschiedlicher Standpunkte vor allem daran erinnern wollen, »wie es war«. Dieser Vorzug des Buches geht einher mit den Hinweisen auf die unterschiedlichen Gruppen und ihren Widerstandskampf, führt also über die Beschreibung der Situation im Zuchthaus Brandenburg hinaus.
Der Widerstandskampf der verschiedenen Flügel der Arbeiterbewegung ist inzwischen auch in der Bundesrepublik untersucht worden. Dabei fanden vor allem die beiden großen Parteien, SPD und KPD, das Interesse der Forschung. Neuerdings liegt eine Zusammenfassung des sozialdemokratischen Widerstandes vor,[1] verschie-

[1] Patrik von zur Mühlen: Sozialdemokraten gegen Hitler, in: Richard Löwenthal und Patrik von zur Mühlen (Hrsg.): Widerstand und Verweigerung in Deutschland 1933 bis 1945. Berlin–Bonn 1982. S. 57ff.

ne Arbeiten unterrichten über den Widerstand der KPD[1]. Die in diesem Band vertretenen Autoren gehörten jedoch in ihrer Mehrheit jenen kleineren sozialistischen bzw. kommunistischen Gruppen an, die sich in Opposition von den großen Parteien abgespalten hatten. Interessant ist, daß diese Gruppen vor 1933 zu einer klareren Einschätzung des Nationalsozialismus gelangten als die beiden großen Parteien; insbesondere die KPD verwirrte mit ihren Faschismus-Theorien die Arbeiterschaft, für sie waren alle politischen Gegner »Faschisten«, selbst die Sozialdemokraten diffamierten sie als »Sozialfaschisten«[2]. Die kleineren Gruppen beurteilten den Nationalsozialismus zutreffender, sie leisteten nach 1933 auch einen relativ erheblichen Widerstand. Dies gilt für die SAPD, deren Tätigkeit mehrfach erforscht wurde,[3] aber auch für die verschiedenen kommunistischen Splittergruppen. Walter Uhlmann, einer der Autoren dieses Bandes, hat auf die Entwicklung der KPO verwiesen.[4]

Diese sogenannten rechten Kommunisten hatten 1928/29 den ultralinken Kurs der KPD (Gewerkschaftsspaltung, Hauptstoß gegen die SPD sowie Sozialfaschismusthese) abgelehnt, sie wurden deswegen aus der KPD ausgeschlossen. Ende 1928 und 1929 bildeten die rechten Kommunisten unter Heinrich Brandler, August Thalheimer, Paul Frölich, Jacob Walcher u. a. die KPO. Diese hatte 6000

---

1 Detlev Peukert: Die KPD im Widerstand. Verfolgung und Untergrundarbeit an Rhein und Ruhr 1933–1945. Wuppertal 1980. Beatrix Herlemann: Die Emigration als Kampfposten. Die Anleitung des kommunistischen Widerstandes in Deutschland aus Frankreich, Belgien und den Niederlanden. Königstein i. T. 1982
Hermann Weber: Die KPD in der Illegalität, in: Löwenthal – von zur Mühlen, ebda., S. 83 ff.
2 Vgl. dazu jetzt: Hermann Weber, Hauptfeind Sozialdemokratie. Strategie und Taktik der KPD 1929–1933. Düsseldorf 1982.
3 Vgl. z. B. Jörg Bremer. Die Sozialistische Arbeiterpartei Deutschlands (SAP). Untergrund und Exil 1933–1945. Frankf. a. M. 1978
4 Walter Uhlmann: Antifaschistische Arbeit, in: A. Schaefer/W. Uhlmann/E. Wald/B. Gerstenberg: Die Widerstandskämpfer im Zuchthaus Brandenburg-Görden, »aus politik und zeitgeschichte«, Beilage »Das Parlament«, B 18/80 vom 3. Mai 1980, S. 7 ff.

Mitglieder, sie brach 1932 auseinander, als die Minderheit unter Frölich, Walcher, Enderle u. a. sich mit der SAP zusammenschloß. Nach Hitlers Machtergreifung richtete sich die KPO auf eine längere Illegalität ein, die etwa 3500 Mitglieder konnten fast geschlossen in den Widerstand übergeführt werden. Eine Auslandsleitung unter Brandler, Thalheimer und Leo Borochowicz residierte zunächst in Straßburg und organisierte mit Hilfe der starken elsässischen Rechtskommunisten einen Literaturvertrieb nach Deutschland. Die Inlandsleitung war das sogenannte Berliner Komitee, zu dem Erich Hausen, Karl Bräuning, Werner Müller, Robert Siewert, Walter Uhlmann, Hans Tittel und Fritz Wiest gehörten. Trotz zahlreicher Einzelverhaftungen und der Zerschlagung der Nürnberger Gruppe blieb die Organisation der KPO (wie die der meisten kleineren Gruppen) in den ersten Jahren intakt und von der Gestapo unentdeckt. Die KPO besaß einen technischen Apparat, der Kurierwesen, Druckschriftenherstellung und illegale Quartiere organisierte. Die Materialien der KPO informierten über das NS-Regime wie über die Arbeiterbewegung in aller Welt, um das Meinungsmonopol der Nazis zu durchbrechen. Ziel der KPO war der Aufbau neuer, vor allem gewerkschaftlicher Kadergruppen. Die illegale KPO war – wie schon vor 1933 die legale Organisation – vor allem in Sachsen und Thüringen aktiv, auch in Städten wie Stuttgart, Königsberg oder Frankfurt am Main. 1935 und erneut 1937 kam es zu zahlreichen Prozessen gegen KPO-Gruppen, deren Aktivitäten damit zurückgingen.
Ähnliche Widerstandsarbeit leisteten auch andere unabhängige kommunistische Gruppen, die freilich an Größe und Bedeutung nicht an die KPO heranreichten. So blieb die Tätigkeit des linkskommunistischen Leninbundes, der 1928 entstanden war, auf die Anfangszeit der Hitler-Diktatur beschränkt. Auch die Trotzkisten, die in zwei Gruppen aufgespalten waren, arbeiteten im Widerstand. Nach der Zerschlagung der größeren Widerstandskreise leisteten in den folgenden Jahren in Deutschland noch weitere 300 trotzkistische Funktionäre und Mitglieder illegale Arbeit. Auch andere kommunistische Gruppen, die von Moskau unabhängig operierten, etwa die »Roten Kämpfer«, deren Führer aus der ehemaligen Kom-

munistischen Arbeiterpartei hervorgegangen waren, gehörten zu den Widerstandskräften, wie die links von den Kommunisten stehenden Syndikalisten.
Widerstand außerhalb der illegalen KPD-Gruppen leisteten auch jene »Versöhnler« genannten Kommunisten, die Edu Wald in diesem Band vertritt. Die Führung der Versöhnler unter Arthur Ewert und Gerhart Eisler hatte nach dem Tod von Ernst Meyer[1] 1930 vor der KPD-Führung kapituliert, doch waren vor allem jüngere Funktionäre der Versöhnler innerhalb und außerhalb der KPD aktiv. Sie versandten ihre illegalen Rundschreiben, und ihr Fraktionssekretär Edu Wald hielt die getarnte Organisation zusammen. Die kleine Kaderorganisation betätigte sich nach 1933 illegal weiter. Während die Versöhnler Max Frenzel, Westermann u. a. in Deutschland mit der KPD zusammenarbeiteten, lehnten Karl Volk, Georg Krausz und Edu Wald diese Taktik ab. Sie bildeten die »Berliner Opposition« und gaben bis 1938 in der Emigration die Zeitschrift *Funke* heraus. Verhaftungen in Deutschland (Wald, Krausz) und der Kriegsbeginn beendeten die Tätigkeit der Versöhnler.
Der Widerstand dieser Gruppen wird in der DDR totgeschwiegen. Auch die wichtigen und gefahrvollen Aktivitäten der Autoren des vorliegenden Bandes im Zuchthaus Brandenburg versucht die DDR-Geschichtsschreibung zu unterschlagen. So wird in einem Buch über die politischen Gefangenen des Zuchthauses Brandenburg, *Gesprengte Fesseln*[2], das 1975 in erster und 1982 in vierter Auflage in Ostberlin erschien, nach der Devise verfahren, »Parteifeinde« aus Geschichtsdarstellungen zu tilgen. Zu den DDR-Herausgebern gehört Max Frenzel, der früher selbst zu den Versöhnlern zählte.
Die vorliegenden Erinnerungen sind daher eine wichtige Korrektur an den SED-Legenden. In diesen wird nicht nur versucht, den ge-

---

1 Vgl. dazu Rosa Meyer-Levine: Im inneren Kreis. Erinnerungen einer Kommunistin in Deutschland 1920–1933. Verlag Kiepenheuer und Witsch, Köln 1979 (Fischer-Taschenbuch 1982).
2 Max Frenzel/Wilhelm Thiele/Artur Mannbar: Gesprengte Fesseln. Berlin (Ost) 1975.

samten Widerstand als von der KPD geleitet darzustellen, auch die Situation der Häftlinge im Zuchthaus wird verzerrt, weil eine »führende Rolle« von »Parteiorganisationen« der KPD im Zuchthaus erfunden wird, die zudem noch »marxistisch-leninistische Schulungen« durchgeführt haben sollen.[1]
Die Legenden, die die SED um die Kommunisten im Zuchthaus Brandenburg webt, hängen überdies mit Erich Honeckers Rolle während seiner langjährigen Haftzeit zusammen, sie gelten vor allem aber seiner Flucht und den merkwürdigen Umständen seiner Rückkehr ins Zuchthaus. Darüber hat Walter Uhlmann ebenso wie über andere Fälschungen der DDR-Geschichtswissenschaft exakt berichtet,[2] hier braucht darauf nicht mehr eingegangen zu werden.
Die in diesem Buch vorgelegten Erinnerungen zeigen nicht nur die Situation der politischen Gefangenen im Zuchthaus Brandenburg, sie dokumentieren auch die tatsächliche Widerstandstätigkeit, die freilich anders aussah als die legendenhaften »Parteiorganisationen«, über die sich die SED verbreitet. Vor allem wird im vorliegenden Band auch über die wesentliche Bedeutung von Robert Havemann für den Widerstand im Zuchthaus Brandenburg berichtet, die die SED heute verschweigt. Darüber hinaus können die Erinnerungen – unabhängig von Parteilinie oder verzerrender heutiger Sicht – zur Aufklärung über das NS-Terrorregime beitragen.
Das Zuchthaus Brandenburg spielte ja im »Dritten Reich« eine wichtige Rolle. Hier wurden von August 1944 bis April 1945 2032 Menschen hingerichtet, darunter waren 1800 Opfer ihrer politischen oder religiösen Überzeugung. Walter Hammer, ebenfalls als Autor in diesem Band vertreten, verwies auf die Breite des Widerstandes, die sich aus der Liste der Opfer ablesen läßt: »Alle Berufe waren vertreten, vom Dichter, Universitätsprofessor und Parlamentarier, vom General und Gesandten bis zum blutjungen Schüler und schlichten Landarbeiter, allein 100 Künstler und Gelehrte und neunzehn katholische Geistliche. Man wußte unter ihnen viele alte

1 Vgl. dazu die Anmerkungen von Walter Uhlmann im Anhang dieses Buches.
2 Walter Uhlmann, ebda.

persönliche Freunde, ohne auch nur mit einem Zuruf ihre Nöte lindern zu können; alle zwei Minuten hörte man das Fallbeil niedersausen, an einem Montag im August 1944 nicht weniger als 42mal in stetiger Folge.« Von den 1800 politischen Opfern waren fast die Hälfte Arbeiter, über 200 Angestellte und Beamte. Allein die kommunistische Gruppe Saefkow hat in Brandenburg »weit über 100 Opfer zu beklagen gehabt«.[1]
Doch Brandenburg war nicht nur eine große Hinrichtungsstätte der Hitler-Justiz. So hat Hammer nach dem Krieg in zahlreichen Veröffentlichungen über die Untaten der Nazis in Brandenburg nachgewiesen, daß in diesem größten und modernsten Zuchthaus Europas vor allem politische Gefangene besonders hart behandelt wurden. Hammer war es auch, der eine Gedenkstätte für die politischen Gefangenen einrichtete, ein Archiv mit Museum und Bibliothek. Es gelang ihm, 1948 im Rahmen des Landesarchivs Potsdam ein besonderes Forschungsinstitut zu entwickeln, das über 1000 wertvolle Dokumente verfügte. Doch Hammer mußte im Rahmen der Stalinisierung der DDR 1951 sein Werk aufgeben und in die Bundesrepublik flüchten.[2]
Über die Hälfte der Gefangenen in Brandenburg waren politisch Verfolgte. Was sie unter den schweren Bedingungen der Haft vor allem aufrechthielt, war die Solidarität. In einer Broschüre über Brandenburg, die 1948 von Edu Wald und Artur Mannbar (jetzt einer der Herausgeber von *Gesprengte Fesseln*) publiziert wurde, heißt es darüber:
»Jeder politische Gefangene des Brandenburger Zuchthauses, gleich welcher Partei oder Gruppe er angehörte, hat bald nach seiner Einlieferung den Geist der Solidarität gespürt, von dem das Leben der eingesperrten Antifaschisten erfüllt war.«[3]

1 Brandenburg. Das deutsche Sing-Sing. Zwei Rundfunkreden und eine programmatische Erklärung von Walter Hammer. Hamburg o. J. (1952), S. 9.
2 ebda, S. 8 ff.
3 Brandenburg. Hrsg. VVN, Arbeitsgemeinschaft der ehemaligen Gefangenen des Zuchthauses Brandenburg (Havel), A. Mannbar, E. Wald. Brandenburg 1948, S. 11.

Diese Solidarität war es auch, die einen antifaschistischen Grundkonsens der Hitler-Gegner hervorbrachte, der zunächst nach 1945 politisch wirksam war. Die gemeinsame Zusammenarbeit der politischen Gefangenen, ihr Widerstand auch hinter Zuchthausmauern schien auch eine gemeinsame politische Tätigkeit der Hitler-Gegner beim Aufbau eines neuen Deutschland zu ermöglichen. Doch spätestens der kalte Krieg hat diese Chance zerschlagen. In der Bundesrepublik wurde der Widerstandskampf über Jahrzehnte verdrängt, weil im Kampf gegen Hitler eben gerade die nun verfemten Kommunisten eine überragende Rolle gespielt hatten. In der DDR dehnte die SED ihren politischen Alleinvertretungsanspruch auch auf die Geschichte aus, nicht-kommunistischer und vor allem sozialdemokratischer oder unabhängig-kommunistischer Widerstand wurde verschwiegen, während gleichzeitig sogar die überlebenden Widerstandskämpfer dieser Gruppen erneut verfolgt wurden. Damit war der antifaschistische Konsens zerschlagen. Für die Widersprüche in der DDR blieb es freilich symptomatisch, daß im Zuchthaus Brandenburg nicht nur der heutige Staatsratsvorsitzende und Parteiführer der SED, Honecker, inhaftiert war, sondern auch der marxistische Philosoph und radikale Regimekritiker der DDR, Robert Havemann. In vieler Hinsicht ist das Schicksal der politischen Gefangenen, der antifaschistischen Widerstandskämpfer des Zuchthauses Brandenburg, also keineswegs nur Geschichte.

Fünfzig Jahre nach Hitlers Machtantritt, der zum Zweiten Weltkrieg führte und über 50 Millionen Menschen das Leben kostete, ist ein Buch wie dieses, das die Schrecken des Zuchthauses in einem totalitären Staat zeigt, eine wichtige Lektüre. Auch hier sei nochmals Walter Hammer zitiert, der schrieb, daß die »schlichte Darstellung der Tatsachen, als auch das Hohelied tausendfältigen Opferganges« geeignet seien, als Vorbilder zu dienen, »ausgezeichnet durch Zivilcourage, Opferbereitschaft, Standhaftigkeit und Siegeszuversicht«. Dies könne junge Menschen »gegen neue Anfechtungen« feien, sie davor bewahren, »sich einer neuen Teufelei zu verschreiben, einem neuen Ungeist zu verfallen und wieder auf Abwege zu geraten, falls wir von ähnlicher geistiger Vergewaltigung und Unterjochung nochmals bedroht werden sollten«. Denn:

»Wenn man die Taten der deutschen Freiheitskämpfer in lebendiger Erinnerung hält, dann dürfen wir hoffen, daß unser deutsches Volk eine etwaige weitere Bewährungsprobe besser bestehen wird.«[1] Freilich, die Beschäftigung mit dem Widerstand sollte auch dazu beitragen zu begreifen, daß ein solches menschenfeindliches Unrechtssystem nach seiner Errichtung kaum von innen zu beseitigen ist und daß dann der Widerstand unzählige Opfer fordert. Die Verhinderung eines solchen Systems, die Erhaltung demokratischer Institutionen und des Rechtsstaats ist die Mahnung, die aus den Erinnerungen der in diesem Band vereinten Brandenburger Widerstandskämpfer heute abzuleiten ist.

---

[1] Hammer, a. a. O., S. 6.

Alfred Schaefer

*1907 in Rosdzin, Kreis Kattowitz, geboren, KPD
Nachwuchsschauspieler bei Brecht und Piscator,
nach 1933 KPD-Funktionär in Berlin-Neukölln,
redigierte u. a. die ›Neuköllner Sturmfahne‹, 1934
verhaftet, 1935 zu 5 Jahren Zuchthaus verurteilt.
Er emigrierte nach der Entlassung 1940 nach
China.
Nach 1945 löste er sich von der KPD, studierte
Philosophie, promovierte mit einer Arbeit über
David Hume. Er ist heute in der Berliner
Erwachsenenbildung tätig.*

Einleitung[1]

I

Der Zusammenbruch der Weimarer Republik und die Errichtung der Hitler-Diktatur sind von der deutschen Geschichtsschreibung gründlich behandelt worden – allerdings mit stark unterschiedlichen Akzentsetzungen in der Bundesrepublik Deutschland auf der einen und in der Deutschen Demokratischen Republik auf der anderen Seite. Es sind gleichsam zwei entgegengesetzte Erinnerungskomplexe, in denen das Schicksal des Reiches sich erhalten hat. Gleiches gilt auch für die Erinnerung an die in politischen Prozessen Verurteilten, deren eigene Zeugnisse bisher nicht sehr bekanntgeworden sind. Von der DDR-Geschichtsschreibung werden diese Widerstandskämpfer entweder umstandslos der SED zugerechnet oder totgeschwiegen. In der Bundesrepublik hingegen hat sich das öffentliche Interesse bisher vor allem auf die Verschwörung des Grafen Stauffenberg konzentriert. So gerieten die Gefangenen, die Jahre in den Zuchthäusern zubringen mußten und Gefährten der Hingerichteten waren, fast in Vergessenheit. Eine Darstellung der

---

1 Erste Veröffentlichung, die hier gekürzt wiedergegeben wird, in: Das Parlament, B 18/80 v. 3. 5. 1980, Beilage. – Die Anregung zu einer Veröffentlichung von Häftlingsberichten wurde von Walter Schwerdtfeger gegeben; s. auch sein Bericht S. 26

Situation der politischen Gefangenen im Zuchthaus Brandenburg-Görden in den Jahren 1933–1945 ist also an der Zeit.
Die Verurteilten sind nicht nur einer Partei zuzurechnen. Das vielfältige politische Spektrum der Weimarer Republik prägte die Herkunft und Tätigkeit der Antifaschisten. Einigkeit herrschte aber über das Ziel: Beseitigung der Hitler-Diktatur und Wiederherstellung der Grundrechte, die der Reichspräsident von Hindenburg in der ihm von Hitler vorgelegten Notverordnung »zum Schutz von Volk und Reich« am 28. Februar 1933 aufgehoben hatte. Diese Notverordnung blieb bis Mai 1945 in Kraft. Ein großer Teil der Widerstandskämpfer ist auf der »Rechtsgrundlage« dieser Verordnung hingerichtet worden.
Das politische Spektrum der Weimarer Republik war durch die Vielzahl der Parteien, die sich um Reichstagsmandate bewarben, unübersichtlich geworden und klärte sich erst nach der Machtergreifung der Nationalsozialisten. Stand eine kommunistische Gruppierung wie die 1928 sich gegen die stalinistische Linie der KPD richtende KPO oder die ihr nahestehende trotzkistische Organisation für die Öffentlichkeit im Schatten der Millionenpartei der Moskau-treuen Kommunisten unter Thälmann und Ulbricht, und stand die 1931 aus dem linken Flügel der SPD hervorgegangene SAP im Schatten der großen Sozialdemokratischen Partei unter Otto Wels, so glich der gegen alle Antifaschisten gleicherweise gerichtete Terror die Größenunterschiede aus. Jetzt wurde die neuformierte Gruppe »Neu Beginnen« ebenso wichtig wie die ehemaligen parlamentarischen Parteien. Beispielgebend für viele andere formulierte »Neu Beginnen« als ihr unmittelbares politisches Kampfziel »die Niederringung des faschistischen Staatssystems und seine Ersetzung durch die breitesten Freiheitsrechte der Volksmassen in einem demokratischen Regime«.[1] Diese Gruppe hat große Opfer gebracht, sie hat mehr als 30 Hinrichtungen und hohe Zucht-

---

1 Miles, Neu Beginnen! Karlsbad 1933; Miles (Walter Löwenheim): Neu beginnen! Faschismus und Sozialismus. Als Diskussionsgrundlage der Sozialisten Deutschlands von Miles. Probleme des Sozialismus. Sozialdemokratische Schriftenreihe H 2. (August 1933) Karlsbad. Zur Gruppe »Neu

hausstrafen hinnehmen müssen. Ihr nahe standen die »Sozialistische Front« in Hannover und der »Rote Stoßtrupp« in Berlin. Die Bewahrung der Rechte des einzelnen auch im Sozialismus war das Anliegen des Internationalen Sozialistischen Kampfbundes, ISK, der sich auf die Ethik des Philosophen Leonard Nelson berief. Viele ISK-Anhänger kamen ins Zuchthaus; ihr Leiter Philippson endete in Auschwitz.

Auch in der NS-Bewegung hatte es sozialistische Tendenzen gegeben, die 1930 die Abspaltung des von Otto Strasser geführten Flügels bewirkten; die daraus hervorgegangene »Schwarze Front« wurde von der Gestapo nicht weniger verfolgt als die Kommunisten. In Strassers Programm stand (nach Mitteilung seines engen Mitarbeiters Herbert Blank an den Verfasser im Zuchthaus Brandenburg-Görden) die Gleichrangigkeit aller Funktionen vom Betriebsleiter bis zum Werkmeister in einer vollsozialisierten Industrie, die mit der Sowjetunion kooperieren sollte. Das moralische Vorbild war der preußische Offizier.

Im kirchlichen Widerstand ging es letztlich darum, die Zehn Gebote und die Bergpredigt wieder in Geltung zu setzen. In bürgerlichen Kreisen war das oppositionelle Bestreben eher auf den Wert der Persönlichkeit als auf kollektive Rechte konzentriert.

Nach der Katastrophe, zu der die stalinistische Orientierung der KPD massiv beigetragen hatte, und nach der Flucht Ulbrichts und Piecks nach Prag, Paris, Moskau, von wo aus sie undurchführbare Parolen zum offenen Widerstand ausgaben, mag es verwunderlich erscheinen, daß viele Kommunisten, besonders junge Menschen, der Partei die Treue hielten. Aber sie setzten die KPD nicht mit Ulbricht und Pieck gleich, sondern mit den Märtyrergestalten Karl Liebknecht und Rosa Luxemburg. Gerade junge Menschen waren bereit, deren Schicksal auf sich zu nehmen. Ein starker Idealismus prägte die Vorkämpfer einer materialistischen Weltanschauung. Ein Gestapo-Bericht nennt sie »Menschen, die bereit sind, alles, aber

Beginnen« siehe Kurt Kliem, Der sozialistische Widerstand. Dargestellt an der Gruppe »Neu Beginnen«. Phil. Diss. Marburg 1957.

auch alles für ihre Idee zu tun, auch lieber Selbstmord zu begehen, als Aussagen zu machen.«[1]

II.
Die Verurteilung des Widerstandskämpfers erfolgte auf Grund des Paragraphen für Vorbereitung zum Hochverrat (in einigen Fällen auch für Landesverrat). Zur Verbüßung der Strafe stand im Bezirk Berlin-Brandenburg hauptsächlich das Zuchthaus Brandenburg-Görden zur Verfügung. Es erhielt im Krieg seinen schreckenerregenden Ruf durch die Hinrichtungen, die bis in die letzten Tage des Dritten Reiches dort stattfanden.
Das Zuchthaus unterstand der Strafvollzugsbehörde, also der staatlichen Bürokratie, nicht der SS, die die Gestapo kontrollierte und die Konzentrationslager leitete. Der einzelne Häftling konnte demnach ein gewisses Maß an bürokratischer Ordnung erwarten, das sich vom Terror der Konzentrationslager beträchtlich unterschied. Aber der Zweck der Strafhaft war, ihn moralisch und physisch zu brechen. »Eine Strafe antreten, heißt ein Übel auf sich zu nehmen«, versicherte der Direktor des Zuchthauses Brandenburg, Schwerdtfeger, den Eingelieferten. Das »Übel«, bürokratisch administriert, bestand in einer rigiden Aufrechterhaltung der Disziplin, Arbeit bei minimaler oder gar keiner Entlohnung, Unterdrückung jeglicher Initiative, Zusammensperren mit Kriminellen aller Sparten, Ungewißheit, ob nach Verbüßung der im Urteil verkündeten Strafe auch tatsächlich die Entlassung oder die Überstellung an ein Konzentrationslager folgen würde. Überhaupt konnte die bürokratische Ordnung, dieser gewissermaßen letzte Rest an rechtsstaatlicher Ordnung, jederzeit durch die Gestapo durchbrochen werden, indem sie einen Gefangenen zur Vernehmung anforderte, von neuem unter Druck setzte oder ihn bei seiner Entlassung am Tor in Empfang nahm, um nach Belieben mit ihm zu verfahren.
Der Widerstand der Antifaschisten aus den verschiedensten politischen Lagern endete nicht mit der Verhaftung, sondern erreichte in

---

1 Gestapobericht Hamburg, 27. 10. 1934, in: E. Aleff, Das Dritte Reich, Hannover 1973, S. 91.

der Gestapovernehmung seinen Höhepunkt; er endete auch nicht mit der Einlieferung, sondern wurde im Zuchthaus unter anderen Bedingungen fortgesetzt. Vor allem kam es darauf an, den Strafzweck zunichte zu machen und die eigene moralische und physische Integrität um der besseren Zukunft willen zu bewahren. Der zum Tode verurteilte Hermann Danz (39 Jahre alt) schrieb wenige Stunden vor seiner Hinrichtung in Brandenburg-Görden: »Ich sterbe am Ende der alten Zeit, damit die anderen die neue beginnen können.« Georg Großkurth (40 Jahre alt) schrieb an seine Frau: »Denke daran, daß wir für eine bessere Zukunft starben, für ein Leben ohne Menschenhaß. Ich habe die Menschen sehr geliebt.«[1] Der Widerstandskämpfer lebte und starb für Menschlichkeit, nicht für Parteiparolen.

Die Selbstbehauptung des einzelnen forderte engen Kontakt mit anderen. Spontan half man sich bei jeder Gelegenheit. Die der Arbeiterbewegung seit je eigentümliche Solidarität bewährte sich gemeinsam mit der Humanität des bürgerlichen Antifaschismus. Diese zwischenmenschlichen Beziehungen versucht die SED heute für die kommunistische Parteiorganisation im Zuchthaus in Anspruch zu nehmen, so als ob nicht die Werte Solidarität und Humanität weit älter wären als die KPD. Auch die politischen Diskussionen entstanden je nach Anlaß spontan und waren nicht von einer politischen »Zentrale« gelenkt, wie das im Militärverlag der DDR erschienene Buch »Gesprengte Fesseln« glauben machen will, das den Untertitel trägt: »Ein Bericht über den antifaschistischen Widerstand und die Geschichte der illegalen Parteiorganisation der KPD im Zuchthaus Brandenburg-Görden von 1933 bis 1945«.

Von dieser Parteiorganisation, »die im wesentlichen alle Genossen in den vier Gebäudekomplexen des Zuchthauses erfaßte« (wie Professor Paterna in dem genannten Buch behauptet[2]), seien »in den Werkstätten gemeinsame Sabotageakte unternommen worden«,

---

1 M. Frenzel, W. Thiele, A. Mannbar, Gesprengte Fesseln, Berlin (Ost) 1976; zu Hermann Danz s. Deutsche Widerstandskämpfer 1933–1945, Berlin (Ost), 1970, Bd. 1, S. 186ff.
2 M. Frenzel, W. Thiele, A. Mannbar, a. a. O., 11.

über die allerdings kein Beleg existiert. War schon in der Freiheit Sabotage der Kriegsproduktion so gut wie unmöglich, so erst recht im Zuchthaus, dessen Insassen unter ständiger Beobachtung standen. Wollten die Genossen in den Werkstätten ihre wertvolle Gemeinschaft erhalten, dann mußten sie selbstverständlich brauchbare Produkte herstellen. Der zum Tode verurteilte Robert Havemann blieb nur am Leben, solange er wehrwirtschaftliche Forschungen in seinem Labor leistete, dessen Bestehen für die Information der Gefangenen in der höchst kritischen Endphase lebenswichtig war.

Die geringe Wirksamkeit der illegalen Parteiorganisation, deren Ziel »die Entwaffnung der Beamten und die Bewaffnung der Genossen für die Befreiung der politischen Gefangenen« sein sollte,[1] stellt sich in der völligen Ohnmacht dar, die letzten 28 Hinrichtungen am 20. April 1945 zu verhindern, sieben Tage vor der Befreiung.[2] Die von Oberlehrer Reichel vorgeschlagene »Demontage des Fallbeils ließ sich auch technisch nicht mehr rechtzeitig bewerkstelligen«.[3]

In der letzten Phase der Kämpfe drohte die Gefahr, daß der Strafanstaltsdirektor Thümmler das Zuchthaus der SS übergeben würde; diese hätte dort ebenso »aufgeräumt«, wie sie das im Zuchthaus Sonnenburg getan hat. Daher war engster Zusammenhalt der politischen Gefangenen zur Selbstverteidigung geboten. Niemand, der auf einem Außenkommando zur Flucht Gelegenheit hatte, sollte davon Gebrauch machen. Danach richteten sich alle Gefangenen – bis auf Erich Honecker und seinen Freund Hanke.

Nicht nur das Buch »Gesprengte Fesseln«, sondern auch die Biographie »Erich Honecker – Skizze seines politischen Lebens«[4] haben zwar über den kameradschaftlichen Kalfaktor und seine gute Führung[5] einiges zu berichten, jedoch nichts über die März/April-

---

[1] ebenda, S. 12.
[2] ebenda, S. 73, 95, 325.
[3] ebenda, S. 326.
[4] Berlin (Ost) 1978.
[5] ebenda, S. 37.

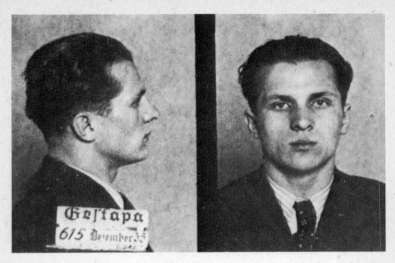

Erich Honecker nach seiner Verhaftung 1935. Aufnahme des Geheimen Staatspolizei-Amtes.

Tage 1945. Honecker und Hanke flüchteten am 6. März 1945 von ihrem Außenkommando in Berlin, wo sie Dackdeckerarbeiten leisteten und im Gefängnis Barnimstraße über Nacht stationiert waren. Nach Angaben von Hanke konnte sich Honecker nach seiner Flucht nicht bis zum Kriegsende in Berlin halten und meldete sich bei seinem Arbeitskommando zurück. Er entging auf diese Weise der Gestapo, der die Flucht gemeldet worden war und die ihn im Falle seiner Verhaftung mit Sicherheit liquidiert hätte. Sein Leben verdankte er dem Leiter des Arbeitskommandos, Hilfswachtmeister Seraphim, der, als ob nichts geschehen wäre, das ganze Kommando nach Brandenburg-Görden zurückführte. Seraphim wollte sich nach der Befreiung auf einer Veranstaltung in Brandenburg mit Honecker in Verbindung setzen, der sich jedoch von Seraphim nicht sprechen ließ, obwohl dieser die Referenz Honeckers dringend gebraucht hätte, um in dem von den Russen durchgeführten administrativen Verfahren gegen Zuchthausbeamte glimpflich davonkommen zu können. Bemerkenswert ist, daß sich beim Nahen der Sowjet-Armee die übelsten Beamten entfernten, während die korrekten, die ein gutes Gewissen hatten, blieben, um mit den politischen Gefangenen gemeinsam die Ordnung aufrechtzuerhalten. Von diesen Beamten wurden die meisten in »Kriegsgefangenschaft« genommen und abtransportiert. Viele sollen nie zurückgekehrt sein.[1]

1 s. dazu den Bericht von Edu Wald.

Walter Schwerdtfeger *1901 in Berlin geboren, 1979 in Karben bei Frankfurt a. M. gestorben. Linksliberal Journalist, seit 1922 Wirtschaftsredakteur bei der »Berliner Börsenzeitung«. Im Juli 1935 verhaftet, im Juli 1936 vom Volksgerichtshof zu lebenslänglicher Zuchthausstrafe verurteilt. Bis Sommer 1944 im Zuchthaus Brandenburg, danach in süddeutschen Strafanstalten und Lagern. Nach 1945 Herausgeber und Chefredakteur der »Badischen Neuesten Nachrichten« und Autor zahlreicher Romane.*

Ein Journalist wird zum Schweigen gebracht
Bericht des Gefangenen 825/36

Als Journalist wurde ich 1936 vom Hitlerschen Volksgerichtshof zu lebenslanger Zuchthausstraße verurteilt. Beantragt war sogar die Todesstrafe. Warum? Was hatte ich getan?
Mit dem 30. Januar 1933 war es bekanntlich zu Ende mit der Pressefreiheit. Die 3000 deutschen Zeitungen der unterschiedlichsten Richtungen und Auflagen mußte man fest an die Kette legen. Zwei Maßnahmen waren dafür entscheidend: das sogenannte ›Schriftleitergesetz‹ und die nun täglich stattfindenden Pressekonferenzen für deutsche Journalisten mit etwa jeweils 200 Teilnehmern.
Mit dem Schriftleitergesetz wurde angeordnet, daß die gesamte Kontrolle über jegliche journalistische Tätigkeit aus privaten Händen auf das Dritte Reich überging. Es legte allen Schriftleitern die Verpflichtung auf, ausschließlich die politischen Anweisungen der Ministerien zu befolgen. Sie hatten die Verpflichtung, eine ›geordnete‹ Presse zu garantieren, »deren vornehmste Aufgabe es sei, als ein in den Aufbau des Volkes eingeordnetes Glied den Zielen des Volkes zu dienen«. Aus den Zeitungen sei »alles fernzuhalten, was geeignet ist, die Kraft des deutschen Volkes nach außen oder im innern, den Gemeinschaftswillen des deutschen Volkes, die Wahrhaftigkeit, Kultur und Wirtschaft zu schwächen. Höhere Belange

der Volksgemeinschaft gehen dem Wunsch der Zeitungsbezieher nach Vollständigkeit der Berichterstattung vor«.
Dieses Gesetz machte aus Angehörigen eines freien Berufsstandes durch einen Federstrich Beamte, die willenlos zu gehorchen, nicht aber eine eigene Meinung zu äußern hatten. Drei Wege gab es für die Andersdenkenden: mitmachen, sich blind unterwerfen, das war das eine. Es bedeutete, mitschuldig zu werden an Tatsachenverdrehungen, Lüge, Versündigung gegen den Geist des freien Journalismus. Zur Schande des deutschen Journalismus muß gesagt werden, daß er in der überwiegenden Zahl seiner Angehörigen diesen Weg ging.
Der zweite Weg war der des sofortigen Ausscheidens aus der redaktionellen Tätigkeit. Also Verzicht auf den Beruf, an dem der echte Journalist hängt. Denn ohne Zeitungsluft kann er nicht atmen. Trotzdem, eine Anzahl von Kollegen ging diesen Weg. Ich meine damit nicht jene deutschen Kollegen jüdischer Abstammung oder jene, die keine arische Urgroßmutter nachweisen konnten und sowieso kurzer Hand gefeuert wurden.
Die dritte Gruppe lehnte sich innerlich auf gegen die von Goebbels verordnete Verfälschung des freien Journalismus. Sie beschloß, soweit als möglich, im Sinne der alten Berufsauffassung weiterzuarbeiten. Das trieb sie zwangsläufig in die Opposition gegen die Machthaber. So kam es auch zu meiner immer enger werdenden Mitarbeit für die ausländische Presse, insbesondere für die »Neue Freie Presse«, Wien, die »L'Information«, Paris und die Presseagentur »Associated Press«, New York.
Wer so dachte und auch so handelte, mußte ein Gegner des Nationalsozialismus sein. War er weder Pg. (Parteigenosse) noch Mitglied irgendeiner der anderen aus dem Boden geschossenen NS-Organisationen, besaß er zudem noch immer das Vertrauen seiner ausländischen Kollegen, so war die Linie klar. Freilich, auch das damit verbundene Risiko, die persönliche Gefahr für die Zukunft, für Leib und Leben.
Mir kam es darauf an, durch meine regelmäßigen Berichte und Artikel an die drei ausländischen Zeitungen, den Journalisten und Lesern klarzumachen, mit welch abscheulichen Mitteln die Nazis ihre

wahren Absichten verschleierten. Ich wollte das System bloßstellen.

Da gab es zum Beispiel die »Exportförderungsmaßnahmen«, die Wirtschaft nannte sie bezeichnenderweise die »Export-Umbringungs-Auflage«. Sie diente der Kriegsrüstung Hitlers. Durch Exportsteigerung unter allen Umständen sollten Devisen für die schnellste Einfuhr wichtiger und fehlender Rüstungsrohstoffe beschafft werden. Die Veröffentlichung entsprechender Zahlen – sie gingen weit über den normalen Bedarf der Wirtschaft hinaus – waren darum streng verboten. All das geschah zu einer Zeit, als die sogenannte Wehrhoheit Deutschlands noch nicht deklariert worden war, aber bereits am intensiven Aufbau, beispielsweise der Luftflotte wie der Kriegsausrüstung überhaupt, gearbeitet wurde.

Hinzu kamen meine Berichte über die inneren Vorgänge im Nazideutschland: Terror, Konzentrationslager, Unterdrückung der Meinungsfreiheit, Antisemitismus.

Die Sprachregelung und Tagesparolen auf den täglichen Pressekonferenzen hatten den Zweck, den Journalisten und damit der gesamten deutschen Presse eine konsequente Linie in allen Fragen zu diktieren und dem In- und Ausland so vor Augen zu führen, als ob hinter den Diktatoren das gesamte deutsche Volk stünde. Der Leiter der Pressekonferenzen wies die Journalisten ausdrücklich auf die Verpflichtung hin zur unbedingten Einhaltung der Anweisungen und die gegebenenfalls erfolgenden Maßnahmen der Regierung gegen Redaktion und Verlag.

Die Methode der NS-Nachrichtenpolitik bestand grundsätzlich in der falschen Darstellung von Tatsachen, der systematischen Irreführung des In- und Auslandes. Das alles sollte die zugleich begonnene Herstellung von Waffen und militärischem Planen verdekken.

Kurz vor meiner Verhaftung »verschwand« Dr. Wegner, der Berliner Korrespondent der Wiener »Neuen Freien Presse«. Ich mußte befürchten, daß hier Zusammenhänge mit meiner Verbindung zu ihm bestanden. Ganz falsch war meine Vermutung nicht. Am 2. Juli 1935 war es soweit. Die Gestapo (Geheime Staatspolizei) verhaftete mich in der Redaktion der »Berliner Börsenzeitung«.

Zur Erinnerung an die Feier der Berliner Börsen-Zeitung am Tage der Nationalen Arbeit — 1. Mai 1934

Die Redaktion der »Berliner Börsenzeitung«, 1933.
Zweite Reihe von unten, Dritter von rechts: Walter Schwerdtfeger.

Es folgte ein Jahr Untersuchungshaft in Berlin-Moabit. Am 20. Juli 1936 begann der Prozeß, streng geheim, vor dem Volksgerichtshof. Erst fünf Tage zuvor erfuhr ich den Termin. Es war ein Prozeß gegen einen deutschen Journalisten vor dieser allerhöchsten Instanz. Das Bekanntwerden eines solchen Prozesses war den Machthabern offensichtlich äußerst peinlich. Nichts sollte daher nach außen, an die Öffentlichkeit dringen. Die Mitteilung über die Wahl meines Verteidigers trug nicht zufällig oben den großen roten Stempel »Geheim! L. V.-Sache«.[1]

Worauf bezog sich die Anklage? Ich schrieb für die ausländische Presse wie eh und je vor Hitler bestimmte Beiträge. Im Dritten Reich natürlich besonders solche, die sich mit den »vertraulichen

---

[1] L.V.-Sache = Landesverrats-Sache.

Mitteilungen und Anweisungen« von Goebbels auseinandersetzten. So ergab sich für den aufmerksamen Leser die Möglichkeit des Vergleichs und zugleich des richtigen Urteils über Falschheit und Doppelzüngigkeit der Nazipolitik. Denn für Auslandsjournalisten fanden ja nicht zufällig gesonderte Pressekonferenzen statt, wo völlig andere Informationen üblich waren. Goebbels und seine Handlanger waren Meister in einer doppelzüngigen Informationspolitik. Wer Gegner des Nazismus war, konnte so als Journalist dazu beitragen, das Lügengebäude ein wenig durchsichtiger zu machen. Im Volksgerichtsprozeß forderte der Staatsanwalt gegen mich die Todesstrafe wegen Verrats von Staatsgeheimnissen. Das Urteil lautete: lebenslang Zuchthausstrafe.

Ein Transport

Berlin um die fünfte Morgenstunde des 2. August 1936. Genau zweiundzwanzig Jahre sind seit dem Ausbruch des Ersten Weltkrieges vergangen.
Links auf dem großen Vorplatz des Potsdamer Bahnhofs sind soeben geschlossene Transportwagen der Polizei vorgefahren. Ein paar Arbeiter, ein paar Angestellte, die zu dieser frühen Stunde den Bahnhofsvorplatz überqueren, schenken dem Polizeiwagen kaum Beachtung. Ein Gefangenentransport, Verbrecher, von der Polizei bewacht, das ist nur in der Ordnung.
Vielleicht ist einer unter den Passanten, der anderes vermutet, der sich innerlich auflehnt. Aber er tut es stillschweigend, er wird sich hüten, im Dritten Reich eine kritische Äußerung laut werden zu lassen.
Auf einem der Bahnsteige wartet ein Zug besonderer Art. Einer, dessen Waggons hoch angebrachte, vergitterte Miniaturfenster aufweisen. Die Waggons enthalten Zellen, die für zwei Mann bestimmt sind, und solche für acht bis zehn Häftlinge. Mit diesem Zug werden sie in eine Strafanstalt »überstellt«, wie der amtliche Ausdruck lautet. Viele dieser Züge rollen seit 1933 jeden Tag gedrängt voll den zahlreichen Strafanstalten und den Konzentrationslagern zu.

Zwei, acht oder zehn Häftlinge in den Zellen des Zuges, das ist 1936 bereits reine Theorie. Man zwängt die drei- bis vierfache Anzahl von Gefangenen in die Zellen, anders lassen sich im Dritten Reich die Hälftlingstransporte nicht mehr bewältigen.

Was sich in Berlin vor dem Potsdamer Bahnhof vollzieht, geschieht etwa zur gleichen Stunde auch in vielen anderen deutschen Städten. Rund hundert Gefangene sind es, die von der Polizei formiert werden, in Reihen ausgerichtet. Scharfe Anweisungen erfolgen, die Beamten haben Routine und Eile. Die Gefangenen müssen rasch aus dem Blickfeld verschwinden, der »Volksgenosse« soll so wenig wie möglich von ihnen zu sehen bekommen. Besonders »schweren Fällen« wird eine Stahlkette um das linke Handgelenk gelegt, das Kettenende hat der Sipo[1] um die Hand geschlungen, seine Finger umklammern einen stählernen Querstab, der zusätzlich sicheren Halt gibt.

Die Häftlinge dieses Transports sind zu 70 Prozent politische Gegner des Nationalsozialismus. Neun Ausländer – drei Polen, drei Tschechen, ein Franzose, ein Belgier, ein Finne – befinden sich darunter. Den Rest bilden Kriminelle.

Irgendwo wurden sie verhaftet, sie haben die Kellerzellen der Gestapo und die Zellen in den Untersuchungsgefängnissen überstanden. Nach vielen Monaten, oft erst nach Jahresfrist oder noch später, fand die Verhandlung der Verhafteten vor dem sogenannten »Volksgerichtshof« statt, erfolgte die Verurteilung wegen Vorbereitung zum Hochverrat, wegen Hoch- und Landesverrat, wegen Sabotage, Spionage usw.

Nach der Verurteilung die Überführung in ein Gerichtsgefängnis. Warten dort auf die Entscheidung, in welchem Zuchthaus die Haft verbüßt werden soll. Dann für eine Nacht oder zwei Nächte auf den »Alex«, das Polizeipräsidium am Alexanderplatz in Berlin, von dort mit der »Grünen Minna«, wie die Berliner die Polizeigefangenenwagen nennen, zum Bahnhof.

Die hundert Gefangenen dieses Transportes sind auf dem Bahnsteig angelangt. Nochmalige Verlesung der Namen. Die jeweils Aufge-

---

[1] Sipo = Sicherheitspolizei.

rufenen werden truppweise in den Zug verfrachtet, dieser und jener der »Politischen« wird einzeln geführt.
Die Transportzellen für die Gefangenen sind schon gerammelt voll, sie enthalten bereits viele Insassen aus anderen Städten. Die Zusteigenden finden nur noch Stehplätze in drangvoller Enge. Fahrtziel des Zuges ist Brandenburg an der Havel, die Gefangenen sind für die Haftverbüßung im Zuchthaus oder – wie es sich vornehmer nennt – in der Strafanstalt Brandenburg (Havel)-Görden bestimmt.
Die Türen werden zugeknallt und verschlossen. Die Gefangenen sind nun unter sich.
Was hinter den politischen Häftlingen liegt, hat ihre physischen und seelischen Kräfte hart strapaziert. Gestapo-Kellerzellen wie die in Berlin in der Prinz-Albrecht-Straße. Brüllerei, Schikanen, die Schläger der SS mit ihren Brutalitäten. Keine Erlaubnis, Kontakt mit den Angehörigen aufzunehmen, keine Genehmigung, sich eines Rechtsbeistandes zu bedienen. Immer wieder am Tage und nicht selten bei Nacht lange, peinigende Verhöre. Im Vorraum von der Wachstube der SS her Schmerzensschreie jener, die unter den Hieben der Gummiknüppel zusammenbrachen, Schreie, die zuletzt in einem Wimmern erstarben. Hohnvoll wirkender Kontrast dazu die Tanzmusik, die vom nahe gelegenen Europa-Haus her zu vernehmen war.
Die Überführung aus der Gestapohaft in das Untersuchungsgefängnis Moabit läßt aufatmen. Für viele bedeutet Moabit Einzelhaft, Monat für Monat, in steter Ungewißheit. Aufschrecken in der Nacht, wenn der Riegel an der Zellentür klirrend zurückgeschoben wird. Ein scharfes »Fertigmachen!«, zehn Minuten Marsch durch die langen Zellengänge. Plötzlich ein »Halt!« Der Beamte schließt etwas auf, das wie ein Schrank aussieht, mit einem Blechsieb an der Tür. Nichts in diesem Zellenschrank als eine schmale Sitzbank. Auf dieser muß sich der Gefangene niederlassen, der Beamte schließt die Schranktür ab. Der Gefangene sitzt fröstelnd und grübelnd in der dunklen Enge, sich wie lebendig im Sarge fühlend. Die Zeit schleicht dahin, nichts geschieht. Der Eingeschlossene versucht zu schlafen, doch es gelingt ihm nicht. Nach zwei oder drei Stunden

erfolgt der Rücktransport in die Haftzelle. Der Gefangene begreift. Der Vorgang hat seinen Sinn, er soll Unruhe und Angst erzeugen, den Häftling zermürben.

Verhöre, endlos das gleiche wiederholend. Stets das: »Schreiben Sie doch endlich ein umfassendes Geständnis! Mit ihrer Halsstarrigkeit verschlechtern Sie nur Ihre Lage! Wir haben Zeit, viel Zeit. Wir kriegen Sie schon klein!«

So oder so ähnlich hat es jeder der politischen Gefangenen erlebt. Die Anklageschrift, die ihm endlich zugestellt wird, läßt keinen Zweifel darüber zu, wie das Urteil des Volksgerichts ausfallen wird. Nicht wenige klammern sich dennoch an die Hoffnung, die allermeisten hoffen vergebens.

Nach der Verurteilung wird der Gefangene in einen der Keller des Volksgerichtshofes gebracht. Großräumige Keller, manche mit Blutflecken an den Wänden, kleine Keller von wenigen Quadratmetern. Unter den niedrigen Decken verläuft ein System von Röhren. Einer der Uniformierten weist auf die Röhren und sagt mit höhnischer Genugtuung: »Da können Sie sich bequem aufhängen!« Der oder jener der Verurteilten findet den Mut zu der bitteren Replik: »Im Namen des Volkes!«

Als Deutscher »im Namen des Volkes« verurteilt, weil er sich dem Nazismus entgegengestemmt hat! Nun, von diesem sogenannten Volksgerichtshof war nichts anderes zu erwarten gewesen. Dennoch: Wie es geschehen ist, kommt dem Verurteilten wie das Unmögliche vor.

Doch für die Vorsitzenden der Senate des Volksgerichtshofs, namentlich für den berüchtigten Roland Freisler[1], kaum weniger für Otto Thierack galt nichts anderes als beflissene Unterwürfigkeit gegenüber dem Vernichtungswillen Hitlers. Kein anderer Verteidiger als ein dem »nationalsozialistischen Rechtswahrerbund« angeschlossener war zugelassen. Versuche der Angeklagten, einen anderen Anwalt zu benennen, wurden mit dem Bescheid zurückgewiesen: »Ihr Antrag, den Rechtsanwalt ... als Ihren Verteidiger zuzu-

---

1 zu Roland Freisler s. Gert Buchheit, Richter in roter Robe. Freisler, Präsident des Volksgerichtshofes. München 1968.

lassen, wird abgelehnt! Gründe tun nichts zur Sache!« Ein wahrhaft zynischer Bescheid. Der als Verteidiger fungierende, vom Volksgericht bestellte nationalsozialistische Anwalt war nichts als eine Figur des Gerichts, die in einer Verhandlung der Ordnung halber nun einmal vorhanden sein mußte und genauso funktionierte, wie es der Absicht des Volksgerichtshofes entsprach. Volksgerichtshof! Ein hochtrabendes Wort, das vom Volk so kommentiert wurde: »Das Volksgericht heißt deshalb Volksgericht, weil dort das Volk gerichtet wird!«

In dem Transportzug nach Brandenburg sind die meisten der politischen Gefangenen über Empfindungen der geschilderten Art bereits hinweg. Der in der engen Transportzelle für zwei Personen mit fünf anderen Zusammengesperrte ist zu lebenslanger Haft verurteilt. An seiner Zellentür im Gerichtsgefängnis Charlottenburg hat außen ein Schild mit einem »LB« gehangen, es informiert die Gefängnisbeamten, daß sich in dieser Zelle ein »Lebenslänglicher« befindet. Mit dem ist Seltsames vor sich gegangen: Leichtigkeit, eine Heiterkeit, ja fast Ausgelassenheit ist über ihn gekommen. Er hat sich das als völlig unangebracht verwiesen, als fast frivol, aber die Hochstimmung bleibt. Inzwischen ist ihm klargeworden: Dieser Aufschwung in der Zelle des Gerichtsgefängnisses war eine Reaktion, vergleichbar der des Hochschnellens eines bis zum Brechen niedergepreßten Astes in die natürliche Lage. Spontane psychische und physische Erleichterung, die der Verstand definiert: Das Leben ist geblieben, die Hoffnung wieder wachgeworden. Man darf wieder glauben, dennoch sein Ziel eines Tages zu erreichen! Er wird lange darauf warten müssen, doch das ist die Konsequenz seiner aktiven Opposition gegen den Nationalsozialismus. Eines Tages wird dieser sein Ende finden. Für diesen Tag sich zu bewahren, das ist die Aufgabe.

Im Transportzug werden die letzten Zigaretten geraucht – man gibt denen ab, die nichts durchschmuggeln konnten. Auf lange Zeit wird es die letzte Zigarette sein, die man genießen kann.

Endlich rollt der Zug in Brandenburg ein. Der abermaligen Verlesung der Namen folgt die Unterbringung der Häftlinge in Straßenbahnwagen, deren Fenster verhängt sind. Einige können während

Zuchthaus Brandenburg-Görden. Frontansicht.

der Fahrt durch die schmalen Zwischenräume der Vorhänge hinausblicken, auf die Straßen des alten *Brennabor*, Brennaburg, des späteren Brandenburg, zerstört im Jahre 983 durch die Wenden, wiederhergestellt im Jahre 1143 durch den Askanier Albrecht der Bär.
Von den jetzt etwa 75 000 Einwohnern der Stadt nimmt kaum einer Notiz von der Straßenbahn mit den verhängten Fenstern. Man kennt diese Transporte, Zuchthäusler, die zum »Görden« verbracht werden. Schlimmes Gesindel, gut, daß es auf Nummer Sicher kommt!
Der Görden ist praktisch eine Insel, umschlossen von meist nur mannshohem Wasser über sumpfigem Grund. Ein einziger Zugang, scharf bewacht, führt von der Brandenburger Seite zur Strafanstalt. Flucht durch den Sumpf soll, wie ein paar Kriminelle versichern, hin und wieder versucht worden sein, geglückt sei sie niemals!
»Aus dem Brandenburger Z kann man nicht entfliehen!« sagt der Einbrecher Sch., ein beleibter, dunkelhaariger Endvierziger, der weiß, wovon er spricht.

»Siebenunddreißig kleene Konfektionseinbrüche, Doktachen!« versichert er, heiser, berlinernd, seinem Sitzgenossen in der Straßenbahn, einem Politischen. Diesmal sei es besonders hart für ihn, erläutert er, man habe Sicherheitsverwahrung gegen ihn angeordnet.
»Schlimm!« antwortet sein Gesprächspartner.
»Mal komm' ick schon wieder nach Hause, et es noch nicht aller Tage Abend. In Görden kann man et aushalten. Der Direktor heeßt Schwerdtfeger, er hält uff Ordnung, klar, aber er hat 'n Herz für die Jefangenen. Die nennen ihn ›Bubi‹, warum, weeß ick nich, aber ick jloobe, weil er sowat Jutes hat.«
Sch. erzählt weiter, früher habe es in der Strafanstalt richtige Sportanlagen gegeben. Besuchserlaubnis für die Angehörigen sei häufig bewilligt worden. »Bubi« sei ein Verfechter des modernen Strafvollzuges, der Gefangene solle nicht gedemütigt, sondern als Mensch behandelt werden. Einmal habe es im Zuchthaus eine richtige Silvesterfeier gegeben, mit bombiger Stimmung. Und »Bubi« Schwerdtfeger immer mittenmang. Aber jetzt werde es wohl damit aus sein.
Die Strafanstalt Brandenburg (Havel)-Görden wurde zusätzlich zu dem in der Stadt Brandenburg vorhandenen, in der Innenstadt gelegenen alten Zuchthaus, das auch weiterhin der Verwahrung von Häftlingen diente, als eines der größten, vor allem modernsten Zuchthäuser Europas von der Weimarer Republik für einen Strafvollzug im Geist der Humanität errichtet.
Sechs Kilometer von Brandenburg entfernt, umgeben von Kiefernwald, umfaßt es ein Gelände von 43 Hektar. Der Bau, 1928 begonnen, wurde 1935 vollendet. Belegung erfolgte bereits ab 1934. Die Anstalt ist von einer sechs Meter hohen Mauer umgeben, die an jeder Ecke einen Bewachungsturm mit drehbarem Scheinwerfer aufweist. Länge der Mauer an der Vorder- und Rückfront je 225 Meter, an den Seitenfronten je 245 Meter. Beiderseits der Mauer ein 1 Meter tiefer und etwa 8 Meter breiter abgeböschter Graben. Nahe der Außenseite zwischen der Mauer und einem Drahtzaun acht Wachhunde. Vom Hauptzugang in der Winterfeldt-Allee gelangt man über einen Vorhof zum Verwaltungsgebäude. Über dem Ein-

gang eine Figur, den heiligen St. Georg darstellend, im Kampf mit dem Drachen.
Die Gefangenen schieben die Vorhänge beiseite. Die Straßenbahn hat den Übergang zum Görden passiert und danach eine Strecke durch märkische Landschaft zurückgelegt. Weißer Sandboden, hohe Kiefern, Partien von Laubwald. Die Blätter leuchten im Sonnenschein, durchsichtig blau der Himmel. Stille herrscht, tiefe Ruhe. Die Gefangenen in den Wagen sind verstummt, als habe die Szenerie draußen sänftigend auf sie eingewirkt. Häuser tauchen links und rechts der Straße auf, gefällig und sauber aussehend. Farbenbunt von Blumen davor. Wohngebäude, meist zweistöckig, die der Strafvollzugsbeamten.
Noch ein Weilchen, dann haben die Straßenbahnen das Ziel erreicht. Aussteigen, Formieren der Gefangenen. Am Tor die Übergabeformalitäten. Danach marschiert die Hundertschaft Gefangener, flankiert von Zuchthausbeamten in grauer Uniform, in den weiteren Vorhof hinein.
Den Mittelpunkt bildet das Verwaltungsgebäude. Der den Lindwurm bekämpfende St. Georg – eine Allegorie, die diesmal den Kampf gegen die Kriminalität symbolisiert – wird erkennbar, darunter ein an die Häftlinge adressierter, in Lettern aus dem Gestein herausgearbeiteter Vers:
 Arbeit, Disziplin und Güte
 Lockern selbst ein hart' Gemüte
 Löschen das Vergang'ne aus
 Führen heim in's Vaterhaus.
Der Nationalsozialismus hat diesen Vierzeiler nicht entfernt, er ruft immerhin den Eindruck hervor, auch den braunen Machthabern sei daran gelegen, die Insassen des Zuchthauses wieder ins Vaterhaus heimzuführen. Das wirkt wie bösartiger Witz! In Wirklichkeit verbringt man, bis auf eine verhältnismäßig sehr geringe Anzahl, alle diejenigen, die ihre Zeitstrafen im »Z« verbüßt haben, in Lager: die Kriminellen zum großen Teil in eine sogenannte Sicherheitsverwahrung, selbst dann, wenn das Urteil nicht angeordnet war, oder in ein Konzentrationslager. Viele der »Politischen« sind ohnehin nach der Strafverbüßung für ein KZ bestimmt. Wie viele dort später auf

schreckliche Weise zugrunde gingen, wissen wir seit langem mit tiefer Erschütterung.
Die Neuankömmlinge sind in einen Seitentrakt der Vorhalle dirigiert worden, schweigend harren sie des Kommenden. Auf einer Brüstung erscheint der Leiter der Strafanstalt, der Oberregierungsrat Dr. Rudolf Schwerdtfeger, geboren am 13. August 1888 in Hameln. Ein gutaussehender Mann, damals 48 Jahre alt, der sich durch sein Eintreten für einen humanen Strafvollzug internationales Ansehen erworben hat.
Schwerdtfeger spricht zu den Gefangenen, ruhig und mit klangvoller Stimme. Mißachtung der Gesetze, Handeln gegen das Recht und die Interessen der Mitmenschen ziehe Strafe nach sich. Sie einsichtig anzuerkennen, in dem Willen zur Sühne, in dem Vorsatz, künftig nicht erneut zu fehlen, leite auf den rechten Weg zurück. Wie einer seine schwere Zeit überstehe, was er aus ihr mache, liegt bei ihm selber. Jeder dürfe gewiß sein, hier als ein Mensch behandelt zu werden, dem man helfen wolle, sich ein neues erfülltes Leben zu schaffen. Seine Stimme hebt sich, als er einen eindringlichen Appell an die Gefangenen richtet, ihm und seinen Beamten Vertrauen entgegenzubringen. Er legt eine kleine Pause ein, um seine Worte nachhallen zu lassen. Die meisten der Gefangenen spüren, daß der Strafanstaltsoberdirektor an das glaubt, was er dargelegt hat.
Im letzten Teil seiner Ansprache klingt Härte auf: Wer meine, sich auch hier nicht ändern zu müssen, sich auflehnen zu können gegen Ordnung und Disziplin, der werde es schwer haben, sehr schwer. Man verfüge über alle erforderlichen Mittel, Widersetzlichkeit zu brechen. Das werde ohne Zögern geschehen, soweit erforderlich. Nicht um den Vorschriften Geltung zu verschaffen, sondern entscheidend im Interesse des Gefangenen. Darüber möge jeder gründlich nachdenken und sich für den guten Weg entscheiden. Daß es ihnen gelinge, sei sein Wunsch für jeden von ihnen.
Ein Mann, der so denkt und spricht, hat wenig Aussicht, sich als Leiter der modernsten, größten und sichersten Strafanstalt im Dritten Reich zu behaupten. Das mag dem Oberregierungsrat Dr. Schwerdtfeger bewußt sein, an seiner vom Geiste der Humanität

Zellengang im Zuchthaus Brandenburg-Görden. Hier saßen viele der zum Tode verurteilten Verschworenen des 20. Juli 1944.

durchdrungenen Auffassung von seinen Pflichten wird es nichts ändern.

Die neuen Insassen der Strafanstalt erleben nun die Eingliederungsprozedur. Alles, was sie noch an Privatbesitz mit sich führen, wird ihnen vom sogenannten »Hausvater« abgenommen, dem Hauptwachtmeister Amsoneit in diesem Hause II. Amsoneit, ein großer, massiger und grober Ostpreuße, kennt den Häftlingen gegenüber keine Freundlichkeit. Zahnbürste, Kamm und Seife dürfen die Gefangenen behalten, Zahnpaste in der Tube jedoch nicht; mit der Metallfolie könnte sich einer möglicherweise die Pulsader aufschneiden. Versteht sich, daß die Gefangenen peinlich genau durchsucht werden, »gefilzt« wie es in der Zuchthaussprache heißt.

Die Einkleidung erfolgt, begleitet von der scharfen Ermahnung, die Sachen mit Sorgfalt zu behandeln. Sie tragen eine Wäschenummer, jeder Gefangene hat so wenigstens die Gewißheit, immer wieder die gleiche Wäsche zu bekommen. Zwei Garnituren sind für ihn bestimmt, Wäschewechsel erfolgt wöchentlich. Das ist die Ausstattung: ein gestreiftes, langes Leinenhemd, ein paar graue, vielfach gestopfte Wollsocken, blaues Leinentaschentuch, grobes Gesichtshandtuch, ein Wischtusch, verwaschener, blauer Arbeitskittel nebst Beinkleid und primitiven Hosenträgern und Holzsandalen für die Arbeit, ein paar Lederschnürschuhe, schwarze Uniformjacke aus Beiderwand, mit gelbem Armstreifen, Hose mit gelbem »Generalsstreifen«. Ergänzt wird die Ausstattung durch eine schwarze, runde Kopfbedeckung, »Krätzchen« genannt. Die Gefangenen müssen die Uniform anziehen, die übrigen Kleidungsstücke zusammenpacken. Als »Neue« haben sie die ältesten Sachen erhalten, so ist es der Brauch. Auf guten Sitz wird kein Wert gelegt, im Gegenteil. Denn der Hausvater, seine Beamten und die Kalfaktoren amüsieren sich, wenn sie den Neuen in eine traurige Figur verwandelt haben. Man muß den Kerlen klarmachen, daß sie hier nichts bedeuten, nicht zu mucksen haben!

Das Zuchthaus besteht aus den beiden großen Verwahrhäusern I und II mit 2×151 Verwahrzellen mit je 15 Kubikmeter Luftraum, mit 2×164 Normalzellen mit je 22 Kubikmeter Luftraum, 2×8 Gemeinschaftszellen für je acht Gefangene, für jeden von ihnen 9,5 Kubikmeter Luftraum, und 2×4 Gemeinschaftszellen für je zehn Gefangene, für jeden von ihnen 9,5 Kubikmeter Luftraum. Anzuführen sind die Unterkünfte Ia und IIa für je 48 Gefangene, die Unterkünfte Ib und IIb für je 12 Gefangene. Außerdem existiert das Verwahrhaus III/IV mit 2×54 Schlafzellen, 2×16 Gemeinschaftszellen für je zwölf Gefangene, 4 Gemeinschaftszellen für je 25 Gefangene und 2×4 Gemeinschaftszellen für je sechs Gefangene.

So ist es angegeben in der amtlichen Veröffentlichung anläßlich der im Jahre 1934 erfolgten Fertigstellung der Strafanstalt. Die durchschnittliche Tagesbelegung der Anstalt betrug im Jahre 1934 = 1536,91, im 1. Vierteljahr 1935 bereits 1900, im Mai 1935 1800 Gefangene. Im Jahre 1936 sind diese Zahlen bereits beträchtlich übertroffen. Zu den angeführten Zellenhäusern, teils gesondert von ihnen, gehören diverse Arbeitsbetriebe der Strafanstalt.

Ungekrönter König der Strafanstalt ist der Erste Hauptwachtmeister Walter Neumann im Hause II. Er hat seine dominierende Position einer Intelligenz und einer Selbstbeherrschung zu verdanken, die jene seiner Beamtenschaft erheblich überragt. Neumann ist etwas über mittelgroß, wirkt körperlich schwach, ist indessen sehr zäh, sehr elastisch. Das und ein militärisches Air, bewußt von ihm kultiviert, hat ihm bei den Häftlingen den Spitznamen »Gummi«, ausgesprochen »Jummi« oder »Jummi-Leutnant«, verschafft. Der schmale Mund unter blaßblondem, gestutzem Bart spricht halblaut, kurz, abgehackt, aber klar artikuliert. Nicht mehr als nötig hebt er seine Stimme, eine Übung, die sein Auditorium zur Aufmerksamkeit zwingt. Er tituliert seine Beamten nicht mit dem Dienstrang, sie sind für ihn Herr Meyer, Herr Langner usw. Er liebt die feststehende Redensart, so jeden Morgen ein: »Wollen wir mal anfangen, meine Herren!« Es klingt in seiner kurzen, gedämpften Sprechweise wie »Wommama afangen, meine Herren!«. Seine Miene ist fast stets unbewegt, abweisend, streng. Nur äußerst selten erlaubt er sich ein schwaches Lächeln. Von den Beamten verlangt er die gleiche Disziplin wie von den Gefangenen. Verstöße ahndet er unnachsichtig. Der Erste Hauptwachtmeister Neumann ist ein harter Mann, den weder die Gefangenen noch seine Beamten lieben. Korruption duldet er nicht, im Hause II herrschen Ordnung und Sauberkeit. In gewissen Grenzen ist Neumann der Nachsicht, einer sparsamen Freundlichkeit fähig, mitunter sogar eines säuerlich-sarkastischen Humors.
Im Hause I regiert der Hauptwachtmeister Viete, groß, von starker Körperlichkeit, mit dröhnender Stimme ausgestattet. Er liebt es, rauhe Jovialität zur Schau zu tragen, die anfangs die Gefangenen über die Rücksichtigslosigkeit und Brutalität täuscht, zu der Viete jäh überzugehen vermag. Er ist korrupt, aus diesem Grunde bevorzugt er die kriminellen Häftlinge, die im Hause I die Kalfaktoren- und Schreiberpositionen einnehmen. Vietes Verhalten spiegelt sich in den meisten seiner Beamten wider.
Für die Neuankömmlinge an diesem Augusttag 1936 stellt sich sehr schnell heraus: Der Erste Hauptwachtmeister Walter Neumann zieht andere Seiten auf als der Oberstrafanstaltsdirektor und Ober-

regierungsrat Schwerdtfeger. Das etwa sagt Neumann: Hier hat sich jeder peinlich genau nach den Vorschriften zu richten. Der Wille dessen, der sich dagegen auflehnt, wird schonungslos gebrochen! Das gelte besonders für jene, die wegen politischer Verbrechen bestraft worden seien. In seinen, des Ersten Hauptwachtmeisters Augen, seien sie die schlimmsten Verbrecher von allen! Er werde auf sie ein besonders wachsames Auge haben. »Jummi« bekennt sich zum Nationalsozialismus – als alter Soldat und als Beamter in Uniform. Er ißt das Brot dieses Staates, er singt dessen Lied. Nachdem er in seinem Dienstraum verschwunden ist, harren die Gefangenen erschöpft und geduldig auf das Weitere. Ihre Blicke sind auf den Zellenbau gerichtet. Erdgeschoß und drei Etagen, eiserne Geländer, hell gestrichen. Man kann von der sogenannten »Brücke«, auf der die Gefangenen warten, drei Flügel der Anstalt erblicken. Die »Brücke« ist die Kommandozentrale. Von ihr aus sind zahlreiche Zellen mit den eisenbeschlagenen Türen und dem »Judas« oder »Spion« zu erkennen. Das ist die von außen zu bewegende Beobachtungsklappe für die Aufseher. Erdgeschoß und jede der Etagen weisen einen A-, B- und C-Flügel auf und unterstehen einem Oberwachtmeister.
Kalt, trostlos ist der Anblick. Viel Licht fällt durch die Glasbedachung herein, es läßt das Eisen des Geländers, der Zellentüren, des blitzblank geputzten Stahlgestänges der Eingangsgitter mit der eingefügten Tür glänzen. Der helle Fußboden ist gebohnert. Man sieht die Galerien, die den freien Mittelraum des Gebäudes umspannen, ein paar nach unten führende Eisentreppen. Alles vermittelt den Eindruck, man befinde sich in einer riesigen Badeanstalt, freilich einer ohne Schwimmbecken. Bedrückende Stille herrscht. Ein paar Männer sind am Werk, Häftlinge in Arbeitskleidung, mit Leinenschürzen davor, sich langsam, wie mechanisch bewegend. Zwei polieren die Gitter, einer wischt Staub vom Geländer, ein anderer bohnert den Bodenbelag. Alles geschieht schweigend, miteinander sprechen ist ihnen nicht erlaubt. Die Gefangenen auf der Bühne sind zutiefst deprimiert. Sie haben die unübersteigbaren Mauern der Anstalt, den Stacheldraht darauf, die Wachtürme mit den Scheinwerfern, den Zwinger mit den Wachhunden gesehen. Nun

starren ihre Augen auf enge, starke Gitter, auf die schweren Eisentüren der Zellen mit Schloß und Riegel. Alles spricht zu ihnen das »Lasciate ogni speranza«.[1]

Ein ausbruchsicheres Zuchthaus, darum haben es das Justizministerium des Nazireiches und ein Thierack, ein Freisler, speziell dafür ausersehen, in ihm die Vorkämpfer der antinazistischen Parteien als Hoch- oder Landesverräter oder als beides zugleich verurteilt, gemeinsam mit Kriminellen einzusperren, zu isolieren.

Bis zum Jahre 1939 respektive bis zum Kriegsausbruch stieg bei einer Gesamtbelegungsziffer von durchschnittlich 2500 Gefangenen der Anteil der Politischen auf 50 bis 55 Prozent.

Die Gefangenen sind den Richtlinien des Strafvollzugs im Dritten Reich unterworfen, der die Politischen rechtlich den Kriminellen gleichsetzte, in praxi sie jedoch diesen gegenüber diskriminierte. Den Vollzugsbeamten wurde in den Instruktionsstunden immer wieder eingeschärft, daß die nationalsozialistische Staatsführung im politischen Gegner den schlimmsten Volksfeind erblicke, der darum auch noch im Zuchthaus auf der untersten Stufe stehe. Strenge Isolierung und primitivste Arbeit besonders für den langstrafigen politischen Gefangenen wurde angeordnet, um ihn körperlich und geistig zu zermürben, zu zerbrechen. Über das Verhalten der inhaftierten Politischen muß von den Vollzugsbeamten regelmäßig Bericht erstattet werden.

Die Gefangenen sind inzwischen auf verschiedene Stationen verteilt worden. Der amtierende Beamte hat ihre Namen in einer Kladde registriert, die Gefangenennummer, die Geburtsdaten, das Delikt, die Strafdauer. Aus dieser Kladde überträgt ein Gefangener, der Stationsschreiber, die Angaben säuberlich in das Stationsbuch. Das ist ein dickleibiger Band, in Leinen gebunden. Das Vorsatzblatt ist mit einem Hakenkreuz versehen, inmitten eines Gewindes von Eichenlaub.

Der schriftzeichnerisch begabte Gefangene trägt die Namen usw. mit schwarzer Tusche in Druckschrift verschiedener Grade ein. Je schöner das Stationsbuch, desto stolzer der Stationsbeamte. Der

[1] Lasciate ogni speranza (ital.): Laßt alle Hoffnung fahren.

Stationsschreiber fertigt kleine Schilder aus Pappe an, die zwischen die Leisten einer Holztafel eingeschoben werden. Schilder in Rot, in Grün, in anderen Farben. Sinnigerweise sind die Schilder mit den Namen der »Lebenslänglichen« schwarz, mit weißer Schrift darauf. Ein sargartig wirkendes Schild innerhalb der Farbenskala, die den Stationsbeamten mühelos erkennen läßt, wen und was er in Verwahrung hat. Immerhin, es lohnt sich, Stationsschreiber zu sein: Es gibt zusätzlich einen »Nachschlag« zum Essen und abends Licht in der Zelle, bis die Arbeit getan ist.
Von nun an sind die Gefangenen nur noch Nummern. Nummer 825/36 zum Beispiel ist der 825. Gefangene, der im Jahre 1936 in dieses Zuchthaus eingeliefert wurde. Häftling mit dieser Nummer ist ein politischer »Lebenslänglicher«, gemäß Vorschrift in Einzelhaft, im sogenannten »Kammkasten« mit 15 Kubikmetern Luftraum. Weder Wasserleitung noch Klosett sind in dieser Zelle vorhanden. Ursprünglich sollte sie damit ausgestattet sein, aber die Bausumme hat dazu nicht ausgereicht. Das Dritte Reich hat keinen Nachtragsetat bewilligt. Diese »Kammkästen« sind nur für die Übernachtung von Haus- und Außenarbeitern ausreichend. Unter dem Nationalsozialismus jedoch sind daraus Haftzellen für Tag und Nacht geworden. Die Bezeichnung »Kammkasten«, von den Häftlingen geprägt, trifft zu. Die Zelle ist kaum mehr als drei Meter lang, knapp zwei Meter breit. Und das ist ihre Ausstattung: hochgeklappt an der Wand ein Eisenbett mit harter Matratze, Keilkissen, Laken und Decke. Decke und Keilkissen in blau-weiß kariertem Überzug. Schmaler, weißgestrichener Holztisch, an der Wand hochzuketten. Ein Stuhl, ein Wandbord. In diesem das »Schanzzeug«, das heißt eine Kombination von Löffel und Gabel, ein Messer. Eßnapf aus braunglasiertem Ton, innen weiß, eine braune offene Tonkanne für den »Negerschweiß«, das ist der sogenannte Kaffee, ein Holzbrett, Salznapf, eine Blechbüchse für die Schlämmkreide zum Zähneputzen. Eine Wandleiste mit Holzhaltern für Arbeitskleidung und die Anstaltsuniform. In der Zellenecke Wasserkrug, blechener Nachttopf mit Deckel, Zinkeimer, eine Büchse mit Ziegelmehl zum Eimerscheuern, ein Staublappen, ein Wichskasten mit zwei Bürsten und Wichse, eine Blechbüchse mit Bohnermasse,

einem Einschmier- und einem Polierlappen. Über dem Eimer ein Pappschild mit der eingedruckten Zellenordnung. Täglich findet Appell statt, je zweimal wöchentlich für das gesamte bewegliche Inventar. Am verhaßtesten ist der Eimerappell, denn der Zinkeimer darf nicht benutzt werden. Sein Daseinszweck besteht allein darin, mit Ziegelmehl auf Silberglanz gebracht zu werden. Wer beim Appell nicht besteht, wird bestraft, gemäß einem Strafkatalog. Mit dem »Eintrag« beginnt es und gipfelt im Arrest bei herabgesetzter Kost. Wenn der Wärter den Gefangenen schikanieren will, findet er immer etwas. Beliebter Beamtentrick ist es, mit Staub am Zeigefinger hereinzukommen, die Zelle zu untersuchen und dann den bestaubten Finger dem Gefangenen als Beweis dafür zu zeigen, daß er ein »Dreckschwein« ist! Widerspruch ist zwecklos und sinnlos. Nur wer sich völlig zu beherrschen weiß, vermag Eindruck auf die Schergen des Strafvollzugs zu machen. Der Oberwachtmeister Langner, ein großer Blonder mit guter Figur, hat dem Gefangenen Z 825/36 die Zellenordnung eingeschärft und ihm mit Strenge, jedoch nicht unfreundlich, absolute Disziplin angeraten.
»Halten Sie sich für sich, so fahren Sie am besten!«
Für einen Mann in Einzelhaft eine lächerlich klingende Bemerkung. Doch 825/36 hat bereits seine Erfahrungen mit Vollzugsbeamten, er räsoniert nicht einmal innerlich gegen die Äußerung des Beamten und antwortet ruhig: »Jawohl, Herr Oberwachtmeister.«
Die Eisentür fällt zu, der Riegel knallt klirrend in die Halterung. Der Gefangene ist erstmals allein im vergitterten Kammkasten. Ein Alleinsein wie noch nie, es scheint alle Hoffnung auszuschließen. Der Kontrast zu früher ist entsetzlich bedrückend, fern aller Wärme, aller Freunde, von allem, was Leben heißt.
Das ist auf lange Zeit der Tagesablauf der Gefangenen: frühmorgens das Gellen der Klingel. Eiliges Ankleiden. Der Ruf der Wärter: »Raustreten zum Kübeln.« Das bedeutet Leeren der Bedürfniskübel der Häftlinge der Gemeinschaftszellen, das Entleeren des Nachtgeschirrs der Einzelhäftlinge. Zwei Minuten höchstens für das Klosett, hastiges Waschen und Zähneputzen im Waschraum, Füllen des Wasserkrugs. Antreiben der Wärter: »Los, los! Beeilen, beeilen!«
Mancher der Neuen macht an diesem ersten Morgen im Zuchthaus

eine unangenehme Erfahrung: Die Zahnbürste ist verschwunden! Er meldet das sofort dem Beamten, der erheiternd grinst. »Die kriegen Sie nie wieder! Beschaffen Sie sich eine neue, sobald Sie Einkauf haben.«
Damit muß sich der Gefangene abfinden, aber er grübelt. Wer stiehlt eine Zahnbürste, putzt sich die Zähne mit der eines anderen? Die Frage findet später ihre verblüffende Beantwortung.

Beamtenschaft und ihre Mentalität

Im Jahre 1934 belief sich die Zahl der Zuchthausbeamten einschließlich der Hilfskräfte auf 197 Personen. Sie stehen unter der Leitung des Oberdirektors. Die Arbeitsverwaltung, geleitet von fachmännischen Werkmeistern, untersteht einem Amtmann. Ein Strafanstaltsmedizinalrat, ihm unterstellt drei Ärzte und ein Zahnarzt, sind vorhanden. Die Seelsorge liegt in der Hand von zwei evangelischen und einem katholischen Geistlichen, noch ist ein Rabbiner zugelassen. Der Oberlehrer soll sich geistig der Gefangenen annehmen durch Unterricht und mittels der recht gut ausgestatteten, etwa 8000 Bände enthaltenden Bibliothek, in der drei Häftlinge arbeiten. Der Oberlehrer ist zugleich Organist und Leiter des Kirchenchors.
Der Gefangene hat es tagtäglich mit den uniformierten Beamten zu tun, darunter fünf Erste Hauptwachtmeister, die Kommandanten in den einzelnen Häusern. Unter ihnen stehen 56 Oberwachtmeister und eine Anzahl von Hilfswachtmeistern.
Die Mehrzahl der Vollzugsbeamten sind ehemalige »Zwölfender« mit dem Zivilversorgungsschein nach zwölf Jahren Militärdienst. Eine Prüfung geht der Einsetzung als Beamter voraus. Wer sie bei Post, Reichsbahn oder Polizei nicht besteht, hat eine letzte Chance beim Strafvollzug. Die Intelligentesten sind es also nicht, die in diese Laufbahn gelangen, zum Wachtmeister, Oberwachtmeister und Ersten Hauptwachtmeister avancieren können, dessen Rang etwa dem eines Hauptfeldwebels beim Militär entspricht. Kein beneidenswerter Berufsstand, keiner der Beamten macht sich darüber

Illusionen. Sie wissen, daß ihr Stand einer Notwendigkeit entspricht, jedoch in keinem sonderlichen Ansehen steht. Die Ganoven, die Berufsverbrecher, nennen den Strafvollzugsbeamten »Schien«, nach dem französischen Wort »chien«, Hund also.[1] Man bezeichnet den Beamten auch in Anspielung auf die Neigung, sich illegal Vorteile zu verschaffen, als »Speckjäger«. Den Beamten ist das bekannt, es wurmt sie, sie versuchen, das durch scharfen Kommandoton und »Durchgreifen« zu kompensieren. Es stützt ihr Selbstbewußtsein, daß sie Befehlsgewalt haben, wenn auch nach Dienstgraden gestuft. Alle stehen unter den scharfen Augen, der Unnachsichtigkeit und der betonten Süffisance des Ersten Hauptwachtmeisters. Wer Neumann respektive »Jummi« mißfällt, kann jede Hoffnung auf baldiges Avancement begraben. Weil das so ist, sind die meisten Beamten »Radfahrer«, sie bücken sich oben und treten nach unten. Das System ist äußerst ungeeignet, »Disziplin und Güte« zu vereinen. Darüber denken die wenigsten Beamten nach, sie wissen ohnehin, daß es für viele der Kriminellen und politischen Gefangenen kein »Heim ins Vaterhaus« geben wird, sondern Asozialenlager, Konzentrationslager oder Vernichtungslager. Im letzteren werden bald die letzten jüdischen Gefangenen sterben, die sich 1936 noch in der Strafanstalt befinden. Der Rabbiner wird in relativ kurzer Zeit entfernt sein.

Nicht auf alle der Beamten der Strafanstalt war die Verszeile von Tucholsky anzuwenden: »Es gibt Karrieren, die gehen durch den Hintern, die Leute kriechen bei die Vorgesetzten rin...« Ein Großteil bemühte sich um Korrektheit, eine Anzahl bewies Verständnis und Freundlichkeit. Andererseits gab es in nicht geringer Anzahl Schikaneure und Schläger. Wohl verbot die Anstaltsordnung solches Verhalten, man schritt aber nur unzureichend dagegen ein. Im allgemeinen begnügte man sich mit Verwarnungen, mitunter mit Versetzungen. Die Vorgesetzten scheuten ein scharfes Vorgehen, um nicht »aufzufallen«, sich nicht dem Vorwurf der unterlassenen

---

[1] Andere Erklärung der Herkunft des Wortes: ins alte Preußen gelangte russische und polnische Kurzform »Tschin« von Tschinownik = Beamter.

»Der Schlüsselknecht«. Karikatur eines Zuchthausschließers im Dritten Reich von Bodo Gerstenberg.

Zellenschlüssel, Zuchthaus Brandenburg-Görden. Patentschlüssel für alle Tore und Gittertore.

Vorbeugung auszusetzen, um es mit der Kollegenschaft nicht zu verderben. Solche Einstellung nützten die üblen Elemente aus, was konnte ihnen schon groß passieren? Und also wütete auf dem Reichsgut Plauer Hof ein Oberwachtmeister, späterer Hauptwachtmeister Puttins, mit dem »Baltenkreuz« an der Uniform, schonungslos mit dem Gummiknüppel. So tobte sich im Arado-Betrieb ein gewisser Beamter Schmidt aus, als »Bestie« bezeichnet und als »Polenschmidt« verrufen, weil er es besonders auf polnische Gefangene abgesehen hatte. So schlug und schikanierte ein »Knochenkarl«, der sich überdies – um das ausgesetzte Zigarettendeputat zu erlangen – zu jeder Hinrichtung drängte. Aus Angst vor der Vergeltung erschoß er sich vor der Übergabe des Zuchthauses an russische Truppen mit seiner Dienstpistole. Da war der die Gefangenen um einen erheblichen Prozentsatz ihrer Arbeitsbelohnung betrügende Oberwachtmeiser Schilling, in der Schneiderei der beschränkte, aus dumpfen Brüten in brüllende Raserei verfallende beamtete Hilfswerkmeister Gottschalk, der blindlings auf die Gefangenen einschlug. Da gab es einen, der einem Gefangenen die Vorführung zum Arzt verweigerte, die Folge war, daß – trotz doch noch, aber verspätet erfolgender ärztlicher Hilfe – der Betreffende auf einem Auge die Sehkraft einbüßte. Ein weiterer versuchte im Arbeitsbetrieb der Lineol AG Gefangene zur Verschiebung von Waren an ihn zu nötigen, indem er sie schikanierte und bedrohte. Eines Tages wurde ihm das Handwerk gelegt, er verschwand aus der Anstalt. Wahrscheinlich kam auch er mit einer Versetzung davon, nicht ein Fall wurde mir bekannt, in dem Beamten des bösartigen Typs bestraft worden wären. Viele andere Beispiele könnten angeführt werden, die zitierten charakteristischen genügen. Jenen Beamten aber, die es verdienten, soll die gebührende Hochachtung gezollt werden. Da war der Hauptwachtmeister Engelbert Meyer mit dem ihn ehrenden Beinahmen »Der sanfte Engelbert«, der keiner Fliege etwas zuleide tat und sich durch das Mißfallen von »Jummi« nicht beirren ließ. Den späteren Hauptwachtmeister Reitmann nannten Politische und Kriminelle nur »Papa Reitmann«. Später in den Küchenbetrieb der Anstalt versetzt, drückte er beide Augen zu, wenn durch die aus den Kreisen der politischen Gefange-

nen stammenden Kalfaktoren und von diesen beeinflußte, hilfsbereite Kriminelle den politischen Gefangenen in den Haftzellen, in den Todeszellen und im Krankenhaus aus der Küche Nahrungsmittel zugeschmuggelt wurden. Einer der ehrenwertesten Beamten war der Hauptwachtmeister Horst im Krankenrevier, der alles, was nur in seinen Kräften stand, unternahm, um den Patienten zusätzlich durch Medikamente, Stärkungsmittel, durch schonungsvolle Behandlung und Bezeigung von Anteilnahme zu helfen.
Der Strafvollzugsbeamte hatte seine Dienstvorschriften zu befolgen, ob er es den Gefangenen gegenüber korrekt oder schikanierend tat, hing von seiner inneren Artung ab. Jeder von ihnen war ein Mensch mit seinem Widerspruch. Bei einigen trat der so stark zutage, daß man den Eindruck einer gespaltenen Persönlichkeit gewann. Als Beispiel dafür sei aufgeführt der Hauptwachtmeister Kraffelt, Verwalter des Lazaretts. Ein Mann von brutal wirkender äußerer Erscheinung, jedoch von höherer Intelligenz, als sie den meisten Zuchthausbeamten zu eigen war. Kraffelt besaß zweifellos erhebliche medizinische Kenntnisse, die vielen der Lazarettinsassen halfen. Er neigte zum Jähzorn, ließ diesen jedoch fast nur den kriminellen Gefangenen gegenüber zum Ausbruch kommen, bis zur Gewalttätigkeit gesteigert. Hingegen verhielt er sich den Politischen gegenüber zurückhaltend und deutete diesem oder jenem von ihnen seine Abneigung gegen den Nationalsozialismus und Hitler an. Menschlichkeit bewies er, indem er Angehörigenbesuche, mit einer Sprechzeit von nur zwanzig Minuten erlaubt, mitunter eine Stunde und darüber gestattete. Als im April 1945 die Strafanstalt vorübergehend von russischen Truppen besetzt war, blieb Kraffelt auf freiem Fuße, wurde jedoch später aufgrund der Denunziation eines Gefangenen verhaftet und soll erschossen worden sein. Ein Hauptwachtmeister Seeger tötete in jenen Tagen sich und seine Frau.
Erwähnt als Beamtentyp übler Art sei der korrupt und durch viele Anzeigen gegen Strafgefangene auf Karriere bedachte Hilfswachtmeister, später Oberwachtmeister Arnold, von den Häftlingen »Das Schwein« genannt, seiner von unsauberen Motiven getragenen Leidenschaft wegen, die Gefangenen in den Zellen durch den »Spion« (das von außen zu öffnende Guckloch in der Zellentür) zu

beobachten. Harmlos und beschränkten Geistes war der Oberwachtmeister Kirsch, nach seiner roten Gesichtsfarbe mit dem Spitznamen »Rotbarsch« belegt. Ein Oberwachtmeister Wünsch, oft nervös, aber im großen und ganzen korrekt, trug seiner braunen Hautfarbe wegen den Beinamen »Der Negus«. Der Oberwachtmeister, später Hauptwachtmeister Lüdtke, »Vowätts, Vowätts!« genannt, wegen seiner Aussprache des unaufhörlich wiederholten »Vorwärts«, mit dem er die Gefangenen zur »Freistunde«, dem halbstündigen Kreismarsch auf einem der Anstaltshöfe antrieb, fiel ebenfalls einer Denunziation zum Opfer und wurde erschossen. Er war einer der Beamten, die viel Menschlichkeit bewiesen hatten, es wurden darum Versuche unternommen, sein Leben zu retten, doch es gelang nicht. Krasse Gegensätze bildeten der Hilfswachtmeister Heise, stets bereit, an Hinrichtungen teilzunehmen, und der Hilfswachtmeister Artl, der es trotz Strafandrohung wiederholt strikt ablehnte, bei einer Exekution zugegen zu sein.

Die nachstehend angeführten, im Zuchthaus Brandenburg (H)-Görden tätigen Personen, haben sich durch ein stets korrektes Verhalten gegenüber den ihnen unterstellten Strafgefangenen ausgezeichnet. Insbesondere haben sie das in ihren Möglichkeiten Liegende getan, die Lage der politischen Gefangenen zu erleichtern und ihnen bei mehr als einer Gelegenheit hilfreich beizustehen.

Es handelt sich um den Anstaltspfarrer Bartz und den später an die Strafanstalt Berlin-Plötzensee versetzten Pfarrer Eugen Wolff, den katholischen Pfarrer Scholz und den Strafanstaltsoberlehrer Reichel sowie eine Anzahl von Wachtmeistern. Die Hervorhebung dieser Männer geschieht, weil sie bewiesen haben, daß mit dem Dienst eines Strafanstaltsbeamten Korrektheit und Humanität durchaus zu vereinen sind. Die Einstellung der Beamtenschaft zu den politischen Gefangenen differierte. Viele richteten sich ausschließlich nach dem Verhalten von »Jummi«, andere begnügten sich mit einer kühlen, aber korrekten Behandlung der Politischen, eine Minderheit ließ diese jedoch erkennen, daß sie in ihnen keine Verbrecher, sondern Männer erblickten, die für ihre Überzeugung standen und vielleicht sogar zu Recht an eine helle Zukunft glauben durften.

Mit den Beamten in der Verwaltung kamen während der längsten

Zeit ihrer Haft die meisten politischen Gefangenen kaum in Berührung.

Die Kalfaktoren

Die Kalfaktoren haben die Reinigung der Strafanstalt und aller ihrer Einrichtungen zu besorgen, die Verteilung der Mahlzeiten an die Zelleninsassen, die Übergabe der Arbeit an diese, die Abholung der bearbeiteten Materialien. Sie mußten Reinigungs- und Hilfsdienste im Krankenrevier, im Krankenhaus leisten, manches andere dazu. Nur Gefangene mit guter Führung wurden eingesetzt, abgesehen von solchen mit dem Zusatz »Sicherheitsverwahrung« im Urteil. Politische kamen in den ersten Jahren für einen Kalfaktorposten nicht in Betracht.
Kalfaktor zu sein bietet viele Vorteile: den regelmäßigen »Nachschlag« beim Essen, das aus der Küche geholt wurde, in der häufig etwas zu ergattern war, so auch in der Bäckerei. Beziehungen entwickelten sich, gegen den Priem[1] ließ sich manches Nahrhafte erwerben. Aus dem Aschenbecher des Stationsbeamten erntete der Kalfaktor Zigarettenkippen, mitunter ließ auch ein wohlgesonnener Beamter absichtlich eine Zigarette liegen. Die Kalfaktoren litten keinen Hunger, sie hatten genug zu rauchen und erfreuten sich mancher Bewegungsfreiheit. Jedoch ist nichts umsonst. Die Beamten verlangten Verhalten gemäß der zweiten Bedeutung des Wortes Kalfaktor: Aushorcher, Spitzel. Wer einem Kalfaktor vertraute, ihm über Vorgänge in den Zellen, über politische Diskussionen erzählte, erlebte leicht böse Folgen. Solche Informationen gaben dem Beamten, an den sie via Kalfaktor gelangten, die Möglichkeit zu Meldungen an den Polizeiinspektor, der dann zu einer Untersuchung und gegebenenfalls zur Beantragung einer Bestrafung gezwungen war. Sie variierte zwischen dem Entzug von Vergünstigungen (Buchempfang aus der Bibliothek, Entzug des Rechtes zum

---

[1] Priem – Kautabak – im Einkauf aus der Arbeitsbelohnung erhältlich in Stangenform oder in Stücken in einer kleinen Blechdose.

Einkauf aus einem Teil des Arbeitslohnes usw.), leichtem oder schwerem Arrest bis zur Dunkelhaft auf Tage oder Wochen sowie Verpflegungskürzung.

Jeder Beamte, der Wesentliches über die Gefangenen an Polizeiinspektoren oder Vorsteher weitergibt, verbessert damit seine Beförderungsaussichten. Der Kalfaktor ist also nicht nur Arbeitskraft des Stationsbeamten, sondern gelegentlich auch Medium zur Förderung des Avancements. Das gehört zum Zuchthaussystem. In der Dreimannzelle fehlte bei zwei Politischen niemals der Kriminelle als der Dritte. So ist es angeordnet, man braucht den Spitzel für den Stationsbeamten. Doch nicht alle Kriminelle funktionieren wie vorgesehen, sie lehnen die ihnen zugedachte Rolle innerlich ab. Dem Kalfaktor gegenüber jedoch sind sie aufgeschlossen, denn der kann manches für sie tun: für das verbotene Rauchen den erforderlichen Priem und Feuerstein in die Zelle schmuggeln, einen Nachschlag bei der Essensausgabe zuteilen, ein mehr als üblich gefülltes Netz mit Pellkartoffeln ausgeben.

Oft verträgt sich eine Zellengemeinschaft wochenlang, plötzlich jedoch kommt es zum Streit, meist mit dem Kriminellen. Und der rächt sich, indem er »Lampen macht« oder »verpfeift«, wie es im Ganovenjargon heißt, also den Beamten über kritische politische Äußerungen der Gefangenen informiert. Im allgemeinen waren die Kriminellen gegen den Nationalsozialismus, der härter gegen sie vorging, als es früher der Fall war. Ein Umsturz, wie ihn die Politischen erstreben, könnte die Lage der Kriminellen erleichtern. Andererseits darf der Kriminelle ein Sympathisieren mit den Politischen den Beamten nie erkennen lassen, es könnte ihm schaden. Selbst bei solchen Beamten, bei denen ihrer Gelassenheit und guten Führung wegen die Politischen gut angeschrieben sind. Der politische Gefangene weiß, daß der Beamte für den Kalfaktor und die meisten Kriminellen stets der Wichtigere sein wird. Im Konfliktfalle werden sie sich auf die Seite der Beamten stellen, selbst dann, wenn der Politische ihnen als Mensch sympathisch ist. Es gab Tricks für die Kalfaktoren, die Zelleninsassen Tag für Tag bei der Essensausgabe zu betrügen; man füllte die Kelle nicht ganz, man nahm vor der Ausgabe ein paar Kartoffeln aus den diversen Netzen

heraus. Die Beamten wußten darum, kontrollierten jedoch nur sehr selten, um es mit ihren Kalfaktoren nicht zu verderben. Den Gefangenen entging nicht, daß sie betrogen wurden, eines Tages entlud sich ihr aufgespeicherter Groll. Politische Gefangene waren es, die eine Wende erzwangen. So spielte es sich ab:
Ausgabe des Essens erfolgte in Phase 1 durch einen Begleitbeamten, der Kalfaktor am Wagen gab aus einem Kessel die Netze aus, die um jeweils zwei oder drei Kartoffeln erleichtert worden waren. Die Zelleninsassen waren genötigt, die Kartoffeln in fieberhafter Eile zu pellen, denn Wagen 3, der die leeren Netze und die Kartoffelschalen abholte, würde spätestens nach drei Minuten auftauchen. Vorher erschien Wagen 2 mit der Hauptmahlzeit, die aus dem Kessel in die dargereichten Schüsseln gefüllt wurde, mit geschmälertem Kelleninhalt. Wagen 1 und Wagen 3 war je ein Beamter beigegeben, für Wagen 2 wurde diese Deckung als unnötig betrachtet. Darin lag die Chance, dem üblen Treiben der verteilenden Kalfaktoren ein Ende zu setzen.
Blitzschnell griffen zwei der Zelleninsassen zu, rissen den Kalfaktor in die Zelle, schlugen erbittert hart auf ihn ein und schleuderten ihn wieder auf den Gang hinaus. Das Geschrei des Gezüchteten alarmierte den Beamten an Wagen 3, er rannte heran, so rasch er nur konnte. Drei Insassen der Zelle sagten übereinstimmend aus, was sie vorzubringen hatten, ihre berechtigten Reklamationen seien durch den Kalfaktor stets hohnvoll mit Beschimpfungen quittiert worden. Der Gezüchtigte bestritt selbstverständlich, aber das half ihm nicht. Der Beamte kannte seine Pappenheimer und wußte: Hier standen drei Aussagen gegen eine! Machte er Anzeige, würde der Polizeiinspektor gegen den Kalfaktor entscheiden und ihn ablösen müssen. Da der Kalfaktor kein Beamter war, lag kein Disziplinarvergehen der Gefangenen vor. Dem Kalfaktor konnte nicht schaden, daß er eine fühlbare Lehre empfangen hatte. Der Beamte empfand eine gewisse Schadenfreude und zugleich Respekt gegenüber den Gefangenen, die ihr Recht nachdrücklich vertreten hatten. Er verwarnte scharf, er enthob den Kalfaktor seines Postens.
Das von den zwei Gefangenen praktizierte erfolgreiche Vorgehen machte Schule. Die Beamten entschlossen sich zu genauerer Kon-

trolle der Essensausgabe, die Kalfaktoren – sich doppelt bedroht sehend – gaben notgedrungen ihre unsaubere Praxis auf.

Die politischen Gefangenen hatten gelernt, daß man nicht davor zurückschrecken durfte, notfalls die Faust gegen skrupellose Mitgefangene einzusetzen. Gemeinschaftliches Handeln verschaffte die erforderliche Rückendeckung. Konfrontiert mit einem klaren Tatbestand scheuten sich die Beamten, die Schuldigen zu decken und zogen sich auf die Dienstvorschrift zurück. Das erlebt zu haben, bedeutete eine wichtige Erfahrung, aus der heraus sich auch künftig handeln lassen würde. Eine gleichsam höhere Kategorie von Gefangenen stellten die »Schreiber« in den Arbeitsbetrieben dar, überwiegend politische langstrafige Gefangene mit tadelloser Führung. Von den anderen Gefangenen wurden sie beneidet, weil sie den Höchstsatz der »Arbeitsbelohnung« erreicht hatten, sich beträchtlicher Bewegungsfreiheit erfreuten und einige Vergünstigungen genossen. Sie waren gleichsam kaufmännische und technische Prokuristen der Betriebsleiter, immer unentbehrlicher, je mehr die Produktion im Zuchthaus anstieg.

Gehen wir über zu den Vorstehern der Häuser I und II und den Polizeiinspektoren. In deren Händen lag die Wahrung der Ordnung und die Untersuchung von Vergehen in der Strafanstalt, politische Konspiration zum Beispiel, Vergehen gemäß § 175, Herausschmuggeln von Briefen aus der Anstalt, Diebstahl an Mitgefangenen und Beamten, Verschiebung von Erzeugnissen der Arbeitsbetriebe und dergleichen mehr.

Unter der Ägide des Oberregierungsrates Dr. Schwerdtfeger arbeiteten Vorsteher und Polizeiinspektor einwandfrei, human. Vorsteher Wißmann handelte gemäß dem sine ira et studio, konnte Strenge üben, noch häufiger Milde walten lassen. Folgendes charakterisiert ihn: Ein in der Bibliothek arbeitender Gefangener, der sich aus Zeitungen Auszüge gemacht und dadurch in den Verdacht beabsichtigter politischer Information von Mitgefangenen geraten war, denunziert durch einen Spitzel, sah sich einem Verfahren gegenüber. Während dessen Einleitung wurde ihm gemäß Vorschrift keine Post ausgehändigt. Trotz dieser Bestimmung hätte er über den Tod eines Angehörigen unterrichtet werden müssen. Das geschah nicht, als

ein Brief an ihn mit der Todesanzeige des Vaters eintraf. Im Zuge der Untersuchung gegen ihn wurde er dem Vorsteher Wißmann vorgeführt, der ihm sein Beileid aussprach und jetzt erfuhr, daß die Todesnachricht dem Gefangenen vorenthalten worden war. Wißmann ließ ihn aus dem Arrest unverzüglich in die Haftzelle zurückkehren und stellte im Einverständnis mit dem Vorsteher Schöpfel das Verfahren gegen den Beschuldigten sofort ein. Die durch Schöpfel erfolgende Begründung besagte, die Verdachtsgründe reichten für weiteren Arrest und etwaige Bestrafung nicht aus. Beide Beamten wußten, daß eine etwa an die Gestapo weitergegebene Anzeige, zu der sie an sich verpflichtet waren, zu einer neuen Verhandlung vor dem Volksgerichtshof und voraussichtlich zum Todesurteil geführt hätte. Beispiele der Hilfsbereitschaft beider Männer ließen sich noch in einigen anderen Fällen nachweisen. Das gilt auch für den späteren Polizeiinspektor Bayer.
Äußerst selten kam ein Gefangener mit jenen Beamten in Berührung, die im Juristischen dem Oberdirektor assistierten. Hingegen war jedem der in den Betrieben tätigen Häftlingen der Leiter der Arbeitsverwaltung, der Amtmann Dahms, wohlbekannt. Oft tauchte Dahms zu Besprechungen mit den Werkmeistern hinsichtlich Produktion und neuer Aufträge auf, er kontrollierte gern und recht sachkundig, im übrigen hatte er dieses und jenes private Interesse an der Erzeugung. Darüber später mehr. Dahms verstand es, die Herstellung im Zuchthaus ständig zu erhöhen, namentlich nach einem ministeriellen Erlaß, der einigen kriegswirtschaftlich wichtigen Betrieben die Errichtung von Arbeitshallen auf dem Anstaltsgelände gestattete, so zum Beispiel Arado und Brennabor. Die Leitung hatten Firmenwerkmeister, die Arbeitskräfte wurden aus Anstaltsinsassen rekrutiert.
Dem Amtmann Dahms gelang es – was anerkannt werden muß –, für die hart arbeitenden Gefangenen zusätzlich Lebensmittel zu beschaffen. Inspektoren der Arbeitsverwaltung erschienen mit einer gewissen Regelmäßigkeit in den anstaltseigenen Arbeitsbetrieben zur Kontrolle der Bestände an Material und Werkzeugen, von Verschleiß und Ersatzbeschaffungen. Alle Bestellungen nahmen die weitgehend selbständig arbeitenden »Schreiber« vor. Nie führten

die Kontrollen zu Beanstandungen, die Schreiber beherrschen die Materie wesentlich besser als die Kontrolleure.

Arbeit in den Zellen und Betrieben

Gegen 9.00 Uhr morgens wird bei einem »Neuen« die Zellentür geöffnet, drei Gestalten stehen davor, der Oberwachtmeister Schilling und zwei seiner Kalfaktoren.
Der Gefangene nimmt vorschriftsmäßig unter dem Zellenfenster stramm Haltung an und meldet: »Zelle 64; belegt mit Strafgefangenem X, Haftnummer 825/36.«
Schilling, blaßgesichtig, mit rötlichem Haar und hervorquellenden, auf Basedow deutenden wasserblauen Augen, betrachtet den Gefangenen neugierig.
»Delikt?«
Der Gefangene nennt es, und Schilling quittiert: »Von der Sorte also! Lebenslänglich, da sind Sie noch gut davongekommen! Stimmt's?«
»Jawohl«, bestätigt der Gefangene, dem jeder Widerspruch verboten ist.
»Jawohl, Herr Oberwachtmeister, heißt das, verstanden? Wiederholen Sie!«
»Jawohl, Herr Oberwachtmeister.«
Schilling gibt seinen Helfern einen Wink, sie werfen zwei mäßig große, vollgestopfte Säcke in die Zelle.
»Sie bekommen Sisalarbeit«, erläutert Schilling. »Machen Sie den Sack da auf, und legen Sie eine Handvoll Knoten auf den Tisch! A tempo, wenn ich bitten darf!«
Es handelt sich um Knoten von Sisalschnüren, mit denen Erntegarben gebunden werden. Vor dem Drusch schneidet man die Schnüre ab. Die langen Enden werden zu neuen Schnüren verbunden, die Knoten müssen zur Weiterverwendung des Sisals aufgelöst werden.
Schilling führt das Knotenlösen vor, es geschieht mittels eines spitzen Metalldorns.

»Übermorgen haben Sie den Inhalt beider Säcke verarbeitet, verstanden? Jeder Sack enthält ein Arbeitspensum. Arbeitsbelohnung 4 Pfennig je Pensum, bei 50 Prozent Mehrleistung werden 6 Pfennig gutgeschrieben. Kapiert?«
»Jawohl, Herr Oberwachtmeister.«
»Pensum sauber erfüllen, bitte ich mir aus. Nur der Fleißige erhält mit der Zeit bessere Arbeit. Sie sind ja wohl nicht dumm, was? Also können Sie im eigenen Interesse einiges erreichen.«
Schilling spricht mit einer Mischung von gleisnerischer Freundlichkeit des Tones und leiser Drohung. Das Lächeln des schmallippigen Mundes verrät Falschheit.
Eine gewisse Zeit hindurch war bei Schilling der 1937 zu zehn Jahren Zuchthaus verurteilte Erich Honecker tätig, später auch als Arztkalfaktor ziemlich kontaktlos.
Nach einer gewissen Einarbeitung ist es möglich, Einkaufserlaubnis zu erlangen. Nur ein Drittel der Arbeitsbelohnung – das Wort besagt, daß es keinen Anspruch auf Entgelt gibt – darf für den Einkauf verwendet werden – für Lebensmittel, Zahnpasta, Kautabak. Rauchen ist den Häftlingen verboten.
Die Arbeitsbelohnung differierte zwischen 4 Pfennige je Pensum in der Zellenarbeit, 50 Prozent mehr Pensum 6 Pfennig, Doppelpensum (kaum je von einem erreicht) 8 Pfennig. Die höchste Kategorie der Gefangenen, die Schreiber, bekamen täglich 24 Pfennig. Zwei Drittel der Arbeitsbelohnung werden dem Gefangenen in der Verwaltung gutgeschrieben und ihm gesammelt als Entlassungsgeld eines Tages ausgehändigt.
Üble Arbeit, die mit den Sisalknoten! Sie sind fest geschlungen, hart, das spröde Material sticht. Allmählich verursacht der Stahldorn, zwischen Daumen, Zeigefinger und Innenhand geführt, Schmerzen. Blasen bilden sich. Unendlich viele Knoten enthält der Sack. Muffiger Geruch verbreitet sich in der Zelle, grauer Staub schlägt sich nieder.
Es gibt einen Trick, sich die Arbeit zu erleichtern: das Anfeuchten der Knoten, sie lösen sich dann nach einer gewissen Zeitspanne leichter. Aber das Wasser hellt sie auf, Schilling und seine Helfer kennen den Dreh, sie sind nicht zu täuschen. Nur bei Arbeit in den

Gemeinschaftszellen gelingt es, wenn man zwei Drittel der vorschriftsmäßig gelösten Knoten mit einem Drittel der wassergelösten sorgsam vermengt.
Zur Zellenarbeit gehört die »Kratzarbeit«. Wer sie leisten muß, sieht sich einem größeren Kasten von Soldatenfiguren in diversen Kampfstellungen und von Tierfiguren gegenüber, vorerst aus brauner Preßmasse. Die Masse quillt etwas aus den Formen heraus, es bilden sich daher Grate an den Figuren. Der »Kratzer« muß diese Grate mit einem scharfen Messer beseitigen, bis die Figur sauber herausgearbeitet ist. Arbeit im Auftrag einer Lineol AG. Die Pressen befinden sich in Kellerräumen des Zuchthauses, sie zu bedienen ist keine leichte Arbeit. Auch nicht das Schleifen der Sockel, damit die Figuren lotrecht stehen. Die ganze Arbeitszeit hindurch ist bei muffiger Kellerluft der Schleifer in feinen braunen Massenstaub gehüllt. Die Maler haben es besser, sie werken teils in einem größeren Arbeitsraum, teils in den Zellen. Nach gegebenen Musterfiguren bemalen sie die Gesichter, malen sie die Uniform, das Fell der Tiere usw. Als Gehilfe des Fabrikwerkmeisters stellt ein Gefangener die Farben zusammen, er hat bereits so etwas wie eine gehobene Position. Ein Büro der Lineol AG im Hause II beschäftigt drei Gefangene als Rechnungsschreiber. Saubere, vernünftige Arbeit, gelegentlich versüßt durch Priem, einige Zigaretten. Doch die Büroherrlichkeit endete, als bald nach Kriegsausbruch die Gesellschaft als nicht kriegswirtschaftlich wichtig ihre Arbeit in der Anstalt aufgeben mußte. Zwei der drei Schreiber hatten den einen von ihnen, einem zu »lebenslänglich« politisch verurteilten jungen Ingenieur, vorher in Einzelhaft in Schwermut verfallen, wieder aufgemuntert. Doch nun, wieder in Einzelhaft im »Kammkasten«, verfiel er rasch, kam, als dem Jugendirrsinn verfallen, in das Krankenhaus und starb dort nach kurzer Zeit.
Gut hatten es die in der Küche und in der Bäckerei beschäftigten Gefangenen, die Meister behandelten sie freundlich und ernährten sie gut. Häftlinge mit kurzer Strafdauer arbeiteten zum Teil im Reichsgut Plauer Hof, sie litten nicht unter Mangel an Vitamin C, aber unter der brualen Behandlung des Hauptwachtmeisters Put-

tins, Baltenkreuz¹ an der Uniform. Am besten waren die in einer Gärtnerei Tätigen dran, denen es leicht war, hinreichend Obst und Gemüse zu ergattern, die sich tagtäglich in der frischen Luft aufhielten.

Die Bedauernswertesten waren die Zellenarbeiter, namentlich die in den »Kammkästen«. Viele von ihnen erkrankten, verbrachten eine kurze Zeit im Revier oder Krankenhaus, danach begann das alte Elend für sie von neuem. Ohne Schaden an Physis und Psyche überstanden nur jene einen mehrjährigen Aufenthalt in den genannten Zellen, die stark genug waren, in sich selbst ihr Genüge zu finden, ihre primitive Arbeit als irgendwie doch produktiv zu werten, die keinen Tag den Glauben an die eigene Zukunft verloren. Ausnahmslos handelte es sich dabei um politisch Verurteilte, die es schafften, einen aus der Bibliothek entliehenen »Faust« aufgeschlagen neben einem Knotensack aufzubauen und etwa die »Zueignung« beim Knotenlösen auswendig zu lernen, stundenlang alles, was ihnen an Poesie im Gedächtnis lag, zu rezitieren usw. Sie trainierten ihr Erinnerungsvermögen, sprachen mit sich Englisch, Französisch, Latein, machten sich frühere, schöne, eindrucksvolle Erlebnisse wieder lebendig. Kurzum, sie schufen sich bei niederer Arbeit, in Enge und Schmutz eine geistige Atmosphäre, in der sie für Stunden der Misere der Gegenwart entrückten.

Die Arbeitsbetriebe

Ausnutzung der Arbeitskraft der Gefangenen verschafft einer Strafanstalt Einnahmen mit dem Effekt, die Unterhaltungskosten zu vermindern.
Die anstaltseigenen Betriebe waren in Brandenburg-Görden bedeutend ausgedehnter als sonst in Zuchthäusern. Produziert wurden für den Eigenbedarf der Anstalt, zum anderen – so in der Druckerei – für den Formularbedarf von Justizbehörden. Den größten Betrieb

---

1 das Abzeichen der Soldateska, die noch nach 1918 in den baltischen Staaten Krieg führten.

stellte die sehr gut mit Werkzeugen und Maschinen ausgestattete Tischlerei dar, die über große Lagerbestände an Holz und Furnieren verfügte, über ein eigenes Holzlager auf dem Anstaltsgelände, über ein wohlaussortiertes Lager all dessen, was Tischlerarbeit benötigt. Angeschlossen war ihr eine Poliererei und eine Polsterei und Sattlerei. Man stellte Möbel diverser Art her, Kisten, Bänke, im Kriege in erheblichem Maße auch Wehrmachtsschränke für die Kasernen usw. Zu dieser Zeit arbeitete der Betrieb zudem für die NSDAP-Organisationen und bediente sich in den Kriegsjahren bei den Bestellungen der »Dringlichkeitsstufen« von Justiz, Wehrmacht und SS.

Kaum weniger ausgedehnt war die Schneiderei, vornehmlich für den Beamtenbedarf, später auch für die Wehrmacht arbeitend, über erhebliche Vorräte verfügend. Die Weberei stellte in erster Linie den Stoff für die Gefangenenuniform her, »Beiderwand« genannt, Stoff aus Leinwand und Wolle. Die Herstellung in der Schuhmacherei diente Beamten und Häftlingen. Beamte konnten in allen Arbeitsbetrieben billig für den privaten Bedarf einkaufen. Die Vergünstigung gewährten die Privatbetriebe Brennabor, Arado und Bosch generell nicht.

Lieferungen nach auswärts erfolgten durch die Reichsbahn und zwei Anstalts-LKW, am Steuer dieser jeweils ein Beamter, ein Gefangener fungierte als Beifahrer.

Die Anstaltsbetriebe wurden durch angestellte, fachlich qualifizierte Werkmeister geleitet. Von der Galerie aus beobachteten Beamte – einer oder zwei – die Gefangenen. Diese Kontrolle gleichsam aus der Vogelperspektive war so gut wie nutzlos. Die »Belegschaften« – oft 150 bis 200 Personen zählend – waren zu vorsichtig, zu erfahren, zu gut aufeinander eingespielt, um sich bei ihren verbotenen Aktivitäten ertappen zu lassen.

Dem Betriebswerkmeister war meist eine angestellte Hilfskraft beigestellt, doch keiner der Werkmeister konnte ohne die »Schreiber« auskommen, die das Material zu verwalten, den Bedarf für die Aufträge auszurechnen, das aus dem Lager Benötigte auszugeben, Abrechnungen zu erarbeiten, die Korrespondenz zu führen, den Materialnachschub zu regeln, Verladung und Versand vorzunehmen

hatten. Nur intelligente Leute, die sich rasch in eine ihnen meist fremde Arbeit hineinzufinden vermochten, waren dieser Autorität und Übersichtsvermögen erfordernden Tätigkeit gewachsen. Schreiber wurde nur, wer sich in der vorangegangenen Haftzeit keine Bestrafung zugezogen hatte. Das traf für die Mehrzahl der politischen Häftlinge zu, war Voraussetzung dafür, die begehrten Schreiberpositionen zu erlangen.
Ursprünglich gab es auf dem Anstaltsgelände Raum auch für sportliche Übungen: Springen über Kasten oder Pferd, Kurz- und Langstreckenläufe auf geeigneten Bahnen, doch das Dritte Reich duldete solche »Humanitätsduselei« nicht mehr. Immerhin wichen die alten »Zwölfender« nun auf militärische Übungen aus: Marschieren in wechselnden Formationen, Aufreihen zum linken, zum rechten Flügel usw. Wer das mit soldatischem Eifer übte, war des Wohlwollens der alten Unteroffiziere und Feldwebel sicher und konnte gelegentlich davon profitieren. Doch auch die Soldatenspielerei mußte aufhören, kurz nach dem Ausscheiden des Oberdirektors Dr. Schwerdtfeger aus eigenem Entschluß. Die Anstalt im Sinne nazistischer Vorstellungen vom Strafvollzug zu führen, muß ihm nach 1933 immer unerträglicher gewesen sein. Den Ausschlag für seinen Rücktritt gab die überfallartige nächtliche Abholung gefangener katholischer Geistlicher aus der Strafanstalt. Schwerdtfeger protestierte bei Gestapo und Strafvollzugsbehörde, er könne aus seiner Verantwortung für das Zuchthaus nicht hinnehmen, wenn »jedermann« mit irgendwelchen Ausweisen Gefangene heraushole! Wer garantierte, daß nicht eines Tages falsche Gestapobeamte Kommunisten befreien würden? Die Auseinandersetzung endete mit Schwerdtfegers Amtsniederlegung im Jahre 1937. In Bielefeld wurde er Syndikus eines großen Textilkonzerns und starb am 1. Oktober 1944, nachdem am 30. September diesen Jahres ein Luftangriff gegen die Stadt erfolgt war. Sein Nachfolger wurde der Oberregierungsrat Dr. Graf.

Die Werkmeister

Zu unterscheiden ist zwischen den Werkmeistern der Strafanstaltsbetriebe, als fachlich versierte Angestellte tätig, und denen der Privatbetriebe. Diese verrichteten ihre Arbeit in den Produktionsstätten nicht anders, als sie es von ihren Firmen her gewohnt waren. Die bei ihnen arbeitenden Gefangenen wurden als Mitarbeiter betrachtet, nach Leistung gewürdigt, bis auf seltene Ausnahmen korrekt behandelt. Die Produktivität stand im Vordergrund. Die Privatbetriebswerkmeister empfanden die Zuchthausbeamten in den Arbeitsstätten als unvermeidliches Übel und ließen sich von ihnen nicht in ihre Arbeit hineinreden. Nur die ging sie etwas an, nicht das Interesse des Strafvollzuges. Diese Einstellung drängte den Einfluß der Beamten stark zurück. Der willig und geschickt arbeitende Gefangene bedeutete den Werkmeistern weit mehr als der im Betrieb herumstehende, herumspähende Beamte.

In den Anstaltsbetrieben fühlten sich die Werkmeister mit dem Strafvollzug verbunden, ihr Arbeitgeber war die Justiz. Das hinderte sie nicht, ihre Chancen zu nutzen, durch gelegentliche Schiebungen ihr Einkommen zu verbessern. Wie sehr die Korruption von Jahr zu Jahr in der Strafanstalt wuchs, wird noch näher dargelegt werden.

Spitzenleistungen auf diesem Gebiet vollbrachten in der Schneiderei der Werkmeister Junack, von dem es hieß, daß er Gestapospitzel sei, in der Tischlerei der Werkmeister Fritz Wendt. Das System war einfach: Setzte man auf den Karteikarten über Bestand und Verbrauch schon bei der erarbeiteten Kalkulation etwa je Anzug 20 oder 30 cm² mehr an, als dem tatsächlichen Bedarf entsprach, so gewann man angesichts der Größe der Aufträge beträchtliche Meter Stoff, aus denen sich für diesen oder jenen Beamten (oder einen seiner Freunde und Bekannten) Anzüge herstellen ließen, deren Erlös in die Tasche des Werkmeisters floß. So verschaffte sich auch der Werkmeister Wendt beträchtliche Nebenverdienste. Die Kartei stimmte stets, also konnten die Verwaltungsinspektoren bei ihren Kontrollen nichts aussetzen. Die »Schreiber« wußten um diese »Schiebungen«, sie waren nicht in der Lage, sie zu verhindern. Was hätte ihre Stimme gegen die des Werkmeisters gewogen? Sie hätten in jedem Falle den kürzeren gezogen, doch abgesehen davon: Ihre Positionen ermöglichten ihnen, einen ziemlich regelmäßigen Kontakt mit politischen Gefangenen in gleichen Positionen der anderen Arbeitsbetriebe zu unterhalten, das war entscheidend wichtig, es durfte sich daran nichts ändern.

Fast in allen Anstaltsbetrieben bereicherten sich die Werkmeister, freilich waren die Produktionen der Tischlerei und der Schneiderei für die gekennzeichneten Schiebungen die lukrativsten. Es steht außer jedem Zweifel, daß auch der Leiter der Arbeitsverwaltung, der Amtmann Dahms, um die unsauberen Praktiken der Werkmeister nicht nur wußte, sondern sie sich auch gelegentlich kräftig zunutze machte. Doch um ihm Gerechtigkeit widerfahren zu lassen: Den und jenen, der in Gefahr stand, bewahrte Dahms durch Information und vorbeugende Maßnahme vor dem Schlimmen, das ihm von der obersten Vollstreckungsbehörde zugedacht war.

Das muß hier eingefügt werden: Sympathie, Gleichgültigkeit oder Antipathie einem Menschen gegenüber spielten, wie überall in der menschlichen Gesellschaft, ihre Rolle. Der eine Beamte konnte den oder jenen Gefangenen nicht »riechen«, wie es volkstümlich heißt, war jedoch einem anderen freundlich gesonnen, den seinerseits wiederum ein dritter Beamter nicht ausstehen konnte. Um den »Schläger« Puttins in diesem Zusammenhang anzuführen: Manchem Häftling erwies er sich als freundlich und drückte diesem gegenüber sogar ein Auge zu, wenn ein berechtigter Anlaß zu einer Anzeige vorgelegen hätte.

Zweierlei war erforderlich für den Gefangenen, um sich vor Schikanen zu schützen: Korrektes Verhalten und Erkennenlassen, daß er den Beamten respektierte. Dieser brauchte gerade das, weil jeder von ihnen mehr oder weniger mit einem gewissen Minderwertigkeitsgefühl behaftet war. Ihn psychologisch richtig zu behandeln, wenn er ein Persönlichkeitsbild des Beamten gewonnen hatte, war für den intelligenten Gefangenen nicht sonderlich schwer.

Wie tragisch Zusammenstöße enden konnten, sei durch ein Beispiel erhärtet. Ein Kalfaktor, Augenzeuge, berichtete, daß ein Gefangener auf eine Weisung des Beamten, im groben Ton gesprochen, zor-

nig reagierte, dies auf dem Flur vor den Zellen. Der Beamte befahl ihm, in die Zelle zurückzukehren, aus der er ihn eben herausgeholt hatte, unbekannt aus welchem Grunde. Der Gefangene, sich wohl im Recht fühlend, weigerte sich, er widersetzte sich dem Zugriff des Beamten, der daraufhin zum Gummiknüppel griff. Statt nun nachzugeben, versuchte der Gefangene, dem Uniformierten die Schlagwaffe zu entreißen. Der Widersetzliche war ein kräftiger Mann, der Beamte drohte zu unterliegen und schrie um Hilfe. Andere Beamte und der amtierende Erste Hauptwachtmeister eilten herbei, vereint schlugen sie auf den sich hart zur Wehr setzenden Gefangenen ein. Der floh durch den langen Flur, gejagt von den Wärtern, wehrte verzweifelt ab, zuletzt brach er unter den auf ihn einprasselnden Schlägen nieder. Er vermochte sich nicht mehr zu erheben und verstarb, ehe noch der alarmierte Sanitäter eintraf. Er wäre durch die vereinte Kraft von sechs, sieben Beamten ohne den rücksichtslosen Gebrauch der Gummiknüppel zu überwinden gewesen. Man trug die Leiche in den Waschraum, der Kalfaktor hielt auf Befehl die Totenwache, den Rest des Tages und die Nacht hindurch. Zweifellos fand eine lange Beratung des Ersten Hauptwachtmeisters mit seinen Beamten statt, wie der schlimme Vorfall in der Meldung an den Vorsteher in genau übereinstimmender Aussage darzustellen war. Und also versteht sich, daß für keinen der Beamten ihr brutales Vorgehen eine Strafe zur Folge hatte.
»Die Hunde, die gemeinen Hunde!« sagte zu mir der Augenzeuge gewesene Kalfaktor. »Erbarmungslos haben sie ihn niedergeknüppelt! Und ich muß das Maul halten, wenn es mir nicht auch so gehen soll! Das und die Nacht mit der Leiche werde ich nie vergessen!«
Fraglos hat einer der Ärzte den Totenschein ausstellen müssen. Gewiß ist, daß die angegebene Todesursache dem Oberdirektor keinen Anlaß zur eingehenden Untersuchung des Geschehens geboten hat.

Ärzte, Sanitätsbeamte, Krankenhaus, Revier und Tbc-Baracke

Der Vormeldung eines Gefangenen zum Arzt mußte stattgegeben werden. Ob wirklich die Notwendigkeit ärztlicher Behandlung gegeben war, unterlag einer Vorprüfung durch einen Sanitäts-Hauptwachtmeister. Mir ist kein Fall bekanntgeworden, daß die Untersuchung des Gefangenen auf seinen Gesundheitszustand verweigert worden wäre.

Drei Ärzte amtierten: der Obermedizinalrat Dr. Wittenburg, der das Krankenhaus leitende Dr. Eberhard, dem auch die Tbc-Baracke unterstellt war, und Dr. Johannes Müller, dem das Krankenrevier unterstand und der auch im Krankenhaus wirkte.

Wer einmal in die Tbc-Baracke eingeliefert worden war, hatte wenig Aussicht, sie – lief seine Strafzeit nicht in Kürze ab – je wieder zu verlassen. Nur medikamentöse Behandlung war dort möglich, für alles weitere fehlten die notwendigen Voraussetzungen. Dem Zuchthauskrankenhaus stand bei weitem nicht das an Einrichtungen und Medikamenten zur Verfügung, was für ein voll leistungsfähiges Krankenhaus selbstverständlich ist. Des Medizinalrats Dr. Eberhard erinnere ich mich als eines über mittelgroßen, schlanken, dunkelhaarigen Mannes mit stets beherrschter Miene. Nie ist mir Nachteiliges über ihn zu Ohren gekommen. Der Überzeugung der meisten Gefangenen nach, die im Krankenhaus behandelt wurden, hat Dr. Eberhard unter der Unzulänglichkeit gelitten, mit der er infolge Mangels an vielem Erforderlichen Tag für Tag behandeln mußte. Er schloß bewußt die Augen, wenn Gefangene aus der Strafanstalt heraus es unternahmen, den Kranken dies und das zuzuschmuggeln, was ihnen nützlich sein konnte.

Die Patienten waren »Zuchthäusler«, die Behörden, an die Dr. Eberhard appelliert haben mag, dürften kaum geneigt gewesen sein, mehr für jene zu tun, die nach dem Urteil der nationalsozialistischen Staatsführung »Untermenschen« oder »Auswurf der Menschheit« waren. Starben sie, so starben sie gelegen. Im übrigen war nichts weiter zu beweisen. Nach dem Zusammenbruch 1945 erlangte Dr. Eberhard eine Position in der Jugendstrafanstalt Vechta.

Ganz anders als Eberhard der Medizinalrat Dr. Wittenburg, ein Mann ausgesprochenen Schweinstyps, nicht nur im Äußeren. Für diesen Dr. Wittenburg war jeder ihm zur Untersuchung Vorgeführte ein Simulant, ein Drückeberger. Dieser Arzt, wie es keinen geben sollte, liebte es, den Gefangenen mit einer witzig sein sollenden, aber ausgesprochen dummen Ironie zu begegnen. Ich stand bei der sogenannten Arztvisite hinter einem ausgemergelten Mittfünfziger, der unter Hinweis auf seine Krankheit und vorgeschrittenem Verfall demütig um eine Fettzulage bat. »Fettzulage, aha«, sagte Wittenburg mit scheinheiliger Freundlichkeit. »Was soll's denn sein? Margarine oder Butter?« Die Butterration betrug damals 20 Gramm täglich, und der Kranke, durch Wittenburgs Worte getäuscht, erwiderte hoffnungsvoll: »Wenn ich bitten darf – 20 Gramm Butter mehr, Herr Medizinalrat.« »So«, quittierte Wittenburg höhnisch. »Bloß 20 Gramm Butterzulage?« Dann, sich an den der Vorschrift gemäß anwesenden Hauptwachtmeister wendend, berlinerte er in seiner nasalen und schneidenden Sprechweise: »Ach, Herr Hauptwachtmeister, nehm' Sie doch mal ihren Jummiknüppel und schlagen Sie dem Kerl seine zwanzig Jramm ins Jenick!« Der Beamte schwieg, er sagte keine Äußerung. Wittenburg aber schrie den Gefangenen an: »Raus, Kerl! Und lassen Sie sich nie wieder hier sehen!« Eines Tages verschwand dieser Dr. Wittenburg aus der Anstalt, die Nachricht davon wurde von allen Gefangenen mit Aufatmen begrüßt.
Zahnärztliche Behandlung erfolgte durch einen Dr. Rohde, nicht in beamtetem Verhältnis stehend. Ihm assistierte der Hauptwachtmeister Horst, im Krankenrevier und auch im Krankenhaus tätig, ein sauberer, sich für das Wohl der Kranken gewissenhaft einsetzender Beamter. Rohde war Nationalsozialist und bekundete das bei einer Gelegenheit in abstoßender Weise dadurch, daß er die Behandlung eines zahnkranken englischen Gefangenen rundheraus ablehnte, lediglich mit der Begründung, daß dieser Engländer sei. Rohde neigte dazu, sich impulsiv zu äußern, es geschah stets dann, wenn er mit Handlungen des »Führers« nicht einverstanden war. Selbst in Gegenwart eines politischen Gefangenen und in Anwesenheit des Hauptwachtmeisters Horst scheute er sich dann nicht, sich mit bei-

ßendem Sarkasmus über den Nationalsozialismus und den Führer zu äußern und ihn Schicklgruber zu nennen. So unmißverständlich seine Ausfälle waren und so gefährliche Folgen sie für ihn haben konnten, es geschah ihm nichts. Nicht einer der Behandelten verriet ihn, doch mag mit der Zeit der Strafanstaltsleitung bewußt geworden sein, daß dieser Dr. Rohde kein verläßlicher Parteigänger war. Kurz vor dem Ende des Dritten Reiches hat Dr. Rohde nach einer Erklärung des politischen Gefangenen Walter Gärtner seine Ehefrau in die Westzone in Sicherheit gebracht, er selbst – in der NSDAP SA-Mann – vergiftete sich beim Einmarsch der russischen Truppen. Er ist nicht, wie mitunter behauptet wurde, von den Russen erschossen wurden.

Kirche und Geistliche

Die Kirche oder Kapelle, wie sie offiziell hieß, war dem Verwaltungsgebäude eingegliedert mit Seitenemporen, Beamtenempore im Dachgeschoß, Sängerempore und je einer Sakristei für den protestantischen und den katholischen Geistlichen. Das Innere der Kirche war geräumig, Platz für ein paar hundert Teilnehmer am Gottesdienst bietend. Verkleidungen und Bänke aus hellem, wohlverarbeitetem Holz, schlichter Altar, hinter ihm ein die Symbole des Christentums, von drei Kreuzen überragt, aufweisendes Wandgemälde von hoher künstlerischer Qualität.
Gottesdienst fand an jedem Sonntag und den hohen Feiertagen statt, getrennt nach Konfessionen. Wer teilnahm, tat es freiwillig. Die evangelischen Geistlichen waren der Pfarrer Bartz und der Pfarrer Eugen Wolff. Der Rabbiner war bereits in der ersten Hälfte des Jahres 1937 ausgeschlossen worden. Pfarrer Bartz war ein geistvoller und wortgewaltiger Kanzelredner. Den biblischen Text legte er eindringlich aus als Geleit für das tägliche Leben und seine Verantwortung, verband ihn mit allen Bereichen der Kunst, sich dabei als ein Mann von umfassender Bildung und hoher Begeisterungsfähigkeit erweisend. Namentlich ging es ihm darum, die Person Christi ganz nahezubringen als den Helfer, die froh machende, die erlö-

sende Kraft, aus einer Liebe heraus, die keinen jemals verlasse. Gefesselt von Überzeugungen und Sprache des Geistlichen lauschten die Hörer. Kaum einer der Anwesenden, der sich nicht als Mitglied seiner Gemeinde empfand, der nicht innerlich bereichert in seine Zelle oder Gemeinschaftszelle zurückkehrte.

So hieß es: Der Pfarrer Bartz habe im Weltkrieg als Frontoffizier gefochten und unter dem Eindruck des schweren Erlebens beschlossen, Gefängnisgeistlicher zu werden, um denen zu helfen, die ihm der seelischen Hilfe am meisten bedürftig erschienen. Die Niederlage im Jahre 1918 schien Bartz nicht verwunden zu haben: nicht beim Deutschen konnte die Ursache liegen, das dürfte seine Überzeugung gewesen sein. Nur so scheint erklärbar, daß ein Mann seines geistigen Formats, seines Christenglaubens, den Nationalsozialismus und seinen Antisemitismus bejahte. Jahre hindurch schmähte er in seinen Reden die Juden, fanatisch, haßvoll.

Wohltuend, berichten zu können, daß sich später eine Entwicklung des Pfarrers Bartz vom Saulus zum Paulus vollzog, daß er, der sich stets ratend und helfend der Gefangenen angenommen hatte, bis zuletzt ihnen tatkräftig zur Seite stand. Was ihn bekehrte, waren nicht die sich immer deutlicher abzeichnenden militärischen Mißerfolge Hitlers. Der Pfarrer Bartz lernte aus den Akten der Gefangenen, aus dem Terror der Nationalsozialisten gegenüber Andersdenkenden, aus den entsetzlich vielen Hinrichtungen der Männer, denen er letzten Trost als Geistlicher gab, deren Hinrichtung er in einer zur Richtstätte umgewandelten Garage des Zuchthauses beiwohnen mußte.

Ein Tag war, da vernahmen im Gottesdienst die Gefangenen eine Predigt des zur Glaubensgemeinschaft Deutscher Christen gehörenden Pfarrer Bartz, die sie mit ungläubigem Erstaunen und einem Erschrecken erfüllte. Redet sich der Pfarrer nicht um seinen Kopf? Intoleranz widerspreche dem Christentum, führte er aus. Nur Wahrheit, Güte, Gerechtigkeit besäßen Überzeugungskraft. »Und willst du nicht mein Bruder sein, dann schlag ich dir den Schädel ein!«, so sei allzuoft verfahren worden. Die Geschichte liefere dafür unzählige Beispiele. Der Tod der Märtyrer in den Arenen des römischen Reiches habe das Christentum zum Siege geführt. Wer blutige

Gewalt übe, habe die reine Gesinnung, die sauberen Hände verloren – und damit die Kraft zum Siege.
Mit dieser harten Folgerung endeten zwei weitere Predigten des Pfarrers, deren Inhalt ihn ohne weiteres vor das Tribunal hätte bringen können. Daß das nicht geschah, ist nur so zu erklären, daß die dem Gottesdienst aufsichtsführend beiwohnenden Beamten dem Pfarrer Bartz hohe Achtung zollten. Nur einer von ihnen nahm Anstoß. Die Folge war, daß Bartz vorerst die Predigterlaubnis entzogen wurde. Doch es muß ihm, dem ehemaligen verdienten Offizier und glänzendem Dialektiker gelungen sein, sich überzeugend zu verteidigen. Er wurde nicht aus dem Amt entlassen, doch vergingen Monate, bis er wieder auf der Kanzel stand. Von nun an unterließ er politisch auszulegende Vergleiche. Er wirkte müder, war nicht mehr eifernder Prediger, vertieft aber als Verkünder der Liebe Gottes und seiner unendlichen Barmherzigkeit. Sein Amtsbruder, der Pfarrer Wolff, wesentlich jünger als Bartz, war anders geartet, ein Mann von frischem, bestimmtem Wesen. Er verzichtete auf die funkelnd geschliffene Rhetorik und ließ allein die Schrift sprechen, mit der Kraft eigener Gläubigkeit. Christentum sei steter Kampf zur Überwindung von Anfechtung und Schwäche. Nichts sei naiver, als das Christentum nur als eine schöne Lehre zu betrachten. Gewiß, es gebe keine herrlichere! Sie sei keine Sonn- und Feiertagsangelegenheit, sondern die große Wahrheit für das Leben. In dem stünden wir doch alle, auch hier im Zuchthaus.
Das war der Tenor seiner Predigten, die nicht lehrhaft, nicht von hoher, intellektgezimmerter Warte vorgetragen wurden. Seine Hörer vernahmen die Worte eines Bruders, einfach, eindringlich, herzlich ausgesprochen, um dem Bruder zu helfen. Und alle wußten, daß sowohl der Pfarrer Bartz wie der Pfarrer Wolff jederzeit bereit waren, sich für sie auch praktisch einzusetzen, sofern ihr Anliegen das rechtfertigte.
Mit aufrichtigem Bedauern wurde eines Tages die Kunde aufgenommen, daß Pfarrer Wolff an die Strafanstalt Berlin-Plötzensee versetzt worden war. In seiner Abschiedspredigt bewies Wolff, daß er die Reinheit und Wärme seines Glaubens auch mit meisterlicher Rhetorik zu verkünden vermochte.

Des katholischen Geistlichen, Pfarrer Scholz, erinnere ich mich als eines schmächtigen, mittelgroßen Mannes mit asketischen Zügen, deren Ausdruck von einer gewissen Entrücktheit geprägt war. Die Katholischen sprachen mit Zuneigung und Verehrung von seiner steten Hilfsbereitschaft. Es gab zahlreiche katholische Gefangene, eine Anzahl von ihnen Ordensgeistliche, verurteilt aufgrund einer Verfolgungsaktion der Gestapo, die behauptete, es seien diverse Orden der Devisenschiebung überführt worden. Seitens der katholischen Kirche ist das stets – und meines Erachtens zu Recht – bestritten worden. Die feindliche Haltung des nationalsozialistischen Regimes war offenkundig. Es tat alles, um den Katholizismus zu diskriminieren. Ein aufsehenerregender Fall war die Verhaftung des Bischofs von Bautzen. Der Nationalsozialismus wagte es nicht, im Anschluß an die Empörung, die das im Auslande hervorgerufen hatte, ferner mit Rücksicht auf den hohen katholischen Bevölkerungsteil Deutschlands, ihre Drohungen sofort wahrzumachen. Man vertagte es auf die Zeit nach dem erwarteten »glorreichen Sieg«, zu dem es nicht kam.

Außer den Anstaltsgeistlichen hielt hin und wieder seit dem Jahre 1935 in der Brandenburg-Gördener Strafanstalt auch der Missionsinspektor der Berliner Stadtmission, Lizentiat Hans Brandenburg, mit Genehmigung des Oberdirektors Gottesdienst und Bibelstunde ab. Außerdem suchte er Gefangene auf deren Wunsch in der Zelle zu einer Aussprache und geistlichem Beistand auf. Ob es sich um kriminelle oder politische Häftlinge handelte, bedeutete für Hans Brandenburg nicht das Entscheidende.

Lizentiat Hans Brandenburg, eine starke und zugleich zutiefst gütige Persönlichkeit, hatte – man darf es getrost so bezeichnen – eine Gemeinde in der Gördener Strafanstalt, die sein Kommen stets mit Freude erwartete. Von 1935 bis 1942 war es möglich, daß er im Jahre drei- bis fünfmal seelsorgerisch in der Anstalt wirken konnte, doch im Jahre 1942 wurde er durch den Anstaltspfarrer benachrichtigt, daß ihm die Besuche nicht mehr gestattet werden können. Wohl werde er gelegentlich noch in Vertretung in der Kapelle des Zuchthauses predigen, keinesfalls aber weiterhin Gefangene in der Zelle besuchen dürfen. Hans Brandenburg denkt dankbar und gern an jene Jahre von 1935 bis 1942 zurück. Mit manchem derer, denen er damals beizustehen vermochte, hatte Hans Brandenburg auch nach 1945 erfreuliche Begegnungen, einige entwickelten sich zu einer noch immer belebenden schönen Freundschaft in der Verbundenheit des Glaubens.

Bis 1942, vielleicht auch noch etwas länger, wurde an die Gefangenen der genannten Konfessionen das Katholische Kirchenblatt verteilt, das damals sich scharfe Stellungnahmen gegen die Regierung erlaubte. Bei den Politischen allgemein bestand darum starke Nachfrage nach dem Blatt, das durch einen Kalfaktor des katholischen Geistlichen verteilt wurde, wobei er in ausgeprägt sächsischem Dialekt die neue Ausgabe als das »Kerchenblatt« flüsternd ankündigte. Man nannte diesen Verteiler darum allgemein »Das Kerchenblatt«, dessen Zuleitung an die Gefangenen nach einiger Zeit von der Vollzugsbehörde verboten wurde.

Am Leben blieb vorerst ein Wochenblatt, redigiert im Auftrag der Justiz von dem Oberlehrer irgendeiner Strafanstalt. Dieses Organ sang in einem sogenannten Leitartikel in den höchsten Tönen das Lob brauner Machthaber. Der Name »Der Leuchtturm« deutete symbolisch an, daß das Blatt den Häftlingen den rechten Weg zu weisen bestimmt sei. Ein paar Spalten wurden in gerafften Mitteilungen den Tagesereignissen gewidmet. In den ersten Kriegsjahren berichtete es nichts als Siege, die so gut wie totale Vernichtung der russischen Armeen, der englischen Luftflotte. Der Endsieg stand sozusagen vor der Tür. Da dieser Sieg jedoch nicht eintrat, wurde das Erscheinen des Blattes – dem die politischen Gefangenen den Beinamen »Die Verdunkelung« verliehen hatten – eingestellt. Niemand trauerte darum.

Für als würdig befundene Gefangene hielten zwei Oberlehrer Unterrichtsstunden ab, in der auch der Nationalsozialismus und seine Ziele erläutert werden mußten. Beiden Lehrern wurde rasch spürbar, daß für dieses Thema die Gefangenen nur geringes Interesse aufbrachten. Der Oberlehrer Reichel, offenbar von der Staatsführung nicht begeistert, zog sehr bald die Konsequenz und ließ die politische »Aufklärung« so gut wie ganz fallen. Es erwies sich später, daß er weitgehendes Verständnis für die Politischen empfand.

Der Oberlehrer Hinrichs, ein schmaler, langaufgeschossener Friese, bewies mehr Ausdauer, kapitulierte jedoch dank mangelnder Resonanz seiner Zuhörer einige Monate später ebenfalls, zog sich auf Literaturhinweise, auf seine Tätigkeit als Organist und die des Leiters des Kirchenchors zurück.

Bis etwa 1937 amtierte ein Oberlehrer Krottek, wurde abgelöst und kam zeitweilig in Haft, weil er katholische Priester und Mönche mit theologischer Literatur und Gebetbüchern versorgt hatte. Die Geistlichen, durch einen Kalfaktor denunziert, wurden nachts durch ein Gestapokommando abgeholt, was Dr. Schwerdtfeger zu seinem Rücktritt veranlaßte. Krottek war an das Zuchthaus Lüttringhausen versetzt worden, überlebte das Kriegsende und starb nach seiner Pensionierung in Herford.

Reichel und Hinrichs waren für die Gefangenenbibliothek verantwortlich, in der drei Häftlinge arbeiteten, die verpflichtet waren, jedem Neuzugang, sobald dieser Leseerlaubnis erhalten hatte, zunächst einmal »Mein Kampf« und den »Mythus des 20. Jahrhunderts« zu servieren. Die Bibliothekare – zeitweilig drei politische Gefangene – verzeichneten mit Genugtuung, daß die Offenbarungen Adolf Hitlers und Rosenbergs regelmäßig zum frühesten Rückgabetermin, d. h. nach einer Woche, prompt retourniert wurden.

Täter aus politischer Überzeugung, Täter aus kriminellen Motiven, wie kamen sie im Zuchthaus miteinander aus?

Für die Kriminellen, die in das bereits 1934 zum Teil belegte neue und moderne Zuchthaus Brandenburg (Havel)-Görden Einzug gehalten hatten, war es eine neue Erfahrung, daß von Monat zu Monat eine zunehmende Zahl politisch Verurteilter eintraf. Die Kriminellen, deren Situation durch den Nationalsozialismus verschlechtert war, brachten für die politischen Zugänge eine generelle Sympathie auf. Begegnungen, die zu einem persönlichen Kontakt hätten führen können, fanden anfangs nur selten, doch mit der Zeit immer häufiger statt. Nicht alle Politischen waren in den »Kammkästen« unterzubringen, sie reichten dazu nicht aus. Also blieb nichts anderes übrig, als Politische auch in Dreimannzellen zu legen, jeweils als den Dritten zu zwei Kriminellen zunächst. Schließlich ergab sich die Unvermeidlichkeit, zwei Politischen einen Kriminellen zuzuge-

sellen. So wurde verhindert, daß die Politischen etwa gemeinsam gefährliche Pläne schmieden konnten, sie konnten das in Anwesenheit eines Kriminellen keinesfalls riskieren. Aber Vorstand und Polizeiinspektor spekulierten, daß – sperrte man etwa einen Deutschnationalen mit einem Kommunisten zusammen – es bei politischen Gesprächen notwendigerweise zu heftigen Disputen kommen würde. Deren Inhalt zur Kenntnis des Vorstandes und des Polizeiinspektors zu bringen, war Aufgabe des Kriminellen in der Zelle. Nach dieser schlauen Überlegung wurde also verfahren. Doch das System erfüllte die in es gesetzte Erwartung nicht. Über eines waren sich alle Politischen einig: über als geheim zu wahrende Dinge sprach man nicht in Gegenwart eines kriminellen Zellengenossen! Daß jedoch der Kommunist dem Sozialdemokraten Schlappheit gegenüber der Reaktion, der Sozialdemokrat dem Nationalliberalen oder Deutschnationalen Begünstigung des Rechtsradikalismus vorwarf, daß sie darüber in eine hitzige Streiterei oder sogar in Handgreiflichkeiten gerieten, damit war für einen Polizeiinspektor nichts anzufangen. Allenfalls konnte man die Kampfhähne trennen, indem man den einen in eine andere Zelle versetzte. Das geschah nicht selten.
Das Spitzelsystem verhalf praktisch zu nichts, man beließ es dennoch dabei, wenn es auch kaum nützte, so schadete es doch auch nicht. Dennoch tat es das, es schuf mitunter eine Spannung zwischen Politischen und Kriminellen, die Aktivitäten der politischen Gefangenen behinderte.
Zellengemeinschaften waren nicht nur wegen der Zusammenlegung von politischen und kriminellen Gefangenen in der Regel kurzlebig. Drei Menschen mit ihren Eigenheiten in die Enge einer Zelle gebannt, können sich selten längere Zeit ertragen, es entsteht der als »Haftkoller« bezeichnete Zustand. Man kann die stehenden Redensarten der Mitgefangenen nicht mehr hören, nicht mehr ausstehen, wie sie sich räuspern, wie sie spucken. Es kam zum Krach, man verlegte die Zerstrittenen.
Der nachstehend aus dem Gedächtnis gezeichnete Grundriß der Strafanstalt Brandenburg (Havel)-Görden veranschaulicht die Lage der diversen anstaltseigenen Arbeitsbetriebe.

Nur den Schreibern und jenen Kalfaktoren unter den Gefangenen, denen eine gewisse Freizügigkeit zur gewissenhaften Erfüllung ihrer Aufgaben eingeräumt werden mußte, war es möglich, vom eigenen Arbeitsbetrieb aus zu allen anderen Arbeitsbetrieben zu gelangen. Wer von den Politischen sich in einer Position befand, die Bewegungsfreiheit gewährte, hatte – wie die Skizze unschwer erkennbar macht – es nicht übermäßig schwer, mit irgendeinem sachlich begründeten Antrag den Kontakt mit den Schreibern oder gleichsam gehobenen Kalfaktoren der anderen Betriebe herzustellen und mit der gehörigen Vorsicht politische Verbindungen zu knüpfen und zu vertiefen, die sich im Laufe der Zeit zu einer Informations- und Aktionsgemeinschaft entwickelten.
Einen besonders guten Ruf unter den Politischen hatte der Journalist Rudolf Küstermeier, dem es gelungen war, 1933 ganz legal ein Informationsblatt herauszugeben (»Blick in die Zeit«), das Auszüge aus der ausländischen Presse publizierte. Verhaftet wurde er als Leiter der Widerstandsorganisation »Roter Stoßtrupp«[1]. In Brandenburg hatte er das Glück, in die Anstaltsbibliothek zu kommen, von wo aus er die Genossen nicht nur mit den gewünschten Büchern, die nicht der herrschenden Ideologie entsprachen, versorgte, sondern auch mit politischen Informationen. Die Sache wurde durch Kriminelle ruchbar, und Küstermeier erhielt Arbeitsverbot. Einer der korrektesten, menschenfreundlichsten Beamten der Anstalt, der Oberwachtmeister Grabarski, der sich bereits bei früherer Gelegenheit des Gefangenen Küstermeier angenommen hatte, wußte sehr gut, was das gegen diesen ausgesprochene Arbeitsverbot bedeutete. Er empfand Mitleid, sann auf Hilfe und überraschte eines Tages Küstermeier mit der Frage: »Es ist doch ein Unterschied zwischen Arbeit und Beschäftigung, was?« Als das bejaht wurde, äußerte Grabarski: »Also, wenn Sie Arbeitsverbot haben, bedeutet das nicht, daß auch Beschäftigung verboten ist. Mal sehen!«
Am nächsten Tag hatte er es arrangiert, daß Küstermeier Zeitungen

---

[1] s. Rudolf Küstermeier, Der rote Stoßtrupp (Vortrag), Berlin, Landeszentrale für politische Bildung 1972. In: Beiträge zum Thema Widerstand. H 3. S. auch Beitrag Bodo Gerstenberg, S. 150f.

Bezeichnungen der einzelnen Gebäudeteile des Zuchthauses Brandenburg-Görden

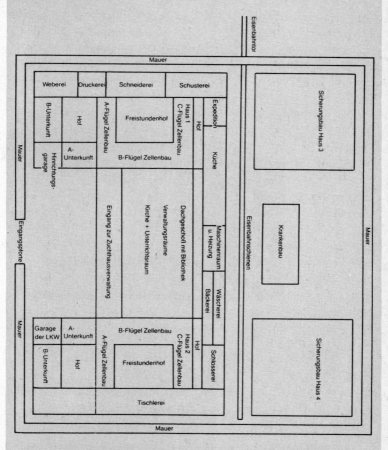

Diese grobe Skizze ist nicht maßstabsgerecht. Sie wurde aus der Erinnerung aufgezeichnet.

Rudolf Küstermeier

in kleine Stücke Lokuspapier zerschneiden durfte. Er erhielt ein altes Küchenmesser und ein Paket mit etwa 40 bis 50 Zeitungen. Das Verblüffende war – Küstermeier konstatierte das mit Freude –, daß es sich um erst wenige Tage alte Zeitungen aus Belgien, England, Dänemark, Frankreich, Finnland, Schweden, Italien handelte, die Vatikan-Zeitung »Osservatore Romano« war ebenfalls vertreten. Alle trugen den Stempel einer Zensurstelle des Propagandaministeriums, verschiedentlich waren Artikel oder Nachrichten ausgeschnitten. Frei zu kaufen war damals in Deutschland keines dieser Organe, das Propagandaministerium hatte sie ausgeschlachtet, danach waren sie offenbar zur Papierverwertung an das Zuchthaus geleitet worden. Jede der Zeitungen enthielt Partien unbedruckten Papiers aus den Inseratenseiten. Küstermeier beschaffte sich mit Hilfe eines Kalfaktors ein etwa 2 cm langes, also notfalls leicht zu verbergendes Bleistiftende, übersetzte wichtige Nachrichten und Kommentare und schrieb sie deutlich und so klein wie möglich auf schmale Papierstreifen nieder. Morgens anläßlich des Kübelns verbarg er die gefalteten Zettel hinter einem Wasserohr hinter der Toilette, der informierte Kalfaktor leitete sie aus dem Versteck weiter. Teils als Originale, teils in Abschriften gelangten sie in die Hand vertrauenswürdiger Gefangener. Annähernd drei Monate floß diese wichtige Informationsquelle und versiegte erst, als K. die Isolierzelle verlassen und wieder Anstaltsarbeit leisten mußte. Es grenzte an ein Wunder, daß alles gutging. Der Journalist Küstermeier, später in Israel als dpa-Korrespondent tätig, nennt die von ihm in der geschilderten Weise gestaltete »Gördener Zeitung« die interessanteste unter allen, für die er je gearbeitet hat.

Aktueller waren noch die Nachrichten, die der zunächst geraume Zeit als kaufmännische rechte Hand in der Tischlerei wirkende, dann in das Büro der Arbeitsverwaltung des Amtmanns Dahms versetzte politische Gefangene Robert Dewey, »Bobby« genannt, weiterleitete. Nicht selten gelangte er an Zeitungen heran, gelesen von einigen Inspektoren. Wichtig war jedoch, daß es in dem Büro einen Radioapparat gab. Wann die Nachrichtensendung durchgegeben wurde, hatte Dewey bald heraus. Waren die Beamten der Arbeitsverwaltung in der Mittagspause abwesend, schaltete Dewey mit gehöriger Vorsicht die Nachrichten ein, notierte präzise in Stichworten und gab das Niedergelegte so rasch und so oft wie möglich weiter, zuerst an Kameraden in der Tischlerei, die das Weitere veranlaßten.

Man machte sich über die Nachrichten von den Kriegsschauplätzen seine eigenen Gedanken. Man wußte, wie im Innern der Mangel an vielem sich verstärkte, daß draußen die Zuversicht, daß es ein gutes Ende geben werde, weitgehend im Schwinden war. Aus dieser Verfassung der Werkmeister heraus sprachen sie mitunter zu Gefangenen, mit denen sie eng zusammenarbeiteten, über dies und jenes, was sie vor den Ohren der Beamten nie hätten verlautbaren lassen.

Da waren jene Dienstverpflichteten, die an Stelle zum Militärdienst eingezogener Beamter getreten waren. Aus ihren Berufen durch Zwang herausgenommen, übten die allermeisten von ihnen den Aufsichtsdienst in einer Strafanstalt mit innerem Widerstreben aus. Sicher gab es manchen von ihnen, der Jahre hindurch an den Nationalsozialismus, an das Dritte Reich und an den »Endsieg« geglaubt hatte. Inzwischen war vielerlei geschehen, was Skepsis rechtfertigte. Vielleicht bekamen die doch recht, die hier als »Hochverräter« einsaßen? Vor diesem Wort war man früher zurückgeschreckt! Aber wenn sich nun doch bewahrheitete, was diese Männer vorausgesagt hatten? Wenn man ehrlich vor sich selber sein wollte: Sie, die man hier im Zuchthaus zu beaufsichtigen hatte, machten keineswegs den Eindruck von Phantasten! Erstaunlich, wie gelassen, wie selbstsicher sie wirkten. Solche Erwägungen eines Dienstverpflichteten führten früher oder später dazu, daß er gleichsam tastend bei einer Zelleninspektion mit einem der politischen Gefangenen ein Gespräch begann. Dieser scheute das Risiko nicht, er hatte sich über diesen Hilfsbeamten bereits ein Bild geformt. Ein junger Apotheker, so wußte er, zu jedem der Häftlinge freundlich, ein kluges, offenes Gesicht. Von diesem Manne war nichts zu befürchten, der war kein Provokateur. Als die Unterhaltung zu der Frage gelangte, ob dieser Krieg überhaupt noch zu gewinnen sei – »Sie waren doch Journalist, können sich doch ein Urteil bilden!« –, hielt der Politische mit seiner Ansicht nicht zurück. In Abwägung der Kräfteverhältnisse, der militärischen und wirtschaftlichen, habe praktisch von Beginn an keine begründete Aussicht bestanden, die ganze Welt zu besiegen. Wie es derzeit stehe, müsse er, der Fragende, der die Verhältnisse draußen und die Stimmung der Bevölkerung besser kenne, als ein Mann hinter Gittern, zutreffender als dieser beantworten können. »Ja, diese Antwort hatte ich befürchtet, aber auch erwartet. Aber es ist schrecklich, sich ein besiegtes Deutschland und die Folgen daraus vorzustellen.« Und der Gefangene erwiderte: »Lieber ein Ende mit Schrecken als ein Schrecken ohne Ende.« Es kam zwischen beiden noch zu gelegentlichen weiteren Unterhaltungen, aus der das, was informatorischen Wert hatte, weitergelangte.

Außenarbeiter, hin und wieder mit der Zivilbevölkerung in Berührung kommend, erfuhren von dieser manches, was als authentisch gewertet werden durfte. Benzin war knapp geworden, viele der Wehrmachtskraftwagen, die innerhalb Berlins und der Umgegend Transporte auszuführen hatten, fuhren mit Holzvergasern. Der Holzabfall der Tischlerei war, sofern als Tankholz geeignet, stark gefragt. Wöchentlich zwei- bis dreimal holte ein LKW mit einem Soldaten am Steuer Tankholz ab. Nicht selten war der Fahrer Jahre an der Front gewesen, derzeit nach Verwundung nicht wieder kriegsverwendungsfähig. Diese alten »Frontschweine«, wie sie sich mitunter bezeichneten, nahmen kein Blatt vor den Mund, sie sprachen mit schonungsloser Offenheit über ihr Erleben und die Kriegslage, den Mangel an Nachschub auf allen Gebieten, sie haßten den Nationalsozialismus, bezeichneten Hitler nur als »Schicklgruber«. Besonders entsinne ich mich an einen mit Verband unter der halb geöffneten Uniformjacke, der seiner Erbitterung mit Stentorstimme Ausdruck gab, von dem »in der brauen Sch... hoffnungslos festgefahrenen Karren«, »sinnlos gewordener Schlächterei« sprach, so laut, so hemmungslos, daß mich ein eisiges Erschrecken um die Sicherheit dieses Soldaten befiel. Ich beschwor ihn, seine Stimme zu dämpfen, in seinen Äußerungen innerhalb eines Zuchthauses vorsichtiger als an der Front zu sein. Er quittierte die Mahnung mit einem Fluch, setzte aber zu meiner Erleichterung seine Anklagen und Verwünschungen nicht fort. Zu seinem Glück hatte niemand als ich ihn vernommen, seinet- und meinetwegen war ich froh, als er unaufgehalten den Hof verlassen hatte.
Da waren Gefangene, die nach längerem Verbleib auf einer Station dort zum »Stationsschreiber« avanciert waren, also die Zeichnung der Schilder für das Gefangenenverzeichnis im Raum des Stationsbeamten auszuführen und die saubere Eintragung mit Tusche in das Stationsbuch vorzunehmen hatten. Mancher der Gefangenen half den in der Orthographie keineswegs sicheren, stilistisch ungewandten Stationsbeamten bei Anträgen zur Teilnahme an einem Kursus, zur Begründung eines Beförderungsgesuchs und mancherlei anderem. Jeder der Beamten hatte ihm Nahestehende an der Front, Sohn, Bruder, Neffe, Freunde, betrauerte Gefallene, grübelte über

den Sinn oder Nicht-Sinn der Opfer nach. Und unwillkürlich geschah es, daß sie mit dem Gefangenen, der ihnen seit Jahren kein Fremder mehr war, auch über ihre Angehörigen und Freunde, über deren Erlebnisse und Nachrichten sprachen, mit mühsam verborgener Sorge, oft mit Trauer, und zu der Frage gelangten, ob das denn alles umsonst geschehen sein könne. Manches Wort fiel dann seitens der Beamten, das er – später darüber nachdenkend – bereut haben mag. Und es geschah mitunter am nächsten Tage, daß er den Gefangenen aufsuchte und etwa begann: »Was ich da gestern geäußert habe ...« Das sei bereits völlig vergessen, beeilte sich der Gefangene zu versichern, ihm lag nicht das mindeste daran, einen der Beamten zu denunzieren.
Weiteres zur Information: Der Werkmeister Fritz Wendt in der Tischlerei, erhielt später – meiner Erinnerung nach zu Beginn des Jahres 1943 – zu seiner Entlastung Tischlermeister Schwichtenberg beigestellt, der Wendt fachlich bei weitem überlegen war. Schwichtenberg war Sozialdemokrat, eine Tatsache, die der Arbeitsverwaltung möglicherweise unbekannt oder von ihr ignoriert worden war, weil man einen hochqualifizierten Fachmann brauchte. Für die politischen Gefangenen in der Tischlerei erwies sich bald, daß Schwichtenberg auf ihrer Seite stand und daß er ihnen materiell half, so gut es unter den gegebenen Umständen möglich war.
Und was noch mehr bedeutete: Auf seinen eigenen Wunsch hörte er Auslandssender ab, darunter auch Moskau. Was er erfuhr, gab er an die Vertrauensleute im Tischlereibüro weiter, die es ihrerseits zur Kenntnis ihrer Verbindungsmänner brachten.
Das Kapital über den Nachrichtendienst der politischen Gefangenen sei hiermit in der Überzeugung abgeschlossen, daß es anschaulich genug vermittelt, wie sich aus anfänglichen persönlichen Kontakten so etwas wie eine Apparatur entwickelte, die zuverlässig und – was bemerkenswert ist – jederzeit störungsfrei arbeitete und über das politisch Aktuelle genau unterrichtete.
Genau das bedeutete, nicht eine Fülle von Einzelnachrichten zu verbreiten, sondern sinnvoll zusammenzufassen, darin das Essentielle sichtbar zu machen, zu interpretieren. Man mußte von der psychologischen Situation des einzelnen ausgehen. Daß er diffa-

miert war, im Sinne des niederträchtigen Ausspruchs des Ersten Hauptwachtmeisters Walter Neumann, ließ den Politischen kalt. Wer war schon, politisch gewogen, ein Neumann? Gewiß, die von ihm ausgegebene Parole machte ihnen Jahre hindurch das Leben schwer. Jahre, in denen kein Anzeichen für eine sich etwa anbahnende Wende zu erkennen war. Daß sie eines Tages mit Zwangsläufigkeit kommen würde, blieb dennoch der Glaube der politischen Häftlinge. Aber viele, wenn nicht die Mehrzahl von ihnen standen am Tage der Verhaftung bereits im Mannesalter, das Leben im Zuchthaus machte nicht jünger. Vielleicht erschöpften sich die physischen und psychischen Kräfte so sehr, daß sie nicht mehr zum Vollbringen dessen ausreichten, was die neue Zeit forderte. Die Jungen, ja, die würden noch die benötigte Kraft aufbringen, wenn ... Man raffte sich zu neuer Zuversicht auf, doch oft wurde sie von dem dunklen Gewölk der Sorge überschattet, ob die Überzeugung, die eigene Lagebeurteilung nicht doch trog. Auch wenn sie sich als richtig erwies, war nicht zu befürchten, daß das eigene Ich zu diesem Zeitpunkt seine Kräfte weitgehend eingebüßt hatte, fruchtbringende Saat zu legen, eine reiche Ernte einzubringen?
Viele erlebten es, daß die Kräfte der Frau draußen, der Verlobten, der Freundin nicht ausreichten, die Trennung zu überdauern. Solveigs Treue – wohl alle diese Frauen bemühten sich darum in seelischer Qual. Und das kam hinzu: Nationalsozialistischer Druck lastete auf ihnen. Sie mußten für ihre Kinder sorgen, sie brauchten eine Existenz. Und dann hieß es: »Arbeit? Eine Anstellung? Aber gewiß! Nur, das wissen Sie ja, daß reiner Tisch gemacht werden muß!« Das hieß mit anderen Worten: Wenn Sie sich von Ihrem Mann nicht scheiden lassen, der gegen Führung und Volk gehandelt hat, können wir Sie nicht einstellen. Vor diese Alternative sah sich manche Frau gestellt, die sich um eine Position etwa bei einer Behörde bewarb. Doch auch im Privatleben scheute man sich aus der Furcht heraus, sich das Mißfallen irgendeiner nationalsozialistischen Institution zuzuziehen, die Frau, den Sohn, die Tochter eines verurteilten Systemgegners zu engagieren. Natürlich, nicht überall verhielt man sich so, aber wo es geschah und die Betreffende in eine Zwangslage geriet, zog manche – der Not gehorchend – die bittere

Konsequenz. Die Zeit tat das ihre, das Leben ging weiter. Viele der Verurteilten hatten vorausgesehen, daß die Trennung kommen würde, so fanden sie sich ohne Groll damit ab, aber den Schmerz zu überwinden, fiel schwer.

Die draußen richten sich ein, finden sich notgedrungen ab, bauen sich mit der Zeit ein neues Leben auf. Der Mann hinter den Gittern muß sich dem beugen, ihm bleibt keine andere Wahl. In den kommenden Jahren führt er ein Doppelleben: das des harten Realismus eines Zuchthäuslers, das andere eines der Zukunftsträume. Leuchten im Dunkel der Nacht die Sterne, blickt er hinauf, sinnend, planend. Eines Tages wird er wieder den geliebten Beruf ausüben, er wird erreichen, was sein Wünschen und Wollen war. Das malt er sich aus, gewinnt neue Erkenntnisse, fühlt die Wahrheit und Schönheit des Wortes von Lulu von Strauß und Torney, daß auch der Schmerz reich zu machen vermag. Seine Kraft ist nicht gebrochen, er hat noch eine Zukunft vor sich. Wohl, heute ist er allein, nein, auch das nicht! Viele sind hier gleich ihm, gemeinsam mit ihnen wird er ein Haus errichten helfen, das heller und schöner als jenes ist, was er verlassen mußte.

Doch solcher Stunde des Aufschwungs folgt hin und wieder eine der Depression. Die Politik geht, so beweist die Historie, oft absonderliche Wege. War nicht vorstellbar, daß der Gegensatz zwischen dem Kommunismus der Sowjetunion und den kapitalistischen Nationen am Ende dem Nationalsozialismus doch noch einen Ausweg öffnen würde? Jeder der politischen Gefangenen hatte in den langen Jahren, in denen er noch für seine Ziele kämpfen konnte, zuviel des nur auf Vorteile gerichteten Zweckdenkens und der faulen, oft beschämenden Kompromisse erlebt, um hinsichtlich des Kommenden mit Sicherheit entscheiden zu können. Doch eines war gewiß: Nur dann konnten möglicherweise letzte Versuche des Nationalsozialismus, sich zu retten und als Repräsentant Deutschlands zu behaupten, eine schwache Erfolgschance haben, wenn nicht in vollem Umfange all jenes Unmenschliche und Grauenhafte von der Welt offenbart wurde, das der Nationalsozialismus, das Dritte Reich, auf seinem Schuldkonto wußte. Alle Unterlagen und alle noch Lebenden, die Zeugnis ablegen könnten, würden vorher radikal vernichtet werden. Ein Überleben der politischen Gefangenen konnte der Nationalsozialismus nicht dulden, er würde dem Gesetz der Gewalt, nach dem er angetreten war, bis zuletzt ohne Skrupel folgen.

Nach Kriegsbeginn ließ sich die Reichsjustizverwaltung dazu bewegen, ihr von den ordentlichen Gerichten zum Strafvollzug übergebene verurteilte Politische und solche Kriminelle, gegen die Sicherheitsverwahrung angeordnet war, an die Gestapo auszuliefern, von der aus die meisten dann einem Konzentrationslager oder Vernichtungslager zugeführt wurden.

Nachrichten, wie sie aus vielen Quellen gesammelt werden konnten, ließen häufig verschiedene Folgerungen zu. Jene, die das Propagandaministerium ausspie, in einer raffinierten Mischung von Halbwahrheit und Lüge, waren gefährlich. Da deutete Goebbels in einer seiner Reden etwa an, es könne zu so etwas wie dem Waffenstillstand vom 16. März 1762 kommen, den nach dem Tode der Zarin ihr Nachfolger, Peter III., mit Preußen geschlossen hatte und dem der Friedensvertrag von Petersburg folgte, der Pommern an Preußen zurückgab und diesem ein russisches Hilfskorps von 18 000 Mann zur Verfügung stellte. Da gab es eine andere Andeutung, daß es staatsmännische Weisheit bedeute, den Vormarsch der Westalliierten zu bremsen, im Osten hingegen Position nach Position aufzugeben. Nie würden die Westmächte es zulassen, daß Rußland beherrschende Macht in Deutschland erlangte, eher würden sie mit Deutschland ihren Frieden machen.

Da wurde geheimnisvoll von »Wunderwaffen« gemunkelt, kurzum, in der Nachrichtenmenge galt es, das Richtige vom Zweifelhaften und Falschen zu trennen, um nicht in vielen Köpfen Verwirrung, Unsicherheit oder gar Enttäuschung und Mutlosigkeit aufkommen zu lassen.

Interpretation der Nachrichten

Aus dem Gesagten geht hervor, daß die Ware Nachricht sorgsam abgewogen, genau geprüft und, gab man sie weiter, den Erfordernissen der Wahrheit gemäß kommentiert werden mußte. Das konnte nicht einem einzelnen Beurteiler überlassen werden, es bedurfte der Beleuchtung von verschiedenen Seiten her. Die Zusammenarbeit war inzwischen so ausgebaut worden, daß man sich heute hier, morgen und übermorgen dort, in den einzelnen Stützpunkten zu einer Diskussion zusammenfinden konnte. Thema nach Thema kam zur Sprache, etwa die Politik der Sowjetunion, die der Alliierten in ihrer oft zutage tretenden Differenziertheit, durch diese oder jene Meldung erkennbar. Kam man an dem einen Tage nicht zur Klärung, gelang es bei der nächsten Zusammenkunft. Man handelte ohne Überstürzung. Über die Ereignisse des 20. Juli 1944 gewann man zunehmend einen deutlichen Überblick und vermochte die richtigen Folgerungen zu ziehen. Die »Fünf Punkte« des hingerichteten Leiters des »Nationalkomitees Freies Deutschland, Berliner Ausschuß«, Anton Saefkow, konnten beschafft und gründlich diskutiert werden.[1] Die Saefkow-Jacob-Bästlein-Gruppe war 1943/44 die größte illegale kommunistische Organisation, von Berlin aus geleitet. Die drei genannten Leiter der Gruppe wurden am 18. September 1944 in Brandenburg gerichtet. Terence Prittie hebt in seinem Buche »Deutsche gegen Hitler«[2] hervor, daß diese fünf Punkte Saefkows in der Propagandaarbeit in der Wehrmacht beachtliche Erfolge erzielten.
Aus Raumgründen kann nur ein kleiner Ausschnitt aus diesen Diskussionen und ihrer Bedeutung für die Formulierung und Weitergabe der Nachrichten gegeben werden. Man hatte sorgsam zu be-

---

[1] Die 5 Punkte sind abgedruckt in: Gesprengte Fesseln; vgl. auch: Aus dem Kadermaterial der illegalen KPD 1943. Bearb. von H. Weber und G. Kennan, in: Vierteljahreshefte für Zeitgeschichte 20/1972, S. 422 ff.
[2] Terence Prittie, Deutsche gegen Hitler. Eine Darstellung des deutschen Widerstandes gegen den Nationalsozialismus während der Herrschaft Hitlers. Tübingen 1965.

rücksichtigen, welche Wirkungen sie auf die Informationsempfänger ausüben würden. Der Drang nach Freiheit, das Gefühl, ihr doch näherzukommen, konnten den oder jenen zu Unvorsichtigkeiten verleiten. Man baute darum gewisse Vorbehalte ein, ermahnte zur Besonnenheit. Das Verhalten, das Auftreten der politischen Gefangenen mußte koordiniert, die Zügel straff gehalten werden.
Die politische Gemeinschaft der Gefangenen unternahm es mit Erfolg, für die Kranken, die Arrestanten und die Bedauernswertesten, die Ärmsten der Armen in den Zellen des Todes, zusätzlich Nahrung aufzutreiben. Man mußte an den ergiebigsten Quellen schöpfen, es waren dies die Küche, die Bäckerei, die Gärtnerei und das Reichsgut Plauer Hof, in geringem Maße ließ sich einiges auch mit Hilfe der Außenarbeiter beschaffen, doch diese bei der Rückkehr in die Strafanstalt stichprobenweise durchsucht, d. h. der Prozedur des »Filzens« unterzogen, unterlagen dabei dem stärksten Risiko. Manche der gutgewillten Beamten ließen Milde walten, aber das waren die Ausnahmen. Nach einer solchen Untersuchung von Außenarbeitern erlebte ich eine erstaunliche Überraschung in der Strafanstalt. Es war am Ostersonnabend des Jahres 1940, ein Tag hellen Sonnenscheins. Die Arbeit, die ich tat, war leicht, eine Schreiberei für den Stationsbeamten. Plötzlich klirrte es an der Zellentür, sie wurde blitzschnell geöffnet, »Jummi« schoß gleichsam in die Zelle. Ungeduldig winkte er ab, als ich aufspringen wollte, warf auf kurze Distanz etwas in weißes Papier Eingewickeltes auf den Zellentisch – und war im Nu wieder hinaus!
Als ich das Papier öffnete, fand ich darin ein großes Stück Käsekuchen; ich starrte es fast ungläubig an. Dann ging mir auf, daß der Erste Hauptwachtmeister beim »Filzen« dieses Stück Kuchen einem Außenarbeiter abgenommen und sich entschlossen hatte, mir damit eine Freude zu machen! Das war eine Handlung, wie sie kaum einer unter den Tausenden in diesem Zuchthaus dem gestrengen, unnachsichtigen »Jummi« zugetraut haben würde.
Zu jener Zeit, in der die Einschleusung von politischen Vertrauensleuten auch in die Anstaltsküche gelungen war, führte dort der bereits einmal erwähnte Erste Hauptwachtmeister Reitmann, »Papa Reitmann«, die Oberaufsicht. Schon während seines Dienstes im

Hause II hatte er sich allen Gefangenen gegenüber korrekt, den politischen Häftlingen gegenüber verständnisvoll verhalten. Tauchten sie jetzt in der Küche auf, in dieser oder jener Mission, so war es dem alten und erfahrenen Beamten kein Geheimnis, welches wirkliche Anliegen hinter jenem Auftrag stand, der sie mit ausreichender Begründung den Küchenbetrieb hatte aufsuchen lassen. Reitmann dachte nicht daran, sie zu behindern. Er zog den Begleitbeamten in ein Gespräch und entfernte sich mit ihm vom Schauplatz dessen, was sich in Kürze ereignen würde. Die in der Küche arbeitenden Politischen und ihre Kameraden aus anderen Stationen des Zuchthauses waren aufeinander eingespielt. Da stand zum Beispiel etwas bereit – eine Truhe, die in der Tischlerei repariert werden mußte, ein Kessel, der in der Schlosserei zu löten war, und auch Lebensmittel.

Einer der Küchenleute gehörte zu denen, die Fleisch vom Schlachthof abzuholen hatten. Er verwirklichte später das erfolgreiche Funktionieren einer Verbindung, die Rudolf Küstermeier in Gang gebracht hatte. An ihn war ein langstrafiger Krimineller herangetreten, der ein Herz für seine Mitgefangenen hatte, ob sie nun krimineller oder politischer Vergehen wegen verurteilt worden waren. Dieser Langstrafige hatte »draußen« ein recht beträchtliches Barguthaben, und es erschien ihm fragwürdig, ob er es jemals zu seinen eigenen Gunsten würde verwerten können. Vielleicht erfuhr eines Tages die Justiz davon und beschlagnahmte es; dem vorzubeugen war er entschlossen. Und er schlug Küstermeier vor, der über gute Verbindungen zur Küche verfügte, mit Hilfe des den Schlachthof regelmäßig aufsuchenden Gefangenen und seines Verbindungsmannes dort folgendes zu arrangieren: Auf ordnungsgemäß verfaßte Anweisung des erwähnten Kriminellen sollte das ihm gehörende Guthaben mobilisiert und an den Verbindungsmann ausgezahlt werden. Dieser mußte sich seinerseits verpflichten, den Gegenwert an den Fleischabholer aus dem Zuchthaus in Naturalien zu erstatten, also in Form von Fleisch. Das Abkommen wurde perfekt und großzügig erfüllt. Das bedeutete, daß zusätzliche Fleischmengen in die Anstaltsküche gelangten und daß dieser Überschuß an notleidende Gefangene – die Kranken und die Todeskandidaten – weitergeleitet wurde.

Zur Bäckerei war ebenfalls eine reibungslos funktionierende Verbindung hergestellt worden. Der Name des Bäckermeisters ist mir entfallen, gewiß ist, daß er – wie Reitmann in der Küche – beide Augen zudrückte, wenn zwei in der Bäckerei arbeitende Gefangene – ein Politischer und ein diesem kameradschaftlich verbundener Krimineller – erhebliche Mengen von Brot aus der Bäckerei verschwinden ließen. Von der Gärtnerei her gelang es außerdem, Gemüse und Obst zu beschaffen.

Eine tatkräftige Helferin war den politischen Gefangenen die Gattin des evangelischen Pfarrers Bartz, eine kluge, warmherzige und – wie man betonen muß – kühne Frau. Nachdem infolge der sich beständig mehrenden Luftangriffe die Verdunkelung der Fenster usw. angeordnet war, wirkte in den Beamtenhäusern ein Häftling der Tischlerei als »Verdunkeler«, so auch im Pfarrhause. Die Papierrollen, Leisten und Werkzeuge, die er für seine Tätigkeit benötigte, transportierte er in einer größeren Trage. Ein Dienstverpflichteter hatte ihn zu begleiten. Oft wurde der Verdunkeler Walter Ziemens in der Pfarrerswohnung benötigt, häufiger durch Frau Bartz gerufen, als etwaiger Bedarf erforderlich gewesen wäre. Mitunter mußte auch einer der Tischlereischreiber das Pfarrhaus aufsuchen, um die Notwendigkeit irgendeiner Reparatur zu bestätigen, die nur durch einen gelernten Tischler ausgeführt werden konnte. Nie kehrten die Verdunkeler oder Schreiber in die Tischlerei ohne Lebensmittel und Obst zurück, das ihnen Frau Bartz in reichlichem Maße mitgegeben hatte. Der Begleitbeamte aus der Tischlerei war gewissermaßen die Bürgschaft dafür, daß die Hilfe mit Gewißheit jene erreichte, für die sie bestimmt war. Dem Dienstverpflichteten war nicht wohl in seiner Haut, doch er nahm das Gefährliche seines Tuns mannhaft auf sich, der Gedanke, die »Verehrungswürdige« zu verraten, wie die Gefangenen Frau Bartz unter sich nannten, kam ihm nie.

Um es nicht zu vergessen: Frau Bartz ermöglichte in ihrer Wohnung sogar illegale Sprechstunden zwischen Politischen und deren Angehörigen.

Erfuhr einer der Politischen, daß das Krankenhaus oder das Revier neue Zugänge erhalten hat, die körperlich stark geschwächt waren, so dauerte es in der Regel nicht lange, daß man alles unternahm, was irgend möglich war, sie zusätzlich mit Nahrungsmitteln zu versorgen. Das kann nicht immer verborgen geblieben sein, doch liegt keine Mitteilung vor, daß es jemals zu Behinderungen durch die Ärzte oder die Sanitätswachtmeister gekommen wäre. Und das sei auch ausdrücklich festgestellt: den Männern in den Todeszellen gegenüber empfanden selbst sonst nicht eben zartfühlende Beamte Mitleid. Ohne das wäre es nicht möglich gewesen, daß der oder jener die Tür einer Todeszelle öffnete und es unternahm, den Insassen das zu geben, was Kameraden für ihn beschafft hatten, mochte es Nahrung oder mitunter auch ein hereingeschmuggelter Brief sein.

Zu Ehren von Walter Hammer[1] sei hier der flämische Theaterdirektor Gust Johanna Bastiaensen mit einem Passus seines Buches »Bekent Nooit« (Editions »Thômis«, Antwerpen) zitiert. Bastiaensen arbeitete damals in der Brennabor-Halle (in welcher Hammer als Schreiber wirkte), er berichtete in seiner Erinnerung u. a.: »Am Vorabend [meines] des Geburtstages hatte mir diesmal eine unsichtbare Hand etwas auf die Matratze gelegt. Walter war es, der mir einen großen Kanten Brot zuschob, ein 500 Gramm schweres Stück leckeres Schwarzbrot, ein wundervolles Geburtstagsgeschenk. Viel freudiger verlief für mich dann noch die Abendfeier, die Walter Hammer vorbereitet hatte. Er kam mit einem großen Paket und einem schönen Gedicht. Die ganze Belegschaft von 250 Mann war Zeuge, als er die Moritat vortrug von August Bastiaensens grausigem Volksverrat. Als ich das Paket geöffnet hatte, kamen ein paar Dutzend Bogen mit fettigem Papier hervor, in dem Margarine verpackt gewesen war. Walter hatte sie nach und nach für mich weggelegt. Meine Freude war riesig, als ich aus diesem Papier ein gutes halbes Pfund lang entbehrter Fettigkeit herauskratzen konnte, worum mich viele ausgehungerte Mitgefangene beneidet haben.«

Aktionen der kurz gezeichneten Art halfen manchem der Kranken über eine Krise hinweg, vor allem aber – und das wohl war das Entscheidende – vermittelten sie allen denen, die Hartes durchzustehen hatten, das Gefühl, nicht allein zu sein. Was für sie getan

---

[1] zu Walter Hammer s. S. 254

wurde, geschah – wie das im vorstehenden Absatz angeführte Beispiel zeigt – nicht in nüchterner Sachlichkeit, sondern warmherzig, kameradschaftlich, als seelischer Beistand also, der nicht weniger bedeutete als die materielle Hilfe. Immer wieder die Widerstandskraft zu stärken, darauf kam es entscheidend an. Zuspruch von draußen konnte man kaum noch erwarten, nachdem auch die Schreiberlaubnis hart eingeschränkt wurde, desgleichen die Besuchserlaubnis. Diese Formulare wurden den Angehörigen der Gefangenen zugesandt:

Der Vorstand
des Zuchthauses   Brandenburg (H.)-Görden, den 13. 11. 44

Zuchthaus Brandenburg (Havel)-Görden

1. In den ersten 6 Monaten dürfen die Gefangenen keinen Brief, dann alle 4 Monate einen Brief an nahe Angehörige schreiben und von ihnen empfangen. Keine Marken oder Geld in die Briefe einlegen. Päckchen oder Pakete werden nicht angenommen. In der Regel sind nur Kurzbriefe nach Art der umschlaglosen Feldpostbriefe statthaft.
2. Besuchserlaubnis wird nur für Väter und Söhne von Gefangenen, die von der Front kommen oder an die Front gehen, und zwar nur je einmal aus solchem Anlaß erteilt.
3. Anfragen an die Verwaltung werden nur beantwortet, wenn Freiumschlag beiliegt. Die Zugangsnummer des Gefangenen ist auf dem Schreiben zu vermerken.

C 2309 Z. B. 5.44 500 DIN A 6

Im Winter 1942/1943 wurden im Kammergerichtsbezirk Berlin alle politischen Gefangenen mit einer Strafzeit über acht Jahre im Zuchthaus Brandenburg (H)-Görden zum Zwecke einer gründlichen Überprüfung konzentriert. Zur Ausfüllung von Fragebogen und zu eingehenden persönlichen Vernehmungen erschien im Frühjahr 1943 im Zuchthaus ein Sonderbeauftragter der Reichs-

kanzlei. Je nach dem Eindruck, den der Gefangene machte oder – war er geschickt genug – hervorzurufen verstand, entschied dieser Beauftragte, der die von ihm als »asoziale Elemente« bewerteten Gefangenen sozusagen noch einmal verurteilte, indem er ihren Abtransport in Konzentrationslager veranlaßte. Die Brandenburger wurden nach Mauthausen verbracht, unter ihnen befanden sich mehrere zu lebenslänglicher Haft wegen Vorbereitung zum Hochverrat Verurteilte und sogenannte Landesverräter, doch auch Gefangene, gegen die nur Zeitstrafen verhängt waren. Verschickt wurden auch die als politische Gewaltverbrecher bezeichneten, womit solche gemeint waren, die noch vor 1933 Zusammenstöße mit der SA gehabt hatten. Noch mehrere Monate nach Abschluß der Aktion ging von Brandenburg (H)-Görden aus ein solcher »Asozialen-Transport« ab, darunter mehrere politische Gefangene, die wegen politischer Gespräche an ihrem Arbeitsplatz (der Bibliothek) sich das Mißfallen der Anstaltsleitung zugezogen hatten. Es sind auch Fälle bekanntgeworden, daß Gefangene deshalb in ein Lager abgeschoben wurden, weil sie Kenntnis von Korruptionsfällen erlangt hatten und man sich ihrer deshalb entledigte. Ich halte es nicht für ausgeschlossen, daß meine Mitte 1944 erfolgende Ablösung als Schreiber der Tischlerei und meine Überführung im Zuge eines zermürbenden langen Transports zu einer südwestdeutschen Strafanstalt einen durch diesen Beauftragten veranlaßten Strafakt bedeutete. Denn in jener Strafanstalt war für mich Arbeit im Steinbruch vorgesehen, der halb unter Wasser stand. Bis auf die Haut durchnäßt kehrten die Gefangenen, Ausländer und deutsche politische Häftlinge abends in die ungeheizten, kalten Zellen zurück – in den Herbst- und Wintermonaten starben viele von ihnen an ungenügender Ernährung und totaler Erschöpfung. Einige versuchten, über den Fluß zu entfliehen, keinem gelang es, sie fielen den Kugeln ihrer Bewacher zum Opfer. Daß mir die Steinbrucharbeit erspart blieb, verdanke ich einer Intervention des Brandenburg-Gördener Leiters der Arbeitsverwaltung, des Amtmanns Dahms.
Die auf dem Flur der Todeszellen diensttuenden Beamten konnten – mit Ausnahme von einigen Unmenschen unter ihnen – sich des Gefühls des Mitleids mit den zum Tode Verurteilten nicht erweh-

ren. Es waren nicht wenige darunter, die Monat für Monat, manche Jahre hindurch, nicht wußten, wann ihre letzte Stunde schlagen würde. Keiner der anständigen Beamten bekam es über sich, diese Männer hart abzufertigen, wenn sie sich mit einem Anliegen an ihn wandten, wenn sie mit ihm zu sprechen begannen. Und der Beamte hätte gefühllos sein müssen, um sich nicht in die Lage des Unglücklichen versetzen zu können. Er verstand dessen Sehnsucht nach der Frau, nach den Kindern, begriff die Trostlosigkeit des Lebens, das er gefesselt hinter Schloß und Riegel zu führen hatte – ein Leben, das keines mehr war.

Und dann kam der Tag, an dem dieser Mann und andere mit ihm, mit denen der Beamte bekannt und in gewissem Maße vertraut geworden war, zum Schafott geführt wurde. Die Hinrichtungen nahmen kein Ende, sie häuften sich von Monat zu Monat. Ein Geschehen, das auf die meisten Beamten immer deprimierender wirkte und sie sich innerlich die Frage stellen ließ, ob das jemals ein gutes Ende nehmen könne? Es blieb nicht aus, daß sie den oder jenen vertrauenswürdigen Kameraden befragten, was er denn im Grunde seines Herzens über diese nicht abreißenden Hinrichtungen denke? Konnte nicht eine Zeit kommen, in der sich furchtbar rächen würde, was hier und in mancher anderen Strafanstalt geschah? Man konnte nichts daran ändern, man war der Gehorsamspflicht unterworfen, jede Auflehnung würde hart geahndet werden. Und dennoch, sah man sich später nicht doch der Verachtung, einer Ächtung gleichsam, ausgesetzt? Es war die Auswirkung solcher aus Bedrückung geborener Gedankengänge, daß eine große Anzahl der Beamten den politischen Gefangenen gegenüber einen freundlichen Ton anschlugen und manches durchgehen ließen, was sie früher scharf gerügt oder gar zur Anzeige gebracht hätten. Gewiß, auch Egoismus stand hinter diesen Erwägungen. Es sah so aus, als werde man einmal ein Alibi brauchen, es war angebracht, dafür vorzusorgen.

Es kam die Zeit der sich beständig vermehrenden Luftangriffe auf Deutschland, namentlich auch auf die Reichshauptstadt. In der Zelle, wenn man in die Dunkelheit lauschte, vernahm man das Dröhnen der Motoren in den Lüften. Und starrte man hinaus, so erblickte man am nächtlichen Himmel die aufleuchtenden »Weihnachtsbäume«, das Flammen der Flakgeschosse, das verhängnisvolle Aufgehelltsein des nächtlichen Firmaments über Berlin. »Wir werden ihre Städte ausradieren!« hatte Hitler verkündet. Jetzt Nacht für Nacht Bomben auf Deutschland, Trümmerberge, die einst Häuser gewesen waren, von deren Bewohnern nur die noch lebten, denen die Luftschutzkeller genützt hatten. Doch wie oft waren sie das Grab derer geworden, die in ihnen Zuflucht gesucht hatten. In diesen Bombennächten fanden viele der Gefangenen erst dann den Schlaf, wenn die Angreifer den Rückflug antraten, wenn das letzte Motorengeräusch verhallt war. Vielleicht war einer von ihnen, an denen sein Herz hing, unter den Opfern dieser Nacht. Natürlich war auch im Zuchthaus strenge Verdunkelung durchgeführt, eine Anzahl der Gefangenen für den Notfall mobilisiert. Stunden hindurch kostete sie das den Schlaf, aber in den frühen Morgenstunden hatten sie dennoch die Tagesarbeit wie üblich zu beginnen.

Im Frühjahr 1944 erschienen feindliche, vornehmlich englische Flugzeuge vereinzelt über der Anstalt. Ab und zu geschah es, daß kleinere und größere Bombensplitter auf freies Randgelände der Anstalt fielen. In nicht großer Entfernung von ihr befand sich ein deutscher Fliegerhorst, dem die Bomben gegolten haben dürften. Mitunter war ein Luftkampf zu beobachten, der Abschuß einer englischen Maschine, doch ein direkt gegen die Strafanstalt gerichteter Angriff erfolgte nicht. Es schien, als seien die feindlichen Flieger darüber unterrichtet, daß der große Gebäudekomplex keine Fabrikanlage darstellte. Es war der Beginn jener massiven Luftangriffe auf Berlin, die auch zur Folge hatten, daß z. B. die Anstaltstischlerei nicht mehr wußte, wie sie die täglich anfallenden Neuaufträge bewältigen sollte. Täglich trafen aus Berliner Behörden LKW ein, beladen mit zerstörten Büroeinrichtungen. Die Fahrer überbrachten die dringende Aufforderung, die Wiederherstellung unverzüglich vorzunehmen oder, falls das nicht möglich sei, Ersatz zu liefern.

Oft war nur schwer festzustellen, welche zerstörten, zum Teil halbverbrannten Holzteile einmal zu einem Schrank oder einem Schreibtisch gehört hatten. Man mußte sortieren, vergleichen – es dauerte geraume Zeit, bis man die Trümmerladung sozusagen klassifiziert und ermittelt hatte, was noch reparaturfähig war, was neu angefertigt werden mußte und in welcher Anzahl. Überstunden wurden für die Tischler zur Selbstverständlichkeit, die Leistungsfähigkeit der Tischlerei erwies sich als bewunderungswürdig. Aber was dann verladen wurde, um mehr oder weniger lahmgelegte Berliner Behörden wieder voll arbeitsfähig zu machen, traf oft schon nach wenigen Tagen mehr oder weniger zerstört wieder in Brandenburg ein. Ein Kreislauf der Zerstörung, der nur zu unterbrechen, aber nicht mehr zu verhindern war. Die Mehrarbeit, die hieraus der Tischlerei aufgebürdet wurde, blieb nicht auf diese allein beschränkt. Die Wirkung der Bombardierungen aus der Luft zwang auch die anderen Anstaltsbetriebe auf dem Anstaltsgelände zu immer intensiverer und die Kräfte der Gefangenen hart strapazierender Leistung. Wie lange konnte das so weitergehen? Selbst der primitivste unter den Beamten legte sich diese Frage vor. Und die intelligenteren unter ihnen schlossen sehr richtig, daß das, was sich als Beweis der Vernichtung in Brandenburg erkennen ließ, nur eine Kleinigkeit im Vergleich zu dem sein konnte, was sich in den deutschen Industriegebieten abspielte, in welcher Himmelsrichtung sie auch ihre Standorte hatten.

Die veränderte Einstellung der überwiegenden Mehrzahl der Beamten den politischen Häftlingen gegenüber, die unterirdischen Strömungen gleichsam, die entstanden waren, bedeutete für den Strafvollzug in Brandenburg eine Verunsicherung. Der Erste Hauptwachtmeister Neumann war sensibel genug, sie zu verspüren. So entschloß er sich zu einer Ansprache im Stile seines »Führers«, wenn auch ohne dessen Langatmigkeit. Vor Beamten und Gefangenen zugleich betonte »Jummi«, daß jeder Zweifel am Endsieg einem Verrat gleichkomme. Sein markiges Schlußwort lautete: »Wir haben die Macht – und wir behalten sie auch!« Es ist angesichts der Geisteshaltung des Neumann kein Zweifel daran möglich, daß er fest daran glaubte, was er aussprach. Dem ungekrönten König des Zuchthauses Brandenburg (Havel)-Görden war die Vorstellung völlig unmöglich, daß es binnen verhältnismäßig kurzer Zeit mit seiner Herrlichkeit im Zuchthaus vorbei sein könnte. Lange währte sie nicht mehr. Ende April 1945 setzte sich Walter Neumann aus der Strafanstalt ab, und es gelang ihm, in seine Heimat – Schönebeck an der Elbe – zu entkommen und dort eine Position als Hilfspolizist zu erlangen. Aufgrund gegen ihn ergangener Anzeigen von der deutschen Polizei gesucht, wurde er eines Tages verhaftet und kehrte nicht mehr zurück. Es heißt, er sei tot.

Was unerlaubt aus der Strafanstalt hinaus und hinein gelangte, muß dem immer argwöhnischen Ersten Hauptwachtmeister Neumann nie auch nur annähernd bewußt geworden sein. In dieser Hinsicht stand es anders mit seinem Kollegen im Hause I, dem etwas grobschlächtigen, sich einmal gewalttätig, einmal jovial gebenden Ersten Hauptwachtmeister Viete. Denn nirgends ging es korrupter als im Hause I zu: Verschiebungen aus der Schneiderei vor allem, die mit Willen und Wissen des Schneidermeisters Junack und dem ihm in demütigender Unterwerfung gehorchenden Hilfsbeamten Gottschalk erfolgten. Gerissener und williger Handlanger war Junacks Kalfaktor, der schon einmal erwähnte Ganove Franz. Viete hatte von jeher eine Abneigung gegen die politischen Gefangenen gehabt, mit den Kriminellen, die beflissenen Zuträgerdienst leisteten, kam er wesentlich besser aus. Und da ohne ihre Mitwirkung weder Lager noch Kartei so manipuliert werden konnten, daß die Revisionen seitens der Inspektoren der Arbeitsverwaltung nie Beanstandungen ergaben, war in mehr als einer Hinsicht die Verknüpfung Viete und Kriminelle allmählich so eng geworden, daß nichts mehr daran – wollte man es nicht auf eine hochnotpeinliche Untersuchung und den anschließenden Skandal ankommen lassen – geändert werden konnte.

Viete hatte einen Hauptwachtmeister unter sich, der ebenfalls auf den Namen Neumann hörte und aus unerfindlichen Gründen – es sei denn die Bekundung einer starken Eitelkeit – der »schöne Willi« genannt wurde. Indessen war er weder ein schöner noch ein irgendwie imponierender Mann, sondern ein Hauptwachtmeister, der sich Viete geschmeidig anpaßte und im übrigen dienstlich und auch sonst das tat, was Viete von ihm verlangte. Der also regierte unbekümmert und selbstbewußt in den Bahnen, die er eingeschlagen hatte, während dem Ersten Hauptwachtmeister Neumann im

Hause II eine gewisse Müdigkeit anzumerken war, eine Resignation fast gegenüber dem Neuen in der Strafanstalt, dem er sich weder in den Arbeitsbetrieben des Hauses und erst recht nicht in denen der Privatfirmen zu widersetzen vermochte. »Wir behalten die Macht...«, so hatte er verkündet. Vielleicht lag darin eine Selbsttröstung, aus der Hoffnung heraus, daß nach siegreich beendetem Kriege wieder jene Verhältnisse in der Strafanstalt hergestellt werden konnten, wie Neumann sie aus »den guten alten Zeiten« gewohnt war.

Manches mag ihm zu Ohren gekommen sein, was schlankweg auf Korruption deutete, doch es lag nicht in seiner Befugnis, die für die anstaltseigenen Betriebe im Hause II zuständigen Werkmeister zu überwachen oder gar zu kontrollieren. Die unterstanden der Arbeitsverwaltung, an ihrer Spitze dem Amtmann Dahms, und wenn dieser keinen Anlaß zum Eingreifen sah, hatte sich der Erste Hauptwachtmeister Neumann damit abzufinden.

Korruption in der Strafanstalt

Ob in einem Gefängnis, ob in einem Zuchthaus – neben dem Strafvollzug und in gewisser Weise unlösbar mit ihm verbunden, lebt die Korruption. Ein primärer Grund liegt darin, daß die Gefangenen Arbeit zu leisten genötigt sind, daß die Erzeugnisse ihrer Arbeit – soweit sie von Zellenhäftlingen vollbracht wird – von beauftragten Beamten übernommen werden. Um ein Beispiel zu nennen: Der Oberwachtmeister Schilling mit der Freundlichkeit vortäuschenden Stimme und den Basedow-Augen, nahm die fertigen Pensa der Knotenarbeit in Empfang. Ob nur reguläre Leistung oder eineinhalbfaches Pensum oder gar doppeltes Pensum hatte er – im Hinblick auf die Arbeitsbelohnung – in seinem Arbeitsbuch hinter dem Namen des abliefernden Gefangenen zu notieren. Er drängte stets auf ein Überpensum, nicht aus Beamteneifer im Dienste der Anstalt, sondern aus persönlichem Motiv. Denn er hatte in dieser Knotenarbeit – um nur diese zu nennen – eine Nebenverdienstchance für sich entdeckt. Und daher notierte er nicht die tatsächlich abgelieferten Mengen, sondern unterschlug in den Eintragungen so oft wie irgend angängig die abgelieferte Mehrleistung. Die aus ihr stammenden Quantitäten verstand er mit Hilfe seines Hauptkalfaktors beiseite zu bringen und auf eigene Rechnung an den Abnehmer zu verkaufen. Das ging so lange gut, bis ihn eines Tages der Kalfaktor denunzierte, eine Untersuchung auch die Richtigkeit von dessen Behauptungen bewies und Herr Schilling aus der Brandenburger Strafanstalt verschwinden mußte. Bestraft wurde er sicherlich nicht, es dürfte die übliche Versetzung gewählt worden sein. Die Gefangenen atmeten auf, als Schilling (wegen der Federspleisserei, die er ebenfalls unter sich hatte, mit dem Beinamen »Putt-putt« belegt) sie nicht mehr drangsalieren konnte.

In der Lineol AG wirkte der Hilfswachtmeister Prinz, der es auf fertiggemalte Soldaten und Tierfiguren abgesehen hatte und diese am liebsten kistenweise hätte verschwinden lassen. Das allerdings wäre aufgefallen, aber in seiner Aktentasche ließ er so oft wie nur möglich nicht unerhebliche Quantitäten verschwinden. Er machte sich Gefangene einesteils durch Drohungen mit Anzeigen, zum anderen durch Bestechungen mit Kautabak gefügig. Nicht immer hatte er damit Glück, er ließ jene, die ihn abfallen ließen, ungeschoren – im eigenen Interesse.

Nachfrage nach diesen Figuren bestand seitens anderer Beamten ebenfalls. Waren es solche, die dem Gefangenen sympathisch waren, dazu in der Lage, ihm Vorteile mancher Art – darunter bessere Arbeit – zu verschaffen, so scheuten sie sich nicht, ab und an durch Verschiebung von Figuren der Lineol AG ihre Situation zu verbessern.

Daß in der Schneiderei der Kalfaktor Franz von den Schiebungen des Werkmeister Junack, von Franz berlinerisch »Meesta« tituliert, reichlich profitierte, ist selbstverständlich.

An Jurnacks Stelle trat wohl in der zweiten Hälfte des Jahres 1944 der Schneidermeister Steffensen, über den nichts Nachteiliges zu sagen ist. Ob Junack verschwand, weil ihn seine zahlreichen Schiebungen zuletzt untragbar machten oder weil er, wie eine Verlautbarung besagt, zum Militärdienst eingezogen wurde, blieb unbekannt.

Die Korruption ging zu dieser Zeit bereits weit über das Maß dessen hinaus, was in jeder Strafanstalt üblich ist. Als jedoch die Zeit des Mangels kam, als vielerlei am freien Markt nicht mehr erhältlich war, kam es in der Strafanstalt sozusagen zu einer Hochkonjunktur der Korruption. Hauptnutznießer waren die Werkmeister der Anstaltsbetriebe, doch auch die Gefangenen zogen mancherlei Nutzen aus dieser Entwicklung.

Wie in der Schneiderei, so war es auch in jeder anderen der Herstellungsstätten unmöglich, gewisse Warenmengen ohne Wissen z. B. der Anstaltsschreiber verschwinden zu lassen. Ein Manko in den Büchern und Karteien mußte vermieden werden, es waren verdeckende Manipulationen nötig, die so geschickt vorgenommen werden mußten, daß keine Kontrolle sie nachweisen konnte.

Um Praktiken ging es also, mit denen viele Kriminelle vertraut waren, die jemals zu üben aber den Politischen völlig ferngelegen hatten und die sie nun nur mit Widerwillen betrieben. Warum, so könnte gefragt werden, weigerten sie sich nicht? Es existierte keine Vorschrift des Strafvollzuges, mit denen man rechtlich die Gefangenen zu unlauteren Handlungen hätte zwingen können. Widersetzlichkeit des Schreibers in der Schneiderei hatte für diesen keine andere Folge gehabt, als Ablösung von seinem Posten. Jetzt wirkte er in der Tischlerei und tat in dieser, was er in der Schneiderei von sich gewiesen hatte. Ein Widerspruch, der sich in positivem Sinne erklärt:

In der Schneiderei war ein Stützpunkt für die politischen Häftlinge nicht zu erlangen gewesen, dort – unter den Augen des unnachsichtigen Nationalsozialisten, des Werkmeisters Junack, und seines durchtriebenen, skrupellosen kriminellen Kalfaktors – war es unmöglich, Kontakte mit politischen Gesinnungsfreunden herzustellen und zu pflegen.

Zum anderen: Es hatte die politischen Häftlinge Jahre hindurch starke und gefahrvolle Anstrengungen gekostet, mit einer Anzahl ihrer Männer in Positionen einzurücken, die hinreichende Bewegungsfreiheit für politische Aktivitäten und Hilfsaktionen für die Kameraden bot. Man mußte, um die erlangten Stützpunkte zu behaupten, wohl oder übel auch das mitmachen, was das unrechtmä-

ßige Privatinteresse von Werkmeistern und Beamten in den Arbeitsbetrieben zum Usus erhoben hatte. Wer sich dem widersetzte, der flog – ein anderer würde an seine Stelle rücken, der sich dem Brauch anpaßte. An den Zuständen würde sich nichts ändern, aber eine politisch ungemein wichtige Stellung verloren sein. Das Ziel war jedoch und mußte bleiben, keinen Zollbreit Boden aufzugeben, sondern das gewonnene Terrain weiterhin zu vergrößern.
Nebenbei spielte ein anderer Gesichtspunkt mit: Was durch die Korruption aus den Beständen der Strafanstalt verschwand – Stoffe, Holzmengen usw. –, ging über in den zivilen Verbrauch. Nun, gewiß tat das dem wirtschaftlichen und kriegswirtschaftlichen Potential keinen großen Abbruch, dessen Verstärkung jedoch förderte es auf jeden Fall nicht. Noch entschieden wichtiger war jedoch für die aus den Reihen der Politischen stammenden Schreiber, daß sich gerade im Zusammenhang mit der Korruption ihr Verhältnis zur Beamtenschaft weiter verbessern ließ.
Die Tischler waren zum größten Teil ausgezeichnete Fachleute, einige mit ausgesprochen künstlerischer Begabung. Da war etwa der Drechsler, der Holzarmbänder der verschiedensten Art herzustellen wußte, Kerzenhalter mit Tierfiguren oder schöner Ornamentik. Ein anderer schuf Tabletts, mit Intarsien, in farbiger Komposition. Da gab es Nähkästen von einfacher bis zu technisch fast raffiniert zu nennender Ausführung, kleine Sitze mit Polsterauflage, die aus dem der Tischlerei angeschlossenem Polstereibetrieb stammten. Der Sattlermeister lieferte Lederetuis für Füllfedern, elegante Handtaschen für die Dame und Einholtaschen. Es soll genug sein mit dieser Aufzählung. Gewiß ist, daß es sich um ausgesprochene Geschenkartikel handelte, die für die Interessenten unter den Beamten billig zu erlangen waren – gegen Zigaretten, Stangenpriem, Nahrungsmittel usw. –, um Waren, die man »draußen« nur noch unter Schwierigkeiten kaufen konnte und wesentlich teurer bezahlen mußte, als es die munter sprudelnde Produktionsquelle Tischlerei nebst Sattlerei und Polsterei erforderlich machte.
Der damalige leitende Werkmeister der Tischlerei, Fritz Wendt, machte von den sich ihm bietenden Möglichkeiten seiner Position Gebrauch, sich wider die Vorschriften aus eigensüchtigen Motiven

Mangelwaren zu beschaffen. Um seine Schiebereien zu decken, behandelte er diesen oder jenen politischen Häftling, der ihm nützlich sein konnte, zuvorkommend, denjenigen, der sich nicht bereit zeigte, brutal. Jene, von denen er annehmen konnte, sie würden seine Machenschaften bei Gelegenheit verraten, versuchte er loszuwerden. In diesem Zusammenhang sei die Verschickung des Häftlings Quack nach Sonnenburg erwähnt, der dort umgekommen sein soll. Beantragt war ferner auf Veranlassung von Wendt die Überführung einiger politischer Häftlinge, so eines Politischen namens G. Ritke nach Hameln, scheiterte jedoch an der Zusammenarbeit der Politischen. Wendt war jederzeit bereit, den Nationalsozialismus zu stützen, andererseits scheute er sich nicht, Korruption auch dann zu fördern, wenn sie zum Vorteil einzelner nationalsozialistischer und anderer Beamten das wirtschaftliche Potential des nationalsozialistischen Staates beeinträchtigte. Es ging ihm entscheidend nur um den eigenen Nutzen.
Laut Bekundung des ehemaligen politischen Gefangenen Emil Quack (Lindau/Anhalt, Kreis Zerbst) wurde die strafweise Verschickung seines in der Tischlerei beschäftigten Bruders Josef Quack nach Sonnenburg durch Wendt veranlaßt. Sämtliche 685 politischen Gefangenen wurden dort in der Nacht vom 29. auf den 30. Januar 1945 von der SS in Gruppen zu zehn Mann aus den Zellen herausgeholt und erschossen.
Ein Beispiel, das für viele andere mehr oder minder gleichartig steht, sei nachfolgend angeführt: Unter Vortäuschung eines sachlich gerechtfertigten Bedarfs für die Provinziallandesanstalt Brandenburg (H)-Görden bestellte deren Verwaltungsoberinspektor Schlickeiser im Februar 1944 die Einrichtung für zwei Küchen, zwei Schlafzimmer und ein Wohnzimmer. In Wahrheit dienten die Möbel dem persönlichen Bedarf der Familie Schlickeiser und der Aussteuer eines Dr. Günther Dahms, Sohn des Verwaltungsamtmannes Dahms. Die Bestellung über die Landesanstalt bezweckte, die bestehenden Verordnungen des Reichsjustizministeriums hinsichtlich von Arbeiten in den Strafanstalten für den Beamtenbedarf zu umgehen. Um den in Kraft befindlichen Herstellungsanweisungen für Wohnmöbel auszuweichen, wurde die Bestellung auf den

Dezember 1943 zurückdatiert. Die Herstellung der Möbel sollte, versteht sich, im Tischlereibetrieb der Strafanstalt erfolgen, eine gute Gelegenheit für den Werksleiter der Tischlerei, Fritz Wendt, sich zu eigenem Nutzen einzuschalten. Er forderte und setzte durch die Anfertigung einer dritten Wohnungseinrichtung für seine in Wernigerode ansässige Nichte, die zu heiraten beabsichtigte.
Die Bestellung lautete nun unter nochmaliger Veränderung des Datums auf den 5. Oktober 1943 im Wortlaut wie folgt:

Landesanstalt Brandenburg (Havel)-Görden   den 5. Oktober 1943
Bestellung Nr. 358
Für den Herrn Vorsteher des
Zuchthauses (Arbeitsverwaltung)
Brandenburg (Görden)
um Lieferung am – bis –
Infolge Belegungserweiterung und des damit zusammenhängenden Barackenbaus werden je 3 Küchen, Schlaf- und Wohnzimmer benötigt, die ich nach den Richtlinien der Reichsstelle für Glas-, Keramik und Holzverarbeitung anzufertigen bitte.
Ferner bitte ich mir vom Lager
9 Regale – 1 Schreibtisch – 1 Schreibmaschinenstuhl – 1 Tisch – 3 Stühle mit Polster – 1 kleine Kommode
käuflich zu überlassen.   Im Auftrag
                                    Schlickeiser
                                    Verwaltungs-Oberinspektor

Die Bestellung »vom Lager« bezog sich auf die Anfertigung eines hochmodernen Herrenzimmers, unter Verwendung hochwertiger Edelfurniere mit einem Handelswert von etwa DM 2500,–. Die bestehenden Richtlinien der zuständigen Reichsstelle wurden bei allen Anfertigungen außer acht gelassen, die nötigen Bezugsmarken in keinem Falle beigebracht. Der Preis der verwendeten Rohstoffe betrug allein das etwa Doppelte des später für Möbel gezahlten Preises. Der größte Teil der verbrauchten Rohstoffe wurde unter anderen Behördenaufträgen abgerechnet, also verschleiert.
Außer den normalerweise zu einer Wohnungseinrichtung gehörenden Gegenständen wurden angefertigt und geliefert:

Kücheninnenausstattung, Schuhschränke, Kohlenkästen, Fußbänke, Bettfederböden, Auflegematratzen, Huthalter, diverse Tabletts mit kostspieligen Intarsienarbeiten, mehrere Couches, Herrenkommoden, Luftschutzschränke, Rucksäcke, Einkaufstaschen usw. Diese Gegenstände wurden samt und sonders nicht in Rechnung gestellt. Allein die Ausführung dieses Auftrages erforderte mehrere Monate. Versteht sich, daß – da die Produktion der Tischlerei für die regulären Aufträge nicht vernachlässigt werden konnte – die »Verschiebungsaufträge« nur dadurch zu bewältigen waren, daß die Gefangenen zu Überstunden und zu Arbeit an den Sonntagen benötigt wurden.
Noch ein bezeichnender Zusatz für das angeführte Beispiel: Um die Lieferung so komplett zu gestalten, wie sie verlangt wurde, mußten noch größere Mengen hochwertiger Gläser beschafft werden. Hierzu war die Abgabe einer eidesstattlichen Versicherung erforderlich, die prompt erfolgte und in der behauptet wurde, daß die Verwendung des Glases kriegswirtschaftlich wichtigen Zwecken diene. Das Glas wurde von einer Firma Hartwig & Co. in Hamburg bezogen. Die ganze Aktion lief unter den Auftragsnummern 3858 und 1614–1616 der Arbeitsverwaltung, Unterlagen bildeten die Verrechnungsbücher der Arbeitsverwaltung, Rechnungsjahr 1944/ 1945, das Rohstoffausgabebuch, das E-Buch, das Schnittholz-Zuschnittbuch, das Sperrholz- und Furnierbuch, die Arbeitslaufkarten und die Arbeitszettel des Tischlereibetriebes. Was hier in bezug auf die Tischlerei gesagt wurde, entsprach mit anderen Erzeugnissen dem, was auch in anderen Arbeitsbetrieben zu erlangen war, in der Schneiderei, in der Schuhmacherei, der Weberei usw.
Die Nachfrage war stark, der »illegale Markt« in der Strafanstalt florierte. Zu den Konsumenten zählten auch die Verwaltungsbeamten, ganze Möbellieferungen gingen auf dem Wege der »Beziehungen« aus der Strafanstalt hinaus, die Gegenwerte flossen herein, so etwa von einem südwestdeutschen Gefängnis her Mehl, Getreide, Obst. – Eine Hand wusch die andere.
Selbstverständlich: Möbelausstattungen, Anzüge und dergleichen waren nicht ohne Absprache des Interessenten mit dem Werkmeister zu erlangen, der seinerseits aus den Abmachungen erheblichen

finanziellen Nutzen zog. Aber wie schon vorher erwähnt, man konnte die Schreiber nicht übergehen, für sie also mußte bei den »Transaktionen« dieses oder jenes abfallen. Was die kleinen Dinge anbetraf, so die Armbänder, Nähkästen, Lederwaren, wandte man sich direkt an den Schreiber, als den gegebenen Vermittler zu den Handwerkern. Und da der Appetit beim Essen kommt, zögerte keiner der Beamten – soweit er nützliche Produktion begehrte –, ihn ausgiebig und immer erneut zu befriedigen.

Dem Zuchthaus Brandenburg-Görden war das sogenannte Reichsgut »Plauer Hof« unterstellt. Aus den Beständen dieses Gutes wurden widerrechtlich in den Jahren 1944 und 1945 große Lebensmittelmengen unter Einsatz der Anstalts-LKW entfernt. Beliefert wurden in starkem Umfange u. a. der ehemalige Oberregierungsrat im Justizministerium Hochgräfe und der Bürodirektor Bürckner, als persönlicher Adjutant Thieracks fungierend. Wiederholt erschien Bürckner in der Uniform eines höheren SS-Führers im Zuchthaus, wohl meist, um Lebensmittel und diverses andere aus der Zuchthausproduktion irregulär zu beschaffen. Daß das unter den Augen der Zuchthausverwaltung möglich war, zeugte von ihrem Einverständnis. Das ist um so schärfer zu verurteilen, als – was die aus dem Plauer Hof stammenden Bestände anbetrifft – es ermöglicht hätte, durch eine Erhöhung der Nahrungsmittelzuteilung in der sogenannten Tbc-Baracke die dort ungewöhnlich hohe Sterblichkeitsziffer herabzudrücken und zudem die Verpflegung im Krankenhaus ausreichender zu gestalten. Ebenso erfolgten wöchentlich ein- oder zweimal mit den Anstalts-LKW Lieferungen nach Potsdam und Berlin, Wilhelmstraße zu Regierungsstellen mit Erzeugnissen der Gärtnerei, der Bäckerei, der Schlächterei, der Schneiderei und der Schuhmacherei. Der Leiter der NSV[1] in Brandenburg verschob für Lazarette bestimmte Genuß- und Nahrungsmittel an die Arbeitsverwaltung des Zuchthauses und handelte damit Möbel, Stoffe und Lederwaren ein.

Man verstand sich in Brandenburg auf ebenso gerissene wie skrupellos betriebene Schiebungen. Das eine Exempel wurde ausführ-

---

1 NSV = Nationalsozialistische Volkswohlfahrt

Walter Schwerdtfeger, Journalist, zu lebenslänglich Zuchthaus verurteilt wegen »Landesverrat«; Häftling in Brandenburg. – Ausweis von 1945.

lich angeführt, es läßt Schlußfolgerungen darauf zu, welche hohen Summen angesichts der Häufigkeit solcher »Transaktionen« in die Taschen der Beteiligten geflossen sein müssen, auf Kosten einer unerlaubten rücksichtslosen Ausnutzung der Arbeitskraft der Gefangenen.

In dieser Phase des Berichts ist es erforderlich, die einzelnen Stützpunkte der politischen Organisation anzuführen und die Namen der Männer zu nennen, die ihren Kern bildeten:

Stützpunkte	*Namen*
Arbeitsverwaltung	Robert Dewey (vorher Tischlerei), KPD
	Martin Schmidt (vorher Weberei), KPD
Außenkolonne	Herbert Kratzsch, KPD
	Erwin Kerber, KPD
Arado	Fritz Lange, KPD
Brennabor	Walter Hammer, parteilos, radikaler Pazifist
	Walter Gärtner, KPD-Opposition
Bäckerei	Max Pledl (unpolitischer, tatkräftiger Helfer)
Beifahrer	Walter Uhlmann (vorher Tischlerei), KPD-Opposition
Bibliothek	Erich Paterna, KPD
	Bruno Leuschner, KPD
	Karl Zinn, SPD
	Dr. Hermann Brill, SPD
	Rudolf Küstermeier, SPD
	Gustav Dahrendorf, SPD
	A. von Bentheim, Schwarze Front
	Erwin Kürschner, SPD
Buchbinderei und Druckerei	Alfred Lemmnitz, KPD
	Artur Mannbar, KPD
	Georg Walter, Schwarze Front
Küche	Walter Hochmuth, KPD
	Willy Schirrmeister, KPD
	Fritz Thiele, KPD

Schlächterei	Emanuel Gomolla, KPD
Laboratorium	Dr. Robert Havemann, KPD
Sattlerei, Polsterei	Paul Brunn, KPD-Abweichler
Schuhmacherei	Max Frenzel, KPD
Schlosserei	Josef Pfaff, KPD
	B. Syrucek, Tscheche, Antifaschist
Tischlerei	Gerhard Behnke, KPD
	Josef Czech, KPD (Banktischler)
	Robert Dewey (siehe »Arbeitsverwaltung«)
	Max Gohl, KPD (Drechsler)
	Hans Mickinn, KPD (Tischlerei)
	Walter Mickin, KPD (Zeichner)
	Thomas Mrochen, KPD (Tischlerei–Schlosserei)
	Alfred Neumann, KPD (Banktischler)
	Kurt Seibt, KPD (Drechsler)
Tischlereibüro	Walter Schwerdtfeger, Linksliberal
	Richard Schwichtenberg, SPD (dienstverpflichteter Tischlermeister)
	Wilhelm Thiele, KPD
	Walter Uhlmann, KPD-Opposition
	Eduard Wald, KPD
	Erich Ziegler, KPD
Wäscherei	Robert Menzel, KPD
Weberei	Martin Schmidt, KPD (später Arbeitsverwaltung)
	Waldemar Schmidt, KPD
Haus III	Wilhelm Knapp, KPD
Haus IV	Fritz Gaebler, KPD
Plauer Hof	Waldemar Schmidt, KPD (vorher Weberei)

Fritz Opel

1912 in Zabrze (Hindenburg) / Oberschlesien geboren, 1973 in Frankfurt a. M. gestorben, Bis 1933 Student der Rechtswissenschaft und Volkswirtschaft in Berlin. Mitglied der KPD. 1933 in der Leitung einer illegalen Studentenorganisation. Nov. 1934 verhaftet, zu 3 Jahren Zuchthaus verurteilt. August 1938 Emigration in die Schweiz und nach Frankreich. 1939–1941 Internierung in französischen Lagern. Sommer 1941 mit Notvisum in die USA. Ab 1943 amerikanischer Soldat. Nach 1945 Zivilangestellter der US-Militärregierung und einer amerikanischen Wohlfahrtorganisation. 1956 Promotion; ab 1956 Vorstandssekretär der IG Metall.

Die Revolution, der Sozialismus war das Ziel
Als Student in der Zelle

Ein Frühsommerabend im Jahre 1933. Die Uhlandstraße im Berliner Westen, in deren letztem Stück zwischen Steinplatz und Kantstraße wir wohnen, liegt still und unbegangen. Eva, Walter und ich treten aus der Einfahrt auf die Straße. Die Sitzung ist zu Ende.
Die Sitzungen finden reihum bei Eva und bei mir statt. Walter wohnt weit außerhalb, er muß eine Stunde mit der Stadtbahn fahren. Wir drei bilden den Kopf oder die Köpfe der illegalen kommunistischen Studentenorganisation an der Berliner Universität. Das klingt bedeutend, und wir sind uns unserer Verantwortung bewußt. Aber so klein wie der Kopf, so schmächtig ist im Grunde der Körper unserer Organisation, der illegalen Fortsetzung der Roten Studentengruppe – RSG genannt.
Wie eigentlich bin ich in diesen »Kopf« gelangt? Seit 1931 war ich Mitglied der RSG. Aber niemals vor dem 30. Januar 1933, jenem Tage, an dem Hindenburg Hitler zum Reichskanzler ernannte, hatte ich ernstlich daran gedacht, eine Funktion zu übernehmen. Es wurde mir auch bis dahin keine angetragen. Weder war ich Mitglied

der Kommunistischen Partei und deshalb der »Kostufra«, der Kommunistischen Studentenfraktion innerhalb der RSG, die alle Funktionen (Vorstand, Fachschaftsleiter) besetzte, noch fühlte ich mich dazu berufen.

Der Sozialismus in seiner kommunistischen Auslegung bedeutete für mich Wiedererweckung aus reformistisch-sozialdemokratischer Narkose, erschien als unwiderlegliche Antwort auf den drohenden Zerfall der bürgerlichen Gesellschaft Deutschlands in der Weltwirtschaftskrise. Mit der Theorie schien auch der praktische Weg gefunden, auf dem sie verwirklicht werden konnte. Wunsch und Wirklichkeit verschmolzen in eins. Hoffnung wurde zur Gewißheit. Die Kommunistische Partei, die sich lauthals zu einer revolutionären Auslegung des Marxismus bekannte, wurde, wie konnte es anders sein, zur »Geschäftsführerin des Weltgeistes«. Ich und andere gaben ihr revolutionären Kredit, ohne ihre politische Erfolgsrechnung vorher zu prüfen. Eine weitere Alternative schien es nicht zu geben, gab es wohl auch nicht. Ohne Alternative aber gab es auch keine Lösung, keine Hoffnung. Und wer, jugendlichen Eifers voll, hätte sich in solcher Krisenzeit einer Politik ohne Hoffnung verschreiben wollen?

Die Revolution, der Sozialismus war das Ziel, die Partei das Instrument, die Sowjetunion das Beispiel, die Kommunstische Internationale das großen Becken, in das die nationalen Revolutionsenergien zusammenflossen, um, gefiltert und konzentriert, wiederum die revolutionären Bewegungen in aller Welt zu stärken und zu leiten. So einfach war das. Töricht, gewiß, aber doch wieder verständlich.

Am 30. Januar 1933 wurde Hitler Reichskanzler. Ich las die Überschriften in der »BZ am Mittag«, als ich nach dem Mittagessen mit der Stadtbahn zur Universität zurückfuhr. Es war unerhört, es war unvorstellbar. Es war das Ende, so fühlte ich. Und dennoch will die Hoffnung nicht sofort sterben.

Jetzt, wo alles zusammenbrach, war es Ehrensache für mich, auch einer Parteizelle beizutreten und das Mitgliedsbuch zu erwerben – um es vorsichtshalber sofort im Keller unter den Briketts zu verstecken. Es zu vernichten habe ich mich erst später entschlossen. Zu kostbar erschien mir noch Anfang 1933 dieses Dokument der Zuge-

Fritz Opel

hörigkeit, des Bekenntnisses zu einer verfolgten Bewegung. Eine permanente Leitung, ob nun für Berlin oder darüber hinaus, schien zu funktionieren, keineswegs zu unserem ungeteilten Vergnügen. Erst mit den im November 1934 beginnenden Verhaftungen, denen auch ich zum Opfer fiel, flog die ganze Organisation auf.

Die Ursachen der Niederlage, des Versagens der Arbeiterorganisationen, die Aussichten der Diktatur werden erörtert. Der die Diskussion einführende und leitende Vertreter der Bezirksleitung Berlin-Brandenburg der KPD versucht, die bisherige Politik der Partei – Einheitsfront nur von unten, Hauptstoß gegen den »Sozialfaschismus«, Roter Volksentscheid zusammen mit den Nazis in Preußen, nationalistische Demagogie, um das Kleinbürgertum zu gewinnen – zu kritisieren, ohne sie doch in Grund und Boden zu verdammen. Immerhin verblüfft er uns, indem er politische Glaubenssätze, die bisher als unanfechtbar galten, in Frage stellt.
Was aber hatte die Kommunistische Partei zum Röhm-Putsch zu sagen? Mit Spannung erwarteten wir ihre Analyse, die uns mit einigen Tagen Verspätung als hektographiertes Material der Bezirksleitung Berlin-Brandenburg in die Hände kam. Aber keine Spur von Analyse. Die blanke Verlegenheit sprach aus jeder Zeile. Der Artikel über den 30. Juni strotzte von Kraftausdrücken und Schimpfereien. War Röhm ein Landsknecht, ein Schwuler gewesen, so war der neue Stabschef der SA (Lutze) ein Säufer und Hurenbock. Das war alles. Offenbar hatte den Artikelschreibern noch keine Anweisung von oben vorgelegen, wie das Ereignis politisch einzuordnen wäre, und so hatten sie sich in inhaltlose Kraftmeierei geflüchtet. Politische Maulhurerei pflegten wir dazu zu sagen.
In jenen Wochen muß sich auch, ausgehend von den Februarereignissen des Jahres 1934 in Frankreich, jene Wendung in der kommunistischen Politik zur Volksfront angebahnt haben, von der wir in dem illegalen Parteimaterial nur sehr verspätet etwas zu lesen bekamen. Und dann auf einmal war die neue Linie selbstverständlich, als wäre die alte nie gewesen. Erklärungen für den Wechsel gab es nicht.
Auf einmal sollte nicht mehr gelten, was bis dahin als unumstößliche Wahrheit verkündet worden war. Nichts mehr von Sozialfaschismus, von Einheitsfront nur von unten, von der Ablehnung jeglicher Zusammenarbeit mit liberalen und demokratischen Kräften im bürgerlichen Lager. Das Pendel schlug mit einem Schwung nach

der anderen Seite aus, ein bedenkenloser, geradezu fanatisch betriebener Zweckopportunismus trat an die Stelle des bisher vertretenen linksradikalen, pseudorevolutionären Sektierertums.

Auch in einer Parteizelle arbeitete ich seit Sommer 1933 mit. Bald war ich »Zellenleiter«, mußte das Arbeitsprogramm vorschlagen und die Zusammenkünfte organisieren. Recht unterschiedlich war die Mitgliedschaft zusammengesetzt. Einmal lebte ich in Charlottenburg, einer westlichen Wohngegend Berlins, in der Nähe des Kurfürstendamms und des Bahnhofs Zoologischer Garten. Zum anderen waren Angst und Verwirrung im Jahre 1933 groß. Zufälligkeiten bestimmten die Zusammensetzung. Wir mußten jeden Genossen nehmen, der bereit war, mitzumachen.

Am 16. November 1934 werde ich verhaftet. Durch Zufall komme ich mit meinen zwei Tatgenossen Wilhelm und Heinz in eine Zelle, und wir können uns in aller Ruhe erst einmal ausführlich erzählen, wie es zu unserer Verhaftung und allem weiteren gekommen ist. So lernen wir uns erst jetzt, nach Verhaftung und Verurteilung, richtig kennen. Die Solidarität der Verfolgten verwirklicht sich in der Zelle. Interessanter als meine und Heinz' Geschichte hat sich die Wilhelms gestaltet. Er ist älter als wir beide, schon länger in der kommunistischen Bewegung. Dazu läßt er es bei allem, was er sagt und tut, an einem guten Schuß Selbstbewußtsein nicht fehlen.

1933 wurde er in Ostpreußen geboren, woher er stammt, als Kommunist verhaftet und ins Lager gesteckt, aber nach einigen Monaten infolge einer Namensverwechslung versehentlich entlassen. Er geht nach Berlin, um Kontakt mit der illegalen KPD-Führung aufzunehmen und sich ins Ausland schicken zu lassen. Doch die Partei verweigert die Erlaubnis und setzt ihn, obgleich er illegal in Berlin leben muß, bei der Studentenarbeit ein. Erst sieben Monate nach den ersten Verhaftungen in unserer Sache gelingt es der Gestapo, seiner habhaft zu werden. Im Prozeß hat er noch Glück, daß ihm sogar die Monate im Konzentrationslager auf die Gesamtstrafe angerechnet werden, da bei ihm nach Ansicht des Gerichts eine fortgesetzte Handlung der Vorbereitung zum Hochverrat vorliegt. 1939 hätte er entlassen werden müssen, doch gleich vielen anderen verbringt er die Zeit bis zum Zusammenbruch des Dritten Reiches im Lager. Nach 1945 hat er in der DDR dann noch die ersehnte Karriere, wenn auch mit Hindernissen, gemacht, ist Staatssekretär geworden, allerdings bald wieder vom hohen Roß gefallen und als Hochschulprofessor kalt- und sichergestellt worden.

Nach drei Wochen ist die Idylle zu Ende. Wir werden auseinandergelegt. Ich komme nach kurzer Zeit in eine Zehn-Mann-Zelle mit eigener Toilette, aber auch in eine Gesellschaft, die ich mir nicht ausgesucht habe. Sie entspricht keineswegs meinem Hang zum Sinnieren und zum ruhigen Absolvieren meiner Reststrafe. Allerdings ist es uns durchaus nicht gestattet, den Tag mit Nichtstun zu verbringen. Wir müssen, ob in Einzelhaft oder zu mehreren, arbeiten zwischen Frühstück und Mittagessen und danach wieder bis zur Abendbrotausgabe.

Der die Arbeit verteilende Wachtmeister, ein fieser Typ, schleimigfreundlich und brutal zugleich, pflegt am Morgen jedem entweder eine »Tüte« Federn oder ein Säckchen Knoten auszuteilen. Bei Gänsefedern gilt es – ritsch, ratsch – den Flaum oder wie immer das Gefieder heißt, von den Kielen zu reißen. Das ist nicht schwer, wenn es sich um große Federkiele von den Schwanz- und Flügelfedern handelt. Wehe aber, wenn das Pensum, wie oft, aus kleinen und kleinsten Flaumfedern besteht. Dann kann man zupfen und zupfen und kommt doch nicht voran. Gewitzte haben allerdings längst eine Abhilfe ersonnen. Man nimmt immer eine Handvoll dieser kleinen Federn, deren Kiele auch entsprechend dünn sind, ballt sie zusammen und zerhackt sie mit dem Tischmesser wie Petersilie. Das muß geschickt gemacht werden. Der Wachtmeister, der den Trick auch kennt, darf, wenn er bei der Abnahme prüfend in die Tüte greift, keine harten Kielstückchen fühlen. Bei den Knoten handelt es sich um Sisalknoten, die beim Garbenbinden auf dem Felde anfallen. Sie werden mit Hilfe eines dicken Eisennagels, der uns mit den Säcken gegeben wird, aufgelöst und etwas auseinandergezupft. Das ergibt einen Haufen Sisalwolle, die, wie man sagt, zum Polstern benutzt wird. Da in der Nazizeit alles mögliche zu irgendwelchen Zwecken »verwertet wird«, um Rohstoffe zu sparen und über die Ersatzstoff-Wirtschaft zahlreiche Witze kursieren,

machen wir uns keine weiteren Gedanken darüber, wozu die durch unsere Hände veredelten Produkte nun wirklich benutzt werden.
So gehen die Monate vorüber, um so schneller, je näher das Datum meiner Entlassung, der 12. Dezember, heranrückt. Einen Tag vorher werde ich wieder in Einzelhaft gelegt, erhalte meine eigenen Sachen zurück und einen Entlassungsschein, auf dem interessanterweise nicht vermerkt ist, weswegen ich gesessen habe, wie sonst bei »gewöhnlichen« Verbrechen üblich. Doch der Schein bedeutet noch nicht die Entlassung. Ich werde zusammen mit meinem Tatgenossen Heinz nach Brandenburg gebracht, und wir landen in einer fast gemütlich zu nennenden Zelle des Stadtgefängnisses mit einem großen vom Gang aus zu heizenden Kachelofen. Am nächsten Tag gehen wir auf Transport, zurück nach Berlin zur Staatspolizei. Das Polizeigefängnis am Alex hat uns wieder.

Alfred Schaefer *1907 in Rosdzin, Kreis Kattowitz geboren, KPD Nachwuchsschauspieler bei Brecht und Piscator, nach 1933 KPD-Funktionär in Berlin-Neukölln, redigierte u. a. die ›Neuköllner Sturmfahne‹, 1934 verhaftet, 1935 zu 5 Jahren Zuchthaus verurteilt. Er emigrierte nach der Entlassung 1940 nach China.*
Nach 1945 löste er sich von der KPD, studierte Philosophie, promovierte mit einer Arbeit über David Hume. Er ist heute in der Berliner Erwachsenenbildung tätig.

»Nun bist du drin im steinernen Sarg«
Bericht eines KP-Funktionärs

»Strafe antreten heißt, ein Übel auf sich nehmen«, versicherte uns der Direktor des Zuchthauses Brandenburg-Görden. Dieses Übel zu administrieren war sein Beruf schon zur Zeit der Weimarer Republik gewesen. Damals wirkte er an der Einführung des humanen Strafvollzugs, jetzt mit gleichem Eifer an dessen Abschaffung. Heutzutage glauben manche Ideologen, man könne in einem Zuchthaus leben, ohne es zu merken. Aber wer im Bau Jahre zu verbringen hat, wird dessen auf Tritt und Schritt gewahr.
Ein Übel hatte auch schon der Vorsitzende des IV. Strafsenats des Kammergerichts im Sinn, als er mit einem Blick auf mein schmächtiges Ich, das durch die Vernehmungsmethoden der Staatspolizei nicht an Fülle gewonnen hatte, dem Staatsanwalt versicherte, angesichts des aktuellen Strafvollzugs seien fünf Jahre Zuchthaus ausreichend, um den Zweck des Zwangsaufenthaltes zu erfüllen. Der gleiche Gedanke aber mit einem Zusatz von Anteilnahme, ließ bei der Einkleidung den blassen Kalfaktor des »Hausvaters« sprechen: »Nun bist du drin im steinernen Sarg«.
Auf dem Transport hatte man schon einiges von Transportgefangenen über den einen oder anderen Beamten gehört, der nur darauf wartete, einen Insassen »fertig zu machen«, seelisch und körper-

lich. Die erste Schocktherapie erfolgte bereits bei der Ankunft auf dem Bahnhof Brandenburg, auf dem wir an einem stockdunklen Februarmorgen in Reih und Glied nach Namensaufruf auf dem Bahnsteig antraten. Scheinwerfer erfaßten uns von allen Seiten, ringsum bewaffnete Polizei. Der Offizier schrie Befehle und kündigte für den geringsten Fall der Unbotmäßigkeit Schießen an. Wir wurden in Handschellen aneinander geschlossen und in die Straßenbahn nach Görden verladen. Ich hatte einen Einbrecher an meiner Seite, der eine geringere Strafe hatte als ich, der Hochverräter, und der irgendwie beruhigend wirkte nach dem Toben der Ordnungshüter.

Zwar ohne Erfahrung im Umgang mit Kriminellen, hatte ich vor schlichten Eigentumsverletzungen keine Sorge. Aber es gab Üblere. Mit ihnen den Politischen zusammenzusperren, konnte Strafverschärfung sein. Bald schien ich mich in solcher Situation zu befinden. Dem Haus II zugeteilt unter dem berüchtigten Hauptwachtmeister Neumann, ehemaliger Arrestbeamter für Militärgefangene, denen ihre Abwesenheit von der Front besonders fühlbar gemacht werden sollte, also unter diesem Neumann, genannt »Gummileutnant« oder »Gummi«, kam ich in eine Zelle, die schon zwei Insassen enthielt, von deren Straftaten ich nichts ahnte. Der ältere war kahl, blickte mit kugelrunden Augen durch eine Nickelbrille, der andere war klein, fast ein Zwerg, mit faltigem Gesicht. Kaum war ich in der Zelle, wurde die Tür wieder aufgeschlossen, das infernalische Geräusch, das jedem Gefangenen durch Mark und Bein geht, wenn er nicht weiß, was auf ihn zukommt. Wachtmeister Schwarz kam, Strafdauer und Straftat zu notieren. Wir drei Insassen hatten uns in strammer Haltung aufgebaut, ich stand in der Mitte und gab, als erster gefragt, die Antwort: »5 Jahre, Vorbereitung zum Hochverrat.« Jetzt wurde der rechts von mir gefragt und antwortete prompt: »Blutschande.« Ich fuhr erschrocken zurück und näherte mich auf diese Weise dem auf meiner anderen Seite, der gerade dabei war, mit krähender Stimme zu melden: »Sittlichkeitsverbrechen.« Mein Schreck steigerte sich, zumal ich keine andere Ausweichmöglichkeit hatte. Ich war nun fest überzeugt, daß man mir Strafverschärfung verordnet hatte; doch dem war nicht so. Es

Alfred Schaefer

war eine Routinesache des Büros, Neuzugänge auf Zellen zu verteilen, in denen noch Platz war.

Es dauerte nicht lange, und ich erfuhr die näheren Umstände der beiden Gesellen. Bei dem Blutschänder hatten die elenden häuslichen Verhältnisse wohl das meiste zur Tat beigetragen, was ich als junger Marxist voll zu würdigen geneigt war. Jahrelang arbeitslos, mit großer Familie in einer unzumutbaren Wohnung mit nur wenigen Betten, hatte die Ehefrau vermutlich stillschweigend geduldet, was da Sittenwidriges geschah zwischen der ältesten Tochter, die nicht fähig war, einem Beruf nachzugehen, und dem zur Untätigkeit gezwungenen Vater, dem die abgehärmte Frau nicht mehr zur Verfügung stehen wollte oder konnte. Um zu verhindern, daß von

der Arbeitslosenunterstützung auch noch Geld zu einer Prostituierten getragen wurde, ward die heillose Sache geduldet und vertuscht. Aber nach einer gewissen Zeit konnte sie nicht mehr verborgen bleiben. Als er und die Tochter eines Tages auf Fahrrädern unterwegs waren, mußte das Mädchen zu wiederholten Malen absteigen, um ihr Kleid in Ordnung zu bringen. »Was ist nur mit mir heute?« fragte sie. Er antwortete: »Was mit dir ist? Du kriegst ein Kind.« »Das ist doch nicht möglich?« »Wirst wohl einen Liebhaber haben.« »Du weißt doch – was sollen wir jetzt tun?« Der Vater: »Am besten wir biegen hier rechts ab und fahren hinein in die Havel.« Aber davor schreckte sie zurück, und so mußten die Dinge ihren Lauf nehmen. Die Erzählung des Mannes konnten einen nicht ganz gleichgültig lassen. Er fand einen alten Richter, der ihm anderthalb Jahre Zuchthaus zudiktierte. Damit war er im Zuchthausjargon »billig bedient«. Als Kurzstrafler holte ihn Gummileutnant eines Tages aus der Zelle und machte ihn zum Kalfaktor in der Unterkunft der Außenarbeiter, die gelegentlich Kontakt mit der Bevölkerung hatten, so daß verbotene Dinge, darunter Zeitungen und sonstige Nachrichten in den Bau gelangten. »Gummi« schärfte dem neuen Kalfaktor ein: »Sie haben ganz auf unserer Seite, der Seite der Beamten, zu stehen.« Das verschreckte Gesicht, mit dem der Blutschänder von dieser Vergatterung erzählte, bevor er uns verließ, zeigte, wie sehr er die verlangte Unterwürfigkeit und den Verrat an den Mitgefangenen sich bereits zu eigen gemacht hatte. Als alle zur Freistunde angetreten waren und der Hauptwachtmeister die schnurgerade Front musterte, hätte »Gummi« ihn vor allen anderen im starren Auge gehabt, versicherte er bebend. So wurde er zur Kreatur der Schließer.
Der andere Mitgefangene in der Zelle, der zwerghafte Sittlichkeitsverbrecher, war zwar sehr redselig, machte aber über seine Straftat nur Andeutungen. Nicht aus Schamhaftigkeit, sondern aus wirksameren Gründen. Sein ökonomischer Hintergrund war nicht ganz klar. Er schien von gelegentlichen Tätigkeiten gelebt zu haben, hatte eine junge Frau, die, wie er rühmte, sehr schön war und deren Ansprüche er nicht befriedigen konnte. So trieb sie es mit den jungen Reichswehroffizieren der märkischen Garnisonstadt, während

er undurchsichtige Beziehungen zu besonderen Kreisen der Hitlerjugend aufnahm, für die er offenbar ein Knabenbordell einrichtete, in dem er sich vermutlich gleichfalls betätigte. Er hatte strenge Auflage, über seine Beziehungen zur HJ zu schweigen, ließ darum auch nur Andeutungen verlauten, aus denen man sich ein unvollständiges Bild machen konnte. Mit acht Jahren Zuchthaus war er für das Jahr seiner Verhaftung 1934 sehr hart bedient worden. Er selber war ganz unpolitisch, aber einige der Hitler-Jugend-Führer, die bei ihm verkehrten, schienen Beziehungen zum Obersten SA-Führer, dem Hauptmann Röhm, gehabt zu haben, der im Verlauf der sogenannten Röhm-Revolte vom 30. Juni 1934 liquidiert wurde.[1]
Nachdem der Blutschänder die Zelle verlassen hatte, schloß plötzlich Gummileutnant auf, um einen Blick hineinzuwerfen. Ich machte Meldung. Er fragte nach den Straftaten. Das Sittlichkeitsverbrechen beachtete er nicht weiter, auf meinen Hochverrat hin höhnte er: »Sie sind natürlich unschuldig hier«. »Nein«, antwortete ich, »ich bin nicht unschuldig hier.« Da er nichts weiter zu sagen wußte, gab er den Befehl, die Zelle sofort mit einem dritten Mann zu belegen, und es erschien der Heilmittelschwindler Rothmann.
»Ich bin katholisch, aber ich betreib's nicht«, begrüßte er uns. Um etwaigen antikatholischen Regungen seiner Mitgefangenen vorzubeugen, fügte er gleich hinzu: »Alles, was man über die Katholiken sagt, ist unwahr.« Hitlers Kirchenverfolgung war zu dieser Zeit zwar noch nicht in Gang, aber das nationalsozialistische Weltanschauungsmonopol, das sich immer ausschließlicher durchsetzte, war Zeichen kommender Dinge. Nicht daß der Heilmittelschwindler dafür ein besonderes Organ besaß, politisch war er indifferent, aber in seiner schlesischen Heimat waren die Katholiken offenbar schon lange empfindlich gegen Vorurteile, die man gegen sie hegte. Rothmann hatte alle Provinzen zwischen Elbe und Memel bereist und war gerade dabei zu erzählen, als die Tür aufging und der Beamte rief: »Rothmann zum Polizeiinspektor!« »Das ist Ostpreußen«, sagte er erklärend und ging. Als er wiederkam, erzählte er,

---

[1] zu den Ereignissen des 30. Juni 1934 s. Hermann Mau, Die »Zweite Revolution« – Der 30. Juni 1934, in: VfZ, Jg. 1953.

wie alles planmäßig ablief. Er war mit Milchzucker gereist, den er je nach Krankheit als das wunderwirkende Heilmittel anbot und je nach rasch geschätztem Vermögensstand des Kunden, der ihn in seine Wohnung eintreten ließ, dotierte. Von wenig Bemittelten nahm er 3,– Mark pro Büchse, von Begüterten 20,– Mark; ihn selbst kostete die Ware weniger als eine Mark das Pfund. »Wenn nur aus dem Strafgesetzbuch der Betrugsparagraph verschwinden würde«, seufzte er. So hart gesotten er war, trat er doch einmal von einem sicheren Geschäft zurück, als ihm eine Leprakranke die Tür öffnete und von seinem Wundermittel Heilung erhoffte. Manchmal traf er eine Frau allein an, die sagte: »Kommen Sie doch nachmittags wieder, wenn ich Geld habe.« Dann kam er nicht. Es wurde schon in den Zeitungen vor ihm gewarnt, er durfte nicht in eine Falle gehen. Aber eines Tages ging er doch hinein. Er hatte wenig verkauft und sah hier endlich ein lohnendes Geschäft. Da war die Kriminalpolizei da. Es war in Berlin. Er kam vor den Schnellrichter, hätte aber beantragen können, mit einem Verteidiger vor der Strafkammer zu erscheinen und dort irgendwelche Entlastungen zu versuchen. Daran lag ihm nichts. Er wußte, wie er billiger davonkommen würde. Als der Schnellrichter einige Betrugsfälle in Berlin zur Sprache brachte, fiel Rothmann sogleich ein: »Nicht nur in Berlin, auch in der Umgebung.« Der Richter war zufrieden und gab ihm für den Betrug in fortlaufender Handlung ein Jahr Zuchthaus. Kaum war er im Bau, liefen bei der Staatsanwaltschaft die Anzeigen über seinen Raubzug in allen Provinzen zwischen Elbe, Oder und Memel ein. Ging die Tür auf und hieß es: »Rothmann zum Polizeiinspektor«, dann sagte er lakonisch: »Pommern« oder »Schlesien« oder »Westpreußen«. Er konnte beim Polizeiinspektor alles zugeben, er war fortlaufender Handlung bestraft, die Justiz konnte ihm kein neues Verfahren machen. Ich, der Politische, fand in diesem rechtsstaatlichen Rest innerhalb der Diktatur einen leisen Trost: hatte ich doch auch ohne die juristische Schulung des Heilmittelkünstlers auf fortlaufende Handlung meinen wenig aufgeklärten Fall der Verbreitung illegaler Flugblätter und Zeitungen abgestellt und hoffte, auf diese Weise später bekannt werdende Tatbestände unwirksam zu ma-

chen – natürlich nur ein halber Trost; denn immer wieder hieß es, ihr jüdischen Kommunisten werdet der SS überstellt, was soviel bedeutete wie: Laßt alle Hoffnung fahren.
Nach meiner neuerlichen Verlegung kam ich mit William Herz zusammen, der der sozialdemokratischen Widerstandsgruppe »Neu Beginnen«[1] angehört hatte, die sich auf die Programmschrift eines anonymen Verfassers, genannt »Miles« berief.[2] Das Programm schien sich in Hinblick auf die Notwendigkeit ideologisch intakter Kader an Lenins »Was tun?« anzuschließen, sollte aber nicht bolschewistisch sein. William Herz hatte, wie ich später hörte, ein tragisches Schicksal, er erblindete im Zuchthaus.
In Haus II sorgte der Hauptwachtmeister für eine Mischung von Politischen und Kriminellen. Um so wichtiger war der ständige Kontakt und Nachrichtendienst unter den Hochverrätern. Hitler lieferte Schlagzeilen. Im März 1935 erfolgte der erste Bruch des Versailler Vertrages durch die Verkündung der allgemeinen Wehrpflicht, Aufstellung einer Luftwaffe, Ausbau der Flotte. Wir warteten gespannt auf die Reaktion Frankreichs und Englands. Das ganze europäische Staatensystem geriet in Gefahr, besonders die Neugründungen Tschechoslowakei und Polen, die aufgrund der Pariser Verträge von 1919 entstanden waren, deren Kernstück der Versailler Vertrag war, der die Wiedergeburt eines militaristischen Deutschlands verhindern sollte. Die geflüsterten Diskussionen der Politischen auf Zellengängen, in Waschräumen und im Hof kreisten um das Thema Krieg oder Frieden. In den Zellen, in denen Politische zusammen waren, konnte man ausführlicher reden und Argumente abwägen. Es bildeten sich bald die Fraktionen der Skeptiker und der Hoffnungsvollen. Ich selbst war der Meinung, daß Frankreich und England, der tödlichen Gefahr bewußt, Hitler Einhalt gebieten würden. Da kam die Nachricht von dem bevorstehenden Besuch der britischen Minister in Berlin und bald darauf der Abschluß des deutsch-englischen Flottenabkommens. Andererseits entmutigte dieses uns nicht, da wir dessen wenig substantiellen

---

1 »IKW«, Juni 1977, Heft 2: »Walter Lowe (Miles) zum Gedächtnis.«
2 vgl. Anm. 1, S. 19

Charakter rasch erkannten. Doch auf Hitler und seine Gefolgschaft mußte der gelungene Coup recht anregend wirken.

Ein Spektrum der Meinungen ergab sich auch gegenüber der Sowjetunion. Für die Kommunisten war es kein »gegenüber«, sondern ein intensives »miteinander«, sie hatten sozusagen ihre Lebenssubstanz außerhalb ihrer Person in jenem enormen Reich zwischen Ostsee und Pazifik. Aus dem Osten kam das Licht. Jeder Sowjetrusse war eine ganze historische Epoche dem aufgeklärtesten Europäer voraus. Allerdings gab es da die Frage, wie die Kommunistische Partei Deutschlands, eine Sektion der Kommunistischen Internationale (Komintern oder III. Internationale), die – wie konnte es anders sein – unter russischer Führung stand, wie also die Partei entschlossenster Arbeiter so sang- und klanglos aus dem politischen Leben ausgeschaltet werden konnte und wie die sowjetischen Ratschläge (oder richtiger: Anweisungen) dieses katastrophale Ergebnis nicht verhindern konnten, vielleicht – aber das wagte man kaum zu denken – sogar herbeigeführt hatten.

Ebeling[1] aus Hannover war ein höherer Funktionär gewesen, der mit wachsender Sorge die unheilvolle Politik der KPD in den Jahren vor 1933 verfolgt und befolgt hatte und die sie begründenden Anweisungen Moskaus damit erklärte, daß das deutsche Zentralkomitee die Komintern falsch über die Lage informierte. Wie konnte das nur geschehen? Die Brandmarkung der Sozialdemokratie als Zwillingsbruder des Faschismus, womit Stalin die Einheitsfront aller Antifaschisten unmöglich machte[2], sollte auf falschen Informationen beruhen, die Thälmann und Ulbricht geliefert hatten? Überdies hatte die Kommunistische Internationale ihre eigenen Beobachter in Deutschland, nicht wenige davon in der Sowjetbotschaft und in der Handelsvertretung.

Gar seltsam benahm sich ein anderer Hannoveraner, Bottländer,

---

[1] zu Karl Ebeling, Hermann Weber, Die Wandlung des deutschen Kommunismus, 2 Bde., Frankfurt a. M. 1969, Bd. 2. S. 100f.
[2] Zum Problem des Sozialfaschismus, Siegfried Bahne: »Sozialfaschismus« in Deutschland. Zur Geschichte eines politischen Begriffs. In: International Review of Social History 10 (1965), S. 211 ff.

der zum »Apparat«, der militärischen Organisation der KPD, gehört hatte und in Moskau mehrere Jahre lang geschult worden war. Er berichtete von Monopolen in Politik, Militär, Wirtschaft, Kultur usw., in die sich die verschiedenen Nationalitäten teilten; er vergaß nicht, von einer speziellen Rolle der Juden zu sprechen. Er selbst schien für Intrigen höchst geeignet. Er gab übrigens im Gespräch zu, daß der fast zum Mythos gewordene »Apparat«, der unter russischer Anleitung zu den kühnsten Unternehmungen imstande sein und sie mit höchster Präzision durchzuführen bereit sein sollte, bei der Machtübernahme Hitlers sich in Nichts aufgelöst hätte. Man mußte annehmen, daß Bottländers Zugehörigkeit und Funktion der Gestapo unbekannt geblieben war, da er mit drei Jahren davongekommen war, die im Jahre 1936 verbüßt sein sollten. Die spannende Frage war, ob er dann in die Freiheit zurückkehren und seinen Beruf als Kesselschmied aufnehmen würde. Im übrigen war er eifrig tätig bei der Organisierung von Kassibern über politische Ereignisse und politische Schulung, an der ich mich auch beteiligte. Innerhalb dieses Zettelumlaufs ließ Veken, ein Lehrer aus Westdeutschland, sehr witzige und pädagogische Unterweisungen über Einheitskurzschrift kreisen. Das Rätsel, das uns Bottländers Freilassung aufgab, erhellte sich ein wenig, als Ebelings Frau verschlüsselt mitteilte, Bottländer habe versucht, Kontakte mit illegalen Genossen aufzunehmen, die sie alsbald warnte. Nach dem Kriege wurde sein Ende bekannt: Von der Gestapo in Paris eingesetzt, schlich er sich in den Maquis ein, der französischen Widerstandsbewegung, wurde entlarvt und liquidiert.[1]
Mit Erstaunen erfuhren wir Kommunisten vom VII. Weltkongreß der Komintern 1935, der die radikale Schwenkung zur Volksfront vollzog, die Umarmung der bis dahin in Grund und Boden verdammten Sozialdemokraten und der bürgerlichen Demokratie zum Kampf gegen den Faschismus. Das war ein nachträgliches Verwer-

---

[1] nach anderen Angaben soll er aus der KPD ausgeschlossen worden sein. 1939 in Frankreich interniert, habe er sich freiwillig zum Eintritt in die englische Armee gemeldet und sei im Januar 1940 nach Neuseeland ausgewandert. HSTA Düss. 31 160.

fen der Katastrophenpolitik, die Hitler zur Macht verholfen hatte und bis dahin als völlig gerechtfertigt galt – waren doch alle spontanen Zusammenschlüsse von Kommunisten und Sozialdemokraten vom Zentralkomitee her sabotiert worden. Und nun sollte alles anders sein oder wenigstens so scheinen.

Der Zweck der Volksfrontpolitik wurde alsbald klar: nicht Kritik der Vergangenheit, nicht Sorge um ihre Wiederholung, sondern der russisch-französische Militärpakt, der auf diese Weise im Volke verankert werden sollte, was Erinnerungen an die russisch-französische Allianz vor dem Ersten Weltkrieg nicht gerade ausschloß. Stoff genug für geflüsterten Meinungsaustausch auf Gängen, in Waschräumen und im Hof sowie langwierige Diskussionen in den Zellen, in denen Politische zusammen waren. Irgendwelche Richtlinien von höheren Funktionären im Namen der »Partei« gab es nicht, jeder klärte mit dem ihm nächsten seine Gedanken, die unweigerlich immer wieder in Hoffnung mündeten. Skeptiker hielten sich zurück.

Der Einmarsch ins Rheinland im März 1936, der den Locarno-Pakt annullierte und Frankreichs militärische Position schwächte, schien einen vertragslosen Zustand in Europa anzustreben, in dem alles dem faschistischen Zugriff offenstand. Aus Zeitungsfetzen und aus dem den Gefangenen erlaubten »Leuchtturm« (der offiziellen Zeitung für alle Strafanstalten) erfuhren wir von der erregten diplomatischen Aktivität in den europäischen Hauptstädten, der sich unsere interne Erregung wohl vergleichen ließ. Warum hinderte man Hitler nicht? war die bohrende Frage. Tage und Wochen vergingen, ohne daß irgend etwas Ernsthafteres geschah als Konsultationen. Mir war klar, und ich wirkte in dieser Hinsicht auf die Mitgefangenen ein, daß Hitler auf der Straße der Vertragsverletzungen fortfahren würde, bis den Westmächten nichts anderes übrigbliebe, als militärisch zu reagieren. Ich war zu dieser Zeit in einer Gemeinschaftszelle von zwölf Mann im neu eröffneten Haus IV. Politische und Kriminelle waren zusammengelegt, aber der Zellenälteste war der in der Internationalen Arbeiterhilfe (IAH) tätig gewesene Walter Purschke, der als Vizefeldwebel des 1. Weltkrieges auch bei den Beamten einen gewissen Respekt genoß. In dieser Zelle sprach ich nach dem Abendeinschluß von der trotz (oder gerade wegen) Hitlers Erfolgen zunehmenden

Isolation Deutschlands und der von Jahr zu Jahr wachsenden Kriegsgefahr.

Die Westmächte und die Sowjetunion würden sich erst gemeinsam der faschistischen Gefahr entledigen, bevor die Endauseinandersetzung zwischen Kapitalismus und Kommunismus käme; zuvor würden sich die Heere der Anti-Hitler-Koalition im Herzen Deutschlands treffen. »Und was dann?« fragte der Sozialdemokrat Hüllenhagen, »dann wird Deutschland geteilt, und Ostpreußen kommt zu Rußland.« »Das ist ausgeschlossen«, ereiferte ich mich als überzeugter Marxist, »Nationen können im zwanzigsten Jahrhundert nicht mehr geteilt und Land einfach weggegeben werden.«

»Aha«, meinte Hüllenhagen, »das muß so sein, das wissen die Intellektuellen, das verstehen wir einfachen Leute nicht.« Es mußte erst unnennbares Unheil geschehen, bis der Bann marxistischer Allwissenheit gebrochen wurde. Im Juli 1936 brach der Spanische Bürgerkrieg aus. Ein allgemeiner revolutionärer Aufschwung schien im Gange zu sein, in Frankreich solidarisierte sich die Volksfront mit der spanischen Volksfront, man hörte von Sympathiekundgebungen der Linken in allen demokratischen Ländern, und es schien, als fühle sich die Sowjetunion besonders gefordert. War es nicht, als ob die glorreichen Jahre 1917 und 1918 ihre Auferstehung und Fortsetzung feierten? Heimlich kursierten im Zuchthaus Karten vom Frontverlauf in Spanien. Spannung und Hoffnung stiegen wie das Thermometer im Hochsommer.

Da kam eine Nachricht, die einem das Blut in den Adern erstarren ließ: Sinowjew und Kamenew, die engsten Mitarbeiter Lenins, die Mitbegründer des »ersten Arbeiterstaates der Welt« seien als Spione und Diversanten entlarvt worden, unmittelbar schuldig am Tode des Leningrader Parteichefs Kirow.

»Was hat das nur zu bedeuten?« fragte ich den Funktionär Ebeling. »Eine Krise«, sagte er, »eine schwere Krise. Wenn Hitler den Göring als Hoch- und Landesverräter anklagen würde, wäre das keine Krise?« Der Vergleich war schlagend. Aber konnte man ihn wahrhaben? Die Nachricht kam, wie in Moskau das Volk in den Straßen vor den Lautsprechern stand und auf die Forderung des Anklägers nach der Todesstrafe dieser »Halunken« dumpf unisono wiederholte: »Die Todesstrafe für diese Lumpen.« »Das kann ich mir gut vorstellen«, sagte der Apparatmann Bottländer, der zwei Jahre lang in Moskau geschult worden war, »diese dumpfen Massenkundgebungen kenne ich.«

Ich war zu keiner Stellungnahme fähig. Dann, als mich ein junger Genosse nach der Wahrheit dieser unbezweifelten Ereignisse in Moskau fragte, sagte ich: »Ich weiß nicht, was schlimmer ist: daß es wahr ist, was Stalin verkünden läßt, oder daß es eine Lüge ist.«

Der Bürgerkrieg in Spanien verdrängte alle Skrupel. Der Name der Internationalen Brigaden drang ins Zuchthaus, man hörte von der Brigade, die nach Ernst Thälmann genannt war, mit dem ich in Moabit einen stummen Gruß getauscht hatte. Die Deutschen und italienischen Waffen wurden in Spanien ausprobiert, um im nächsten Weltkrieg eingesetzt zu werden. Der Antikominternpakt zwischen Deutschland und Japan eröffnete diese Perspektive.

Wieder kam eine furchtbare Nachricht: die »Entlarvung« und Hinrichtung der Sowjet-Generalität. Was noch alles sollte man billigen ohne den geringsten plausiblen Grund dazu? Von dem Namen Stalins ging eine Depression aus, die sich der politischen Gefangenen bemächtigte. Die Neueingelieferten brachten keine Hoffnung mehr mit sich. Aufmunternd fragte ich den kleinen Hamburger Schneider Biermann, dünn, wie im Volksmund dieser Handwerksstand erscheint, wieviel er denn von den ihm zudiktierten 15 Jahren Zuchthaus im Bau zu verbringen gedenke? »Alle 15 Jahre«, seufzte er trostlos. Er sollte sie nicht überleben.

In dieser Situation – es war Anfang 1938 – kamen Beamte der Staatspolizeileitstelle Berlin, um mich fast vier Jahre nach meiner Verhaftung erneut zu vernehmen. Es handelte sich um eine kommunistische Gruppe, die an den Wiederaufbau eines zerschlagenen Unterbezirks gegangen war und die ich bis zu meiner Verhaftung angeleitet hatte. Aber die Gestapo hatte nichts von mir über diese Gruppe erfahren können, nicht einen einzigen Namen oder Wohnort, so daß sie bis 1937 weiterarbeiten konnte. Von mir hörten sie nichts mehr, sie dachten, ich sei tot (meine dramatische Verhaftung hatte dieses Gerücht in Umlauf gebracht), so daß bei den Vernehmungen der neuen Verhafteten auch mein Name genannt wurde, beziehungsweise aufgrund eines Fotos identifiziert wurde. Ich hatte zwar einen konspirativen Namen gebraucht, aber ein kleiner Buckliger, der als Kurier diente, suchte mich zuweilen zu Hause auf. Ich betrachtete ihn immer mit Unbehagen, da er so auffällig war, aber man konnte dieser armen Kreatur, ohne ihn tief zu kränken, seine Funktion nicht nehmen. Und wer weiß, was er dann anstellen würde? Auf der Staatspolizeistelle im Polizeipräsidium am Alexanderplatz (»Alex«) wurde er plötzlich zur wichtigen Informationsquelle.

Als die Beamten mich in Brandenburg vernahmen, täuschte ich eine durch lange Haft und Grippe verursachte Geistesabwesenheit vor. So reisten sie unverrichteter Dinge ab, versprachen aber ein Wiedersehen.

Ein paar Wochen danach machte mir der Stationswachtmeister die Mitteilung, daß ich am nächsten Morgen »auf Transport« ins Polizeipräsidium Berlin Alexanderplatz gehen würde. Nach Einschluß beriet ich flüsternd mit dem politischen Mitgefangenen meine Situation, der Kriminelle war schon eingeschlafen. (Ich war inzwischen nach Haus I verlegt worden.) Bald darauf schlief ich trotz meiner Sorgen ein, wurde aber von dem Genossen geweckt, dem noch ein wichtiger Umstand eingefallen war, auf den ich zu achten hatte.

Am frühen Nachmittag hatte ich noch ein unvermutetes Zusammentreffen mit Bruno Leuschner[1] gehabt, der der KPD in Neukölln angehört und bis August 1934 vielfach mit mir zusammengearbeitet hatte. Er war erst 1935 oder 1936 verhaftet worden und soll der Gestapo, wie mir berichtet wurde, alles (oder fast alles) preisgegeben haben. Nach seiner Einlieferung in Brandenburg-Görden erhielt er sogleich den Vorzugsposten des Bibliothekskalfaktors und konnte mich mit einem Band von Hegels »Enzyklopädie« beliefern, der sich noch in den Beständen der Bücherei befand. Der Transport war offenbar der Bibliothek mitgeteilt worden, daher schleuste sich Leuschner in meine Freistunde ein und stand plötzlich beim Antre-

---

1 Zur Person Bruno Leuschner. »Geschichte der deutschen Arbeiterbewegung«. Biographisches Lexikon. Hrsg. Institut für Marxismus-Leninismus beim ZK der SED, Berlin 1970 (künftig zitiert: Biographisches Lexikon), S. 283 f.

Titelblatt einer illegalen Zeitung der KPD. Redaktion: Alfred Schaefer.

ten direkt vor mir. »Du hast bisher keinen Namen genannt«, flüsterte er mir zu, »halte durch, nenne nur nicht meinen Namen.« »Ich werde niemanden verraten«, gab ich zurück. Ein stechender Blick traf mich, der die Frage enthielt: »Was hast du über mich gehört?« Ich hatte wohl das »Ich« in meinem Satz betont, oder sein schlechtes Gewissen hatte die Betonung herausgehört. Leuschner war intelligent, aber charakterschwach, nach 1945 wurde er engster Mitarbeiter Ulbrichts, der wohl gern solche Genossen um sich hatte, die er ohne Umstände vor ein Parteigericht zitieren konnte.
Der Gefangenentransport wurde an den fahrplanmäßigen Zug angehängt. Am Potsdamer Bahnhof wurden wir am hellen Mittag ausgeladen und zum wartenden Polizeiwagen, der »Minna« im Berliner Volksmund, geführt. Es herrschte ziemlicher Verkehr am Bahnhof, als wir umgeladen wurden. Wir Politischen schritten erhobenen Hauptes, um den »Volksgenossen«, die sich jeder Äußerung enthielten, unseren ungebrochenen Widerstandswillen zu demonstrieren. Auf dem »Alex« war es allerdings ratsamer, eine andere Haltung einzuüben.
Das Polizeipräsidium war voll von Neueinlieferungen. Ich nutzte die momentane Unordnung aus, um mich zu informieren. Wer waren die Zugänge? Welche politische Richtung? Wie sah es »draußen« aus? Ich stellte bald fest, daß einige Mitglieder der Schwarzen Front eingefangen waren, des sozialistischen Flügels, der sich von der NS-Bewegung losgetrennt und dem Faschismus Hitlers den Kampf angesagt hatte. Bald war ich neben Bodo Gerstenberg, der mir im Gegensatz zu einem recht deprimierten Studenten durch seine selbstbewußte Haltung auffiel. Ich hatte gleich das Gefühl, daß ich ihn warnen müßte. Flüsternd fragte ich ihn nach seinem politischen Hintergrund; er deutete eine Verbindung von Schwarzer Front und Kommunisten an: das war eine lebensgefährdende Kombination. Ich riet ihm dringend, sich auf die Schwarze Front zu beschränken.[1] Der Alex wimmelte von Spitzeln. Gerstenberg kam nach seiner Verurteilung ebenfalls in das Zuchthaus Brandenburg-Görden. Dort war ich schon mit dem Führer der Schwarzen Front,

---

1 vgl. Bericht Gerstenbergs S. 150f.

Herbert Blank, Intimus von Otto Strasser[1], zusammengetroffen. Er kannte Hitler und Kumpanei persönlich und zweifelte nicht an ihrem katastrophalen Ende.

Bei der Vernehmung auf der Stapo[2]-Leitstelle wurden mir Bilder vorgelegt, aus denen ich die Verhaftungen entnehmen konnte. Über die mir bekannten Gesichter ging ich gleichmütig hinweg, bei Unbekannten äußerte ich die Vermutung, ihnen begegnet zu sein, aber die Jahre im Zuchthaus hätten mein Gedächtnis beeinträchtigt. Bei den Stapomännern herrschte Hochstimmung wegen der Schauprozesse in Moskau und der sich zuspitzenden Lage in Österreich.

Da mein Name in der Untersuchung kommunistischer Tätigkeit in Neukölln und im Süd-Osten mehrfach aufgetaucht war, konnte ich einige Bekanntschaften nicht mehr abstreiten, bemühte mich aber um Entlastung der Genossen. In einem Fall gelang die Entlastung auffällig leicht: Herbert Kosky, der in einem Betrieb den Widerstand organisiert hatte. Er war, wie ich später hörte, an Tuberkulose in der Haft gestorben. Bedenklicher war ein Hinweis auf Hans Rosenberg, mit dem ich mehrfach gesehen worden war. Man fragte, ob er mir Anweisungen gegeben hätte – es bestand der Verdacht einer wichtigen, aber unbekannten Funktion Rosenbergs. Ich fürchtete die Gegenüberstellung mit seiner Frau, die uns immer gewarnt hatte, die Finger von dem Spiel mit dem Feuer zu lassen. So sagte ich, mir wäre R. aus der legalen Zeit bekannt, nicht er hätte mir, sondern ich hätte ihm gelegentlich eine Mitteilung zukommen lassen, die ganz legale Dinge betraf; danach hätten wir uns möglicherweise gelegentlich zufällig wiedergesehen.

Die polizeiliche Organisation war nicht so perfekt, daß nicht bei einem Hofgang sich »Tatgenossen«, die es auseinanderzuhalten galt, unvermutet begegnen konnten. So sah ich plötzlich in der Entfernung Hans Rosenberg und er im gleichen Augenblick mich. Es dauerte nicht lange, bis wir als geschulte »Knastologen« uns nebeneinander befanden. Ich informierte ihn rasch über meine Aussage.

---

1 zur »Schwarzen Front« s. Otto Strasser, Hitler und ich, Konstanz 1948.
2 Stapo: Staatspolizei

Er mit verbissenem Gesicht: »Ich habe alles abgestritten.« Später hörte ich von seinem Bruder Werner R., daß es bei Hans buchstäblich um den Kopf gegangen sei: er hätte auf hoher Ebene Kurierdienst geleistet. In dieser Funktion soll er nach 1945 in der DDR wiederum eingesetzt worden sein.

An einem der nächsten Tage dröhnte der ganze Bau von den Lautsprechern, die Hitlers Einmarsch in Österreich verkündeten. »Die Ostmark ist heimgekehrt!« brüllte Göring. Hysterische Heilrufe drangen von der Straße, wo SA und HJ marschierten. Ich wartete fieberhaft auf die Reaktion der Großmächte auf die Annexion eines von ihnen garantierten Staates im Herzen Europas. Aber Österreich lag nicht nur im Herzen Europas, es war die Pforte und die jahrhundertelang herrschende Zentrale des ganzen europäischen Südostens. Hitlers Erfolg war enorm. Da ich noch die kommunistische These von Hitler als »Werkzeug der Bourgeoisie« glaubte, mußte ich annehmen, daß das Deutsche oder nunmehr Großdeutsche Reich die gewonnene Position konsolidieren und den von gewissen bürgerlichen Expansionisten vor 1933 gehegten Traum einer »Großraumwirtschaft« realisieren würde. Dann war kein Ende der Diktatur abzusehen. Es erfolgte weder eine Reaktion der Westmächte noch der Sowjetunion. Ich stürzte in den Abgrund der Verzweiflung. Nach den neuen Ermittlungen der Gestapo konnte sich leicht an die Zuchthausstrafe eine unbefristete Einweisung in ein Konzentrationslager anschließen. »Auf Wiedersehen in Dachau!« hatte bitter Hans Rosenberg zum Abschied gesagt. Der Antifaschismus lag am Boden. Der Faschismus triumphierte. Ich weiß nicht, wie lange die Verzweiflung dieser düsteren Stunden anhielt, dann bemächtigte sich meiner unversehens eine tiefe Ruhe. Der Kampf war noch nicht zu Ende, er war erst am Anfang, er ging weiter mit oder ohne die Sowjetunion. Wer leben wird, wird sehen.

Nach dem Rücktransport nach Brandenburg kam ich in die Gemeinschaft eines wegen Abtreibung verurteilten Arztes und eines seriösen Herrn, der wegen Betruges einsaß. Er hatte auch einem bekannten Heiratsbüro zur Verfügung gestanden in der Rolle eines pensionierten Oberregierungsrates, der den durch Scheinangebote

hingehaltenen Kundinnen als Ersatz angeboten wurde; es war dann seine Sache, sich aus der Affäre zu ziehen. Zur Arbeit kam ich in den Saal der »Soldatenmaler«, die kleine Kunststoffiguren militärisch anzupinseln hatten. An meinem Tisch arbeitete ein ehemaliger Offizier von Boehn, der 1918 Adjutant des Generals Groener, Nachfolger Ludendorffs, gewesen war; sein Vater hatte eine Heeresgruppe kommandiert.
Von Boehn, dessen Mutter Engländerin war, hatte einen Brief über die deutsche Aufrüstung an die Londoner »Times« geschickt, der sich ausschließlich auf in deutschen Zeitungen und sonstigen Schriften veröffentlichtes Material stützte. Er wurde wegen Landesverrats zu 15 Jahren Zuchthaus und anschließende Sicherheitsverwahrung verurteilt. Er erzählte von der Schnelligkeit, mit der sein Prozeß ablief, da das Urteil schon vor der Verhandlung feststand. Im Hintergrund geisterten noch Gespräche unbotmäßiger Offiziere über Enteignung der Rüstungsindustrie: hier war wirklich einmal ein Zusammenspiel von Staat und Großkapital. Von Boehn war ein guter Kamerad, berichtete über die fremde Welt der preußischen Kadetten, über deren Pagendienst am Kaiserlichen Hof und über den Zusammenbruch der Monarchie 1918. Er war sich des bevorstehenden Krieges wie auch der unvermeidlichen Niederlage sicher. Darin unterschied er sich von einem früheren Zellengenossen, von Dewitz, Freund des 1934 ermordeten Generals von Schleicher[1]. Dewitz meinte, die Generäle hätten sich Hitler verkauft um der prächtigen Aufrüstung willen, dächten aber nicht ernsthaft an Krieg. Er gehörte zu den Nationalisten, die auf das Bündnis mit Rußland setzten, und fing schon an, Kommunisten sympathisch zu finden.
Als eines Tages mein seriöser Zellengenosse vor der Mittagspause an unseren Arbeitstisch trat, um mir eine sicherlich unerlaubte Besorgung aufzutragen, fragte mich von Boehn: »Welchen Paragraphen des Strafgesetzbuches verdanken wir die Gesellschaft dieses Herrn?« »Betrug.« »Ein Mann mit solch solidem Äußeren?« »Könnte er sonst

---

[1] General von Schleicher wurde, obwohl er nicht mit der SA-Führung in Verbindung stand, am 30. Juni 1934 ermordet, wie auch General von Bredow.

betrügen?« Das war eine zivile Weisheit, die die Politik widerlegte. Denn Hitler und Kumpanei sahen denkbar unsolide aus, und doch vertrauten ihnen Millionen, und schließlich gar Stalin, der sonst niemandem traute.

Transporte wurden zusammengestellt für das Arbeitslager Dessau-Roßlau. Auch ich befand mich darunter. In Dessau traf ich Hermann Grasse, der Organisationsleiter von Neukölln gewesen war und dem ein tragisches Schicksal bevorstand. Ich traf auch Herbert Tulatz, später stellvertretender Generalsekretär des Internationalen Bundes Freier Gewerkschafter.

Anfang 1938 erfolgte der Rücktransport nach Brandenburg-Görden. Ich kam zur Außenarbeit zum Gleisbau für die Reichsbahn. Eines Tages fragten wieder Beamte der Gestapo nach mir. Es erfolgte eine Gegenüberstellung mit Alfred Perl, der Politischer Leiter von Neukölln gewesen war. Die Gestapo rekonstruierte jetzt die dortige Leitung vor 1934. Ich war Agit-Prop. gewesen und für die Zeitung, die »Neuköllner Sturmfahne«, verantwortlich.[1] Perl hatte einiges zugegeben. Ich stritt alles ab. Da begann Perl am ganzen Leib zu zittern und war bereit zum Widerruf. Die Gegenüberstellung wurde abgebrochen. Nach einigen Wochen brachte man mich als Zeugen zum Prozeß nach Moabit, wo gegen den Bezirk Süd-Osten verhandelt wurde. Mein Name war genannt worden, da man mich nicht mehr am Leben glaubte. Ich wurde in eine schmale, dunkle Zelle gesperrt, um auf den Aufruf zu warten. Die Zeit verging. Ich sagte mir das Gedicht vor: »Füllest wieder Busch und Tal –« und dachte darüber nach, ob es dafür eine marxistische Interpretation gäbe. Kein Laut von draußen. Plötzlich wurde die Zellentür aufgeschlossen und die Gefangenen zur Rückkehr in das Untersuchungsgefängnis aufgereiht. Man hatte auf meine Vernehmung verzichtet; es wäre wohl auch nichts dabei herausgekommen.

Ich traf den Buchdrucker Müller, mit dem ich illegale Arbeit gelei-

---

[1] Die illegalen Leitungen der KPD bestanden stets aus einem Dreierkopf: Politischer Leiter, Organisationsleiter und Leiter für Agitation und Propaganda; zur »Neuköllner Sturmfahne« s. Jürgen Stroech, Die illegale Presse 1933–1939, Frankfurt/M. 1979, S. 256, Nr. 565.

stet und viel diskutiert hatte. Sein Hauptinteresse galt dem Fernen Osten, auf den ich bisher wenig geachtet hatte. Erst später wurde mir klar, daß mit der japanischen Invasion in China seit 1931 ein Krieg in Gang gekommen war, dessen anderer Teil in Europa spielen würde.
Der Buchdrucker Müller, der eine hohe Zuchthausstrafe erhalten hatte, hing sehr an seiner Familie, die auch ich kannte, an seiner Frau und dem Töchterchen Ruth, genannt »Häseken«. Ich fragte nach ihnen. Er sagte unter Tränen: »Du hast damals standgehalten und keinen Namen genannt. Hättest du mich genannt, so wäre meine Strafzeit jetzt schon vorüber, und ich wäre schon wieder bei Häseken.« Ich fand keine Antwort. Ich konnte mich nicht dafür entschuldigen, niemanden der Gestapo preisgegeben zu haben.
Ich erfuhr von dem Prozeß, in dem Kurt Laskowsky, den ich von Neukölln kannte, eine hohe Strafe erhalten hatte, die er zum Teil im Zuchthaus Brandenburg-Görden verbüßte.
Als wir durch den Gang zum Untersuchungsgefängnis zurückkehrten, gingen wir langsam, um noch das eine oder andere Wort wechseln zu können, das vermutlich letzte auf langer Fahrt. »Ist das ein Leichenzug?« fragte mit prächtigem Humor ein Beamter und wies auf unseren langsamen Gang. Er meinte damit, es sei wohl mindestens ein Todesurteil unter denen, die den Prozeß hinter sich hatten.
In meiner Zelle in Moabit vergaß man mich, ich wurde nicht zum Rücktransport aufgerufen. Das Essen war kümmerlich, die Untersuchungshäftlinge hatten die Möglichkeit, von eigenem Geld sich Lebensmittel hinzuzukaufen. Diese Möglichkeit hatte ich nicht. Ich wurde so schwach, daß ich nicht mehr in der Zelle hin und her gehen konnte. Ich saß still, war aber nicht apathisch. Ich setzte die Zeitungsstücke zusammen, die wir als Toilettenpapier bekamen, und entnahm aus dem dringenden Suchen besonders der Metallindustrie nach qualifizierten Arbeitskräften die Hektik der Aufrüstung. Ich fand einen Abschnitt aus der Goebbels-Rede zur Eröffnung der Leipziger Frühjahrsmesse 1939 mit dem unheilverkündenden Schrei: »Wir können unser Volk fast nicht mehr ernähren!« In wenigen Monaten würde Krieg sein.

Nach meinem Rücktransport in das Zuchthaus Brandenburg wurde ich wieder der Außenarbeit zugeteilt, die die Schwellen eines Eisenbahngleises zu stopfen hatte. Durch die normale Ernährung kam ich wieder zu Kräften. Ich sollte sie bald brauchen.

Auf ein kurzes Zwischenspiel beim Spargelstechen folgte die Zusammenstellung verschiedener Transporte, einer davon nach Celle, dessen Zuchthaus unter der Obhut des berüchtigten Oberleutnants Marlow stand, der 1919 die revolutionären Matrosen unter dem Vorwand der Entlöhnung in die Französische Straße gelockt und dort hatte erschießen lassen. Ich wurde für Celle eingeteilt und sollte dem Mörder bald Auge in Auge gegenüberstehen. Ein etwas verwachsener Friseur, Kommunist, der den Transportern die Haare schnitt, verabschiedete sich von den Politischen: »Auf Wiedersehen beim Eucharistischen Kongreß in Berlin«, womit er einen künftigen Kominternkongreß meinte, der indessen durch Stalins Machtspruch nie stattfinden sollte. Mit seinem melancholischen Scherz verabschiedete er auch mich. Meine Zeit in Brandenburg-Görden war zu Ende.

Hans Naumann *1907 in Königsberg geboren; Schwarze Front (SF) Kaufmann, 1930–33 nebenbei Studium an der Deutschen Hochschule für Politik, Mitglied der Volkskonservativen Hochschulgruppe, Schwarze Front. November 1936 verhaftet, November 1937 wegen Vorbereitung zum Hochverrat zu 5 Jahren Zuchthaus verurteilt. Im Sommer 1938 auf Außenarbeit nach Amberg in Bayern. Dezember 1938 ins Moorlager Emsland überstellt. Im Januar 1940 entlassen. Soldat in Strafbataillon 999. Lebt heute in Hennef.*

»... die aber haben ein ganzes Volk verraten!«
Bericht eines Angehörigen der Schwarzen Front

Als Angehöriger der Bündischen Jugend kam ich auf einem Diskussionsabend in Berlin das erste Mal mit der »Schwarzen Front« in Berührung. Die Anwesenheit von Dr. Strasser und Herbert Blank mit ihren politischen Aussagen beeindruckte mich sehr, insbesondere darum, weil ich schon im Jahre 1930 ein Gegner der NSDAP war. Ich studierte damals neben meinem Beruf von 1930 bis 1933, also bis zu ihrer Auflösung, an der Deutschen Hochschule für Politik in Berlin und war zu dieser Zeit Mitglied der »Volkskonservativen Hochschulgruppe« an der Hochschule, 1932 bis 1933 ihr Leiter. Enge Beziehungen bestanden mit dem Tatkreis, dem Jungdeutschen Orden und anderen Bündischen Gruppen.
Besonders anziehend waren die Diskussionsabende der Schwarzen Front mit der KPD und deren Intellektuellen im »Club der Geistesarbeiter«. Mit der SA und den Parteigliederungen kam es nicht zu öffentlichen Diskussionen, da die Partei (NSDAP) jede Diskussion mit der Schwarzen Front verboten hatte. Dies ging bis zur Lächerlichkeit, daß sie sogar den Saal verlassen mußten, wenn Mitglieder der SF auf Versammlungen anwesend waren, die nicht von uns ausgerichtet wurden. Das Gruppenleben an der Hochschule war sehr lebhaft und intensiv, aber auch ebenso kritisch.

Für uns junge Menschen, die sich damals der Politik verschrieben hatten, waren die Jahre vor der Machtergreifung ungeheuer erlebnisreich und interessant. Das Studium stellte uns täglich der politischen Praxis mit den Auseinandersetzungen der politischen Parteien von links und rechts gegenüber. Durch meine aktive politische Mitarbeit für die Hochschulgruppe hatte ich den besonderen Auftrag, die Verbindungen mit der Schwarzen Front zu pflegen. Die politische Auseinandersetzung mit der NSDAP, mit der ich täglich im Beruf und an der Hochschule konfrontiert wurde, machte mich zu einem Kämpfer der Schwarzen Front bis in die Illegalität und bis zu meiner Verhaftung im November 1936.
Die Auseinandersetzungen vor der Machtergreifung mit der SA waren hart, da wir von der Partei als Verräter hingestellt wurden. Mit der Aufnahme des illegalen Kampfes gegen Hitler, der von allen Stützpunkten in Berlin mit illegalen Druckschriften geführt wurde, nahm die Härte der Auseinandersetzungen weiter zu. Im Laufe der folgenden Jahre erfolgten Verhaftungen, andere mußten außer Landes gehen.
Der Kurierdienst nach Österreich und später nach der Tschechoslowakei, die illegale Propaganda durch Zeitungen und Broschüren verlangte Wendigkeit und Unerschrockenheit. Durch Verrat eines Überläufers wurden zahlreiche Mitglieder meines Stützpunktes im November 1936 durch die Gestapo verhaftet. Es handelte sich um folgende Personen: K. Kniffka, G. Förder, A. von Bentheim, Frau Dr. Litzmann, meine Frau und ich. Es erfolgte die Einlieferung in das Gestapogefängnis in der Prinz-Albrecht-Straße. Verhöre im Gestapokeller und nach vier Monaten Überführung in das Untersuchungsgefängnis Berlin, Lehrterstraße. Im November 1937 Aburteilung durch den Volksgerichtshof, 2. Senat, wegen Vorbreitung zum Hochverrat. Kniffka 15 Jahre, Förder und von Bentheim 7 Jahre, Frau Dr. Litzmann 4 Jahre, meine Frau 2 Jahre und ich 5 Jahre. Im Dezember Abtransport von Förder, von Bentheim und mir in das Zuchthaus Brandenburg-Görden. Alle politischen Gefangenen in Fesseln, die Kriminellen ohne diese.
Nach Ankunft in der Strafanstalt »Begrüßung« durch die Hauptwachtmeister Viete und Neumann, jeder mußte seine Straftat und

die zugesprochenen Jahre laut und deutlich nennen, dann durch Hauptwachtmeister Viete folgende Äußerung, nachdem alle ihr Sprüchlein aufgesagt hatten, zu den Kriminellen – wir politischen Gefangenen standen abseits – mit dem Finger auf uns zeigend: »Ihr habt ja nur geraubt und andere Sachen gemacht, die aber haben ein ganzes Volk verraten!«
Dann Aufteilung, ich kam nach Haus 1 in in eine Dreimannzelle. In der Zelle ein Krimineller und ein Politischer (SPD), als Arbeit wurde uns Sisal zum Reißen gebracht.
Nach einigen Tagen wurde die Zelle plötzlich aufgeschlossen und ein Beamter fragte nach meinem Beruf. Meine Antwort: »Kaufmann.« Er: »Mitkommen.« Ich folgte ihm und wurde in einen großen Raum geführt. Es war die Malerei. Dort Frage vom Meister: »Haben Sie eine leichte Hand?« Ich bejahte, dann wurde ich an einen großen Tisch geführt, an dem schon zwölf Leute saßen und eifrig Soldatenfiguren aus Preßmasse anpinselten. Ich war also in der sogenannten »Soldatenmalerei« gelandet, hier wurden für eine Brandenburger Firma Spielzeugsoldaten, Lineolfiguren, hergestellt. Die Bemalung erfolgte durch eine Teamarbeit, der erste fing an mit Gesichts- und Körperfarbe, dann Uniform, Stiefel, Leder, Augen, Orden usw. Es war natürlich ein gewisses Soll vorgeschrieben, an die Höhe kann ich mich nicht mehr erinnern. Jedenfalls saßen an unserem Tisch überwiegend Politische, so daß trotz Redeverbot interessante Unterhaltungen zustande kamen. An diesem Tisch saß auch Rudolf Küstermeyer. Bei dieser Gelegenheit erfuhr ich auch, daß Herbert Blank in der Weberei arbeitete. Ich habe ihn nur einmal gelegentlich eines Arztbesuches kurz sprechen können. Es wurde ja besonders darauf geachtet, daß SF-Leute sich weder sehen noch sprechen konnten. Durch diese Arbeit wurde ich sofort in eine andere Zelle verlegt, und zwar in eine Einzelzelle, worüber ich sehr froh war. In Brandenburg-Görden waren mit wenigen Ausnahmen zu meiner Zeit die Kalfaktorenposten von Kriminellen besetzt. Schikanöse Behandlung ging aus von jungen Hilfswachtmeistern, die der Partei oder der SA angehörten, politische Gefangene bekamen aus der Anstaltsbibliothek keine fremdsprachigen Bücher, noch entsprechende Lehrgänge, auch durften wir weder

Papier noch Bleistift in der Zelle haben. Ich hatte Glück, daß ich im Sommer 1938 mit einem Arbeitskommando für politisch nicht Vorbestrafte zum Bau der Ostmarktstraße nach Amberg in Bayern verlegt wurde. Da aus diesem Arbeitslager die Fluchtrate sehr hoch war, wurde ich mit den anderen politischen Gefangenen im Dezember 1938 ins Emsland-Moor Lager 2, Aschendorfer Moor, verlegt. Dort blieb ich bis zu meiner Entlassung.

Georg Walter *1908 in Erfurt geboren, Schwarze Front (SF) Angestellter in der Sozialversicherung, 1927 Eintritt in die Gewerkschaften (ADGB). Mitglied der SA seit 1928. April 1931 Ausschluß aus der SA wegen Beteiligung an der ›Stennes-Meuterei‹, anschließend in der Schwarzen Front und im Aufbruch-Kreis aktiv. Zur Tarnung illegaler Tätigkeit Wiedereintritt in die SA; beim ›Röhm-Putsch‹ im Stab der SA-Gruppe Berlin. Ab 1933 illegal im In- und Ausland tätig, Treffen mit Willi Münzenberg und Heinrich Mann in Paris. Im August 1938 als NSKK-Obersturmführer[1] verhaftet und im November 1939 vor dem Volksgerichtshof wegen Vorbereitung zum Hochverrat zu 10 Jahren Zuchthaus verurteilt. Mai 1945 Mitglied der Berliner Polizei. Ab Juli 1945 Personalleiter der Versicherungsanstalt Berlin. Lebt im Rheinland.*

»NSKK-Obersturmführer Walter«, ein Angehöriger der Schwarzen Front
Die Lage der politischen Gefangenen

Für den langstrafigen Gefangenen des Dritten Reiches mußte sich im Zuchthaus Brandenburg-Görden die völlige Abgeschlossenheit von der Außenwelt, die strenge Isolierung als Grausamkeit auswirken. Kein Hof, kein Platz, auf dem der Gefangene nicht Mauern sieht, jeder Blick aus dem Fenster: rote Mauern und Gitter. Auch kein Geräusch von Straßenbahnen, vom Verkehr, vom zivilen Leben dringt in das Anstaltsgebäude.

Vor dem Kriege betrug der Prozentsatz der politischen Gefangenen an der Gesamtbelegschaft von durchschnittlich 2500 Gefangenen ca. 50–55%. Während der Kriegsjahre verschob sich dieses Verhältnis nicht unwesentlich aus folgenden Gründen: Die Sicherungs-

1 NSKK – Nationalsozialistisches Kraftfahrkorps

verwahrten wurden aus dem Strafvollzug des Justizministeriums herausgenommen und meistens im Asozialen-Lager untergebracht. Nur ein kleiner Teil qualifizierter Rüstungsarbeiter blieb bis zum Schluß im Zuchthaus ohne Trennung von den Strafgefangenen.

Die zu drei bis acht Jahren verurteilten Hochverräter hatten ihre Strafe nach und nach verbüßt und kamen zu 95 % vom Zuchthaus in ein Konzentrationslager. Die jüdischen Genossen gingen restlos in die Vernichtungslager. Wir werden kaum einen von den mutigen und tapferen Funktionären wiedersehen, die allem zum Trotz beispielgebend waren in der Organisation des Zusammenhaltes der politischen Gefangenen Brandenburgs. Die Zugänge setzten sich im wesentlichen aus Kriegsverbrechern (gemäß der Kriegswirtschaftsverordnung), Ausländern und Todeskandidaten zusammen. Zu Zeitstrafen verurteilte Hochverräter wurden immer seltener und eigentlich erst wieder nach dem 20. Juli 1944 eingeliefert. Ein Teil der politischen Gefangenen wurde durch eine Sonderaktion der Justiz und der Gestapo als »Asoziale Elemente« in vierwöchentlicher Durcharbeitung und persönlichen Vernehmungen durch einen Vertreter der Reichskanzlei in das Todeslager Mauthausen – unter den politischen Gefangenen als »Mordhausen« bekannt – verschleppt. Wir nennen nur die zu lebenslänglichem Zuchthaus verurteilten Funktionäre: Albert Kayser M. d. R.[1], Fritz Grosse[2], die langstrafigen Funktionäre Ehlen, Warmbrunn unter vielen anderen. Wir werden auch den größten Teil nicht wiedersehen. Seit dieser Zeit schwebte die Möglichkeit der Abstempelung als »Asozialer« ständig als Damoklesschwert über den politischen Gefangenen, und noch später wurden politische Gefangene verschiedener Richtungen, die in der Bibliothek beschäftigt waren, auf Grund einer Denunziation auf den Asozialentransport geschickt. Unbekannt ist auch die Zahl der politischen Gefangenen, die der psychischen Belastung des Zuchthauslebens erlagen, erkrankten oder starben. Wir

---

1 zu Albert Kayser s. Deutsche Widerstandskämpfer 1933–1945, 2 Bde., Berlin 1970, Bd. 1, S. 485 ff.
2 zu Fritz Grosse s. Biographisches Lexikon, S. 166 ff.

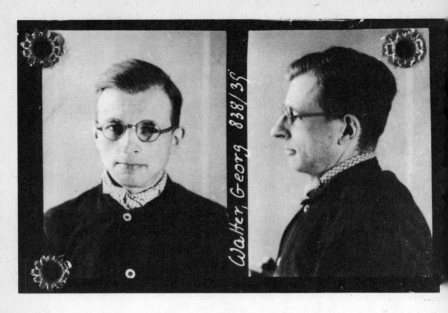

gedenken vor allem der Kameraden: Max Maddalena M. d. R.[1] und Lenz, die beide Lebenslängliche waren und beide aus dem ständigen Ringen um Zusammenschlußmöglichkeiten der politischen Gefangenen herausgerissen wurden. Eine weitere Verringerung erfuhr die Zahl der politischen Gefangenen durch Einberufung zur Wehrmacht im Zuge von Sonderaktionen. Der Gipfel der Infamie war es aber, als noch im Februar 1945 eine Zahl hervorragender Freunde in eine SS-Bewährungsabteilung nach Prag gesteckt wurde. Wenn dann noch berücksichtigt wird, daß der größte Teil der wegen antifaschistischer, illegaler Tätigkeit durch Freislers Blutgerichte verurteilten Funktionäre – Kommunisten, Sozialdemokraten, Demokraten, Geistliche, Nationalisten – als Todeskandidaten in Brandenburg ankamen und dort das Schafott bestiegen, rundet sich das Bild ab. Es zeigt sich, daß im Laufe der Kriegsjahre die Zahl der politischen Gefangenen erheblich abnahm.

Die Behandlung der politischen Gefangenen ist nach den Richtli-

1 zu Max Maddalena s. Hermann Weber, a. a. O., S. 212.

nien des Strafvollzugs im Dritten Reich der der kriminellen Zuchthäusler gleichgestellt. In den ersten Jahren bis nach Kriegsausbruch gelang es auch den Aufsichtsbehörden, diese Richtlinien zu verwirklichen, ja, eine strengere Isolierung der langstrafigen Hochverräter zu erreichen, als es den kriminellen Verbrechern gegenüber erreicht wurde. Neueingestellten Vollzugsbeamten wurde diese Haltung den Politischen gegenüber sofort eingeschärft und in den regelmäßigen Instruktionsstunden unentwegt auf dieses Postulat nationalsozialistischer Gerechtigkeit hingewiesen. Über die Haltung der politischen Gefangenen wurden von den unteren Vollzugsbeamten regelmäßige Berichte gefordert. Die tatsächliche Durchführung des faschistischen Strafvollzuges – Langstrafige sollten anfangs durch jahrelanges Bettfedernschleißen und Bindfadenknoten geistig gebrochen werden – scheiterte an Gründen, die wir weiter unten beleuchten werden. Die seelische Belastung durch die wöchentlich stattfindenden Hinrichtungen mit der monatelangen Zeremonie der Fesselung, des Hinauslegens der Kleider, der Anfertigung der Sargroste und Sargkisten, der täglichen Sonderfreistunde mit Fesselung ist nicht zu beschreiben. Wer erträgt es ohne Schaden, so viele seiner besten Freunde langsam mit infamer deutscher Gründlichkeit sterben zu sehen, ohne ihnen wirklich helfen zu können.

Die Verbindungsmöglichkeiten unter den politischen Gefangenen sind im Zuchthaus, solange der Strafvollzug einigermaßen funktioniert, weit geringer als in den Konzentrationslagern. So wirkte sich auch die Unsicherheit der persönlichen Lage erschwerend aus. Wir gedenken an dieser Stelle unseres Freundes Hermann Amter, der durch ausgesucht verkommene kriminelle Subjekte wegen politischer Bemerkungen denunziert wurde. Statt wie üblich und selbstverständlich diese Angelegenheit auf dem Wege des Hausstrafverfahrens zu erledigen, übergab der Abteilungsleiter Dr. Bodenbender auf eigene Initiative und Verantwortung die Denunziation an die Gestapo. Unser Kamerad Amter wurde durch den Volksgerichtshof zum Tode verurteilt und in Brandenburg hingerichtet. Die Auslieferung von mehreren hundert politischen Gefangenen des Zuchthauses Sonnenburg anläßlich der Evakuierung desselben an die SS und ihre Ermordung löste zunächst eine Welle der Depression und der Bestürzung in Brandenburg aus.

Zur Lage der politischen Gefangenen sei zum Schluß noch bemerkt, daß natürlich der Bombenkrieg mit seinen zahllosen Alarmen (während denen die Gefangenen in den Zellen eingeschlossen blieben), trotzdem manchmal in der Nähe die Bomben einschlugen, eine erhebliche und dauernde Belastung der Nerven darstellte.

Die Tätigkeit der politischen Gefangenen

Die politischen Gefangenen des Dritten Reiches haben sich zu keiner Stunde als Verbrecher und im Sinne des bürgerlichen und faschistischen Rechts schuldig gefunden. Ihre vordringlichste und vornehmste Aufgabe mußte deshalb die Organisierung ihres Zusammenschlusses sein und unter den veränderten Bedingungen allen Gefahren zum Trotz die Weiterführung des einheitlichen Kampfes gegen das Regime Hitlers. Gelang es draußen und früher nicht, eine einheitliche Grundlage des Kampfes für alle Gegner Hitlers zu finden, so mußte im Kerker diese Einheit geschafft werden, und das gleiche schwere Los aller erleichterte diese Einheit erheblich. Dieser Zusammenschluß erforderte ein erhebliches Maß an Anpassungsfähigkeit, ein Vermögen, jede sich bietende Gelegenheit, Freistunde, Kübelzeit, Arbeitsbetrieb, Kirchenchor, Revier und Zahnarztstunden auszunützen. Die dazu nötige Beweglichkeit zu erwerben, erforderte für jeden eine gewisse Zeit und eine Summe von Erfahrungen, die, wie alles im Leben, nicht umsonst waren. Der Zusammenschluß erforderte auch ein neutrales Verhältnis zu den kriminellen Gefangenen. Unangebrachter Hochmut und Brüskierung, überspitzte Absonderung konnten das Bestreben nur erschweren und die Gefahr von Denunziation heraufbeschwören. Ein neutrales, normalisiertes Verhältnis zu den Kriminellen war insbesondere in den ersten Jahren bis zum Kriegsausbruch nötig, weil bis dahin grundsätzlich politische Gefangene mit Kriminellen zusammen die Zellengemeinschaft teilen mußten.

Das Ziel des engeren und weit möglichen Zusammenschlusses er-

Volksgerichtshof
2. Senat
Der Berichterstatter

Berlin W 9, den 11. Oktober 1939.
Bellevuestraße 15
Fernsprecher: B 1 Kurfürst 8341

8 J 402 / 38
2 H 41/ 39

Herrn
Georg Walter
Berlin NW. 40,
Lehrter Str. 3.

Ihr Brief vom 6. d.Mts. an Frau Else Walter in Jena wird wegen der in dem Schreiben gebrauchten ungehörigen Wendungen von der Beförderung ausgeschlossen.

gez. Dr. Schneidenbach.
Beglaubigt:

[signature]
Amtsrat.

1 Umschlag zurück.

Briefzensur.

forderte auch ein bestimmtes Verhältnis zur Beamtenschaft. Die Beamtenschaft gliederte sich in die 1. etatsmäßigen Strafvollzugsbeamten, 2. die dienstverpflichteten Angestellten, 3. die Privatmeister der Rüstungsfirmen.

Zur höheren und mittleren Beamtenschaft entwickelte sich in den ersten Jahren kein Verhältnis, das eine größere Bewegungsfreiheit ermöglicht hätte. Erst die Ausgestaltung der Arbeitsbetriebe im Zuge der Kriegsrüstung, der Zwang, die qualifizierte Arbeitskraft der politischen Gefangenen immer mehr auszunutzen und auch an Stelle der eingezogenen Beamten zu verwenden, brachte Kontakt und Annäherung. Zur unteren Beamtenschaft konnte anfangs ein Verhältnis nur gestaltet werden durch korrekte Befolgung der Anweisungen, die Sauberkeit und Ordnung betrafen, und durch möglichst weniges Vormelden und »Nervtöten«. Niemand scheut die Arbeit mehr als der Strafvollzugsbeamte. Im Verlaufe des Krieges besserte sich das Verhältnis zur Beamtenschaft erheblich. Das

28. Juli 1942

Brandenburg (Havel)=Görden

1. Die Gefangenen dürfen alle sechs Wochen einen Brief absenden und empfangen.
2. Jeder Gefangene darf alle vier Monate Besuch Angehöriger empfangen. Die Genehmigung zu einer Sprechstunde muß vorher schriftlich eingeholt werden. Freiumschlag ist beizufügen. Personalausweis muß vorgelegt werden.
3. Unfrankierte und nicht genügend frankierte Briefe, Ansichtskarten, Nahrungs- und Genußmittel, Toilettenartikel, Tabakwaren und Briefmarken werden nicht angenommen. Sollten trotz Verbotes solche Gegenstände hier eingehen, erfolgt Rücksendung auf Kosten des Absenders oder auf Kosten des Gefangenen. Briefe müssen mit Tinte geschrieben sein. Eingehende Briefe, die über vier Seiten gewöhnlichen Briefformats lang, zu eng, zu klein und undeutlich geschrieben sind, werden nicht ausgehändigt. Das gleiche gilt für Briefe, die in kürzeren Fristen eingehen. Die Beifügung von Geld in Briefen ist unzulässig.

Georg Walter 838/39 Der Leiter.   d 26.7.42

Meine liebe Mutter! Vielen Dank für Deinen Brief v. 17/7 den ich am 21/7 erhalten habe. Frage aber bitte nicht mehr in jedem Brief an, ob der Briefabstand so richtig sei. Ich habe Dir das die letzten Male schon bestätigt. Ausserdem willst Du mir doch wohl mit den Briefen eine Freude machen und die Aufgabe den Zeitraum des Briefwechsels zu überwachen hat ein Beamter. Bitte verstehe mich nicht falsch. Aber hunderte Male am Tag wird mir zum Bewusstsein gebracht, dass man kein freier Mann ist. Doppelt schmerzlich, wenn ein Angehörigenbrief einen das auch noch zum Bewusstsein bringt. — Sonst freue ich mich natürlich immer über Deine Briefe. Hoffentlich hat Dir der Aufenthalt im Allgäu in jeder Hinsicht gutgetan. 1936 im Juni war ich ja auch in dieser Gegend auf Urlaub. Kempten, Füssen, die Schlösser Schwangau u.s.w. Das sind eben die Erinnerungen, von denen man hier zehrt. Brunos Feldpostbrief habe ich trotz Deiner Befürchtungen auch erhalten. Er war mir sehr interessant. Vielleicht ist er auch mit beim Vormarsch im Süden. Ernst wird ja vielleicht wird schon in Jena sein. Vielleicht schickst Du mir mal gelegentlich seine neue Hohnadresse in Jena mit. Er hat ja lange im Lazarett gelegen. Hoffentlich ist der Fuß nun wieder in Ordnung. Die Hoffnung hält uns alle aufrecht, wenn jeder natürlich auch eine andersgeartete Hoffnung hat. Ich liege jetzt mit einem 62 jährigen zusammen, der wegen Schwarzschlachtungen 1½ Jahre bekommen hat. Auch er hat seine Hoffnung. Vielmehr muss ich als viel Jüngerer sie haben. So geht es mir den Verhältnissen entsprechend gut. Die Tage vergehen schnell durch die abwechslungsreiche Arbeit. Du fragtest nach meinem Gewicht. Es sind jetzt 53,5 kg. Da ich ja nicht besonders gross bin, habe ich mal was zuzusetzen. Richtig krank bin ich jedenfalls in den letzten 3 Jahren nur einen einzigen Tag gewesen. Montag in 8 Tagen bin ich nun schon 4 Jahre in Haft. Eine ganz anständige Zeit schon. Aber in keiner Beziehung gebrochen. Was Du über die Verwandtschaft schriebst war mir ja sehr interessant. Warum mag Bruno aus Wien nicht schreiben? Fühlt es sich nicht wohl in seiner neuen Stellung? Recht ist ihm sicher nicht standesgemäss. Im übrigen sind es Dinge für mich aus einer bereits versunkenen Welt. Obwohl das eigentliche Versenken ja erst noch kommt. Das Wetter sieht aber schon nach Süd-afrika aus. Im Juli hier fast jeden Tag Regen und unkalt. Und das Kriegsende noch garnicht abzusehen. Aber wir sind ja erst "Juni 1917". Also könnte man sagen gut 1 Jahr dauert es noch. Also viele herzl. Grüsse sind an die Brüder Dein Georg

dienstverpflichtete Personal, in ständiger Reiberei mit den »Etatsmäßigen« war vorsichtiger politischer Beeinflussung zugänglicher, scheute die Pedanterie der Strafvollzugsordnung und brachte einen erheblichen Bedarf an allen möglichen Mangelwaren mit. Die Korruption in den Strafvollzugsanstalten mit ihren vielseitigen Werkstätten und erheblichen Rohstoffbeständen, mit einer im Krieg unbekannten Auswahl an Facharbeitern nahm, je länger der Krieg andauerte, von oben bis unten ungeahnte, nicht zu beschreibende Formen an. Sie setzte durch eine bewegliche Haltung der politischen Gefangenen dieser Massenerscheinung gegenüber den Strafvollzug außerstande, den engeren Zusammenschluß zu verhindern.

Das auf die Dauer gesehen wirksamste Mittel war aber die systematische Besetzung von wichtigen Positionen innerhalb des Zuchthauses. Welchen Widerstand man auch anfangs höhererseits diesem Bestreben entgegensetzte, auf die Dauer machte oben geschilderte Veränderung der Struktur der Gefangenenbelegschaft und unser taktisches Verhalten den Widerstand illusorisch.

Mittel und Ziel des Zusammenschlusses mußte die politische Diskussion sein und bleiben. Gegenstand der Diskussion war all die Jahre zunächst die politische Lage. Unterlagen der Diskussion die Presse, die laufend zu beschaffen, erst nach Jahren und unter Schwierigkeiten, später leichter gelang. Weitere Unterlagen waren die Neuerscheinungen der Literatur, die Nachrichten, überbracht durch Zugänge und Beamte. In jüngster Zeit dann das Radio, nachdem es gelang, in dem durch das Heereswaffenamt eingerichteten geheimen Forschungslaboratorium des zum Tode verurteilten Kameraden Dr. Havemann einen Kurzwellenapparat einzubauen und über verschiedene Wege die in ganz kleiner Auflage – 3 Stück – hergestellten »Drahtlosen Nachrichten« an eine kleine Anzahl besonders geprüfter Gefangener heranzubringen, die mündlich die Nachrichten weitergaben. Es gelang vor allem, die 5 Punkte des hingerichteten Leiters des Nationalkomitees Freies Deutschland, des Genossen Anton Saefkow, in Brandenburg sicherzustellen und allseitig gründlich zu diskutieren.

Die Methoden der Diskussion waren verschiedenartig. Es bildeten sich Zentren infolge der Gunst der jeweiligen Situation in den Betrieben und Zellengemeinschaften. Die Ergebnisse der Diskussion wurden weitergetragen und fanden ihr Echo und ihre Rückwirkung im Zuchthaus und auch draußen. Schwierig und immer wieder notwendig war trotzdem die Koordinierung des politischen Auftretens mit der allgemeinen Lage und der besonderen im Zuchthaus. Straff mußten die Zügel gehalten werden, denn wer wird nicht verstehen, daß gerade hinter den Gittern die Ungeduld, der Drang nach Freiheit und die persönlichen Wünsche immer wieder die klare Einsicht in den Stand der Dinge zu trüben versuchten. So mußten immer Vorbehalte gemacht werden bezüglich der Tragweite der Diskussionen und ihrer Ergebnisse. Mangelnde Information, Abgeschlossenheit, Reminiszenzen verschiedener Art, mangelndes eigenes Erleben – das gewaltige Geschehen der Jahre rollte vor uns ab, wie vor dem Kinobesucher ein blutiges Drama auf der weißen Fläche, unplastisch – mußten zu Einschränkungen führen. Andrerseits ist nicht zu verkennen, daß in der Abgeschlossenheit des Zuchthauses die tausend kleinen Schwierigkeiten und Widerwärtigkeiten des Alltags von draußen den Blick nicht vom Wesentlichen ablenkten, und so kam es häufig zu einer nüchterneren Einschätzung, als sie von draußen bekannt und von Zugängen vertreten wurde. Eine wichtige Rolle in der Diskussion spielte auch die Bibliothek. Durch Besetzung mit qualifizierten Gefangenen konnte sie in erheblichem Maße ausgenutzt werden: zur Weiterbildung auf wissenschaftlichem Gebiet und zur Erweiterung des allgemeinen Horizontes. Sie spielte eine bedeutsame Rolle für die Gefangenen in den Einzelzellen. Im Zusammenwirken verschiedener Kräfte und Faktoren erlebten wir somit eine nicht unwesentliche Veränderung in der Durchführung des Strafvollzuges. Es waren die objektiven Faktoren, die es auszunützen galt, und zwar die Eingliederung in die Rüstung, die alten und dadurch verstärkten Gegensätze zwischen den Polizeiorganen und den Belangen der Arbeitsbetriebe. Die Vorschriften wurden durch die Fabrikbetriebe gesprengt.

Bodo Gerstenberg *1916 in Berlin geboren, Schwarze Front (SF) und KPD Studium an der Hochschule für Bildende Künste, Berlin, 1938 wegen Vorbereitung zum Hochverrat zu zwei Jahren Zuchthaus verurteilt. 1940 Entlassung aus dem Zuchthaus. 1942 zum Strafbataillon 999 eingezogen und nach Afrika verschifft. Dort 1943 in englische Gefangenschaft gekommen. 1943–46 Kriegsgefangensch. i. d. USA. Danach als Pressezeichner, politischer Karikaturist und freier Grafiker tätig. Lebt in Frankfurt a. M.*

»Spitzbuben und Hochverräter!«
Als Zweiundzwanzigjähriger nach Brandenburg-Görden

Der gläserne Sarg

Das Zuchthaus Brandenburg-Görden war architektonisch gesehen eine Mischung aus Fabrik, Badeanstalt und Käfig. Von vielen seiner Häftlinge wurde es »der gläserne Sarg« genannt.
Unter seinen Insassen war der Anteil der Politischen nicht nur besonders hoch, sondern im Schnitt auch besonders »interessant«. Dafür sorgte der in der Berliner Tiergartenstraße residierende Volksgerichtshof.
Die Kriminalisierung der in der Verfassung verbrieften politischen Rechte wie Koalitions-, Presse- und Redefreiheit durch die Notverordnung von 1933 brachte für alle Strafanstalten, aber besonders für Brandenburg-Görden, Hochkonjunktur. Die vorhandenen Kapazitäten, gedacht für echte Straftäter, reichten bei weitem nicht mehr aus für den Andrang der von der Terror-Justiz angelieferten »Hochverräter«. Wem aktive Teilnahme am Widerstand nachgewiesen wurde, kam vor ein Gericht unter Anklage der Vorbereitung zum Hochverrat. Für die Beteiligung an örtlichen oder in begrenztem Bereich durchgeführten illegalen politischen Aktionen waren

die Oberlandesgerichte (in Berlin das Kammergericht) zuständig. Tätigkeiten im Reichsmaßstab oder Verbindungen zu den Zentralen im Exil kamen vor den Volksgerichtshof.

Vor dem Krieg kam es vor, daß ein Durchschnittsfall mitunter von den OLGen härter geahndet wurde als vom Volksgerichtshof. Besonders gefürchtet war beispielsweise in Berlin der 4. Senat des Kammergerichts. Der Grund für diese von der allgemeinen Vorstellung abweichende Tatsache ist einleuchtend. Die karrierebewußten, meist deutschnational eingestellten Richter wollten ihre Gesinnungstüchtigkeit unter Beweis stellen. Die Volksgerichtsleute hatten das nicht nötig; sie waren – sofern es sich um Berufsrichter handelte – ausgesuchte Werkzeuge Hitlers; die Beisitzer in Hochverratsverfahren waren hohe SS- und SA-Führer sowie Parteibonzen, sogenannte Amtswalter. Bei dieser Fließbandarbeit gegen Spitzenfunktionäre, Kuriere, illegale Organisatoren, wieder eingefangene politische Flüchtlinge, Verschwörer von Rang und Namen, Attentäter und auch Spione waren Fälle, die vor einem gewöhnlichen Gericht Furore gemacht hätten, für den Volksgerichtshof vergleichsweise kleine Fische.

Ein solch kleiner Fisch war auch mein Fall für die Herren in der roten Robe.

Auf dem »Alex«, im Gefängnis des Berliner Polizeipräsidiums, und zwar in dem für die Gestapo reservierten Teil, nahm man mir Krawatte, Gürtel und Schnürsenkel ab. Ich war dort nach meiner Verhaftung durch Gestapoleute (die so aussahen, wie man sie sich vorstellt) gelandet, weil im Keller des Himmlerschen Hauptquartiers in der Prinz-Albrecht-Straße kein Platz mehr zur Verfügung stand. So mußte ich mich als frisch eingelieferter »Zugang« auf einem Flur in eine angetretene Gruppe von Häftlingen einreihen, die stumm nebeneinanderstehend zur Wand blickten. Neben mir stand ein Zuchthausgefangener in seiner schwarzen Kluft mit den breiten gelben Streifen an der Hose. Sein Kopf schien geschoren; er hatte ein intelligentes Gesicht und blickte teilnahmslos auf die gegenüberliegende Tür. Indem er sein Körpergewicht unauffällig nach hinten verlagerte, fragte er aus dem Mundwinkel, ohne die Lippen zu bewegen: »Partei?« Ich wußte sofort, er war Kommunist. Niemand

Wiedersehensfeier ehemaliger politischer Gefangener in Brandenburg-Görden 1947 (von links nach rechts): Erich Paterna, Bodo Gerstenberg, Hans Sygmund.

anders hätte nach »der« Partei gefragt. So war es. Er war aus dem Zuchthaus Brandenburg zur Vernehmung hierhergekommen. Ich antwortete, so gut es ging, indem ich seine Technik imitierte, und murmelte zwischen den Zähnen, es handele sich sowohl um die Tätigkeit für die Kommunisten als auch für die Schwarze Front. »Sprich zu niemand darüber!« zischte er, »es wimmelt hier von Spitzeln.« Dann gab er mir Tips für die kommenden Verhöre. Dies war der erste politische Sträfling, den ich kennenlernte. Es war Alfred Schaefer, ehemaliger Nachwuchsschauspieler bei Brecht und Piscator, verhaftet als Funktionär der illegalen KPD in Berlin-Neukölln. Er hatte die auf Hektograph hergestellte »Neuköllner Sturmfahne« redigiert.[1] Nach seiner Entlassung gelang es ihm, sozusagen

1 vgl. Bericht von Alfred Schaefer, S. 115

im letzten Augenblick, außer Landes zu gehen. (Als wir uns Jahre nach dem Kriege wiedertrafen, stellten wir fest, daß wir uns ungefähr im gleichen Tempo von unseren alten Positionen gelöst und entfernt hatten. Er hatte sich der Philosophie gewidmet und mit einer Arbeit über David Hume promoviert. Inzwischen hat er mehrere Schriften verfaßt, die sich mit Marx und Lenin kritisch auseinandersetzen.)

Die Anstaltsleitung von Plötzensee setzte ihren Ehrgeiz daran, die zu Zuchthausstrafen verurteilten Untersuchungshäftlinge in schwarze Zuchthauskleidung zu stecken und so auf den Transport zu schicken. Sie verfügte über einen Vorrat davon, weil in der »Plötze« das Fallbeil stand und im Haus 3, das als Untersuchungsgefängnis diente, im Erdgeschoß eine Station für die zum Tode Verurteilten reserviert worden war, die diese Sachen tragen mußten – zwischen Verurteilung und Hinrichtung. Sechs Monate lang habe ich diese Unglücklichen täglich einmal bei ihrer »Freistunde« gesehen, zu der sie gefesselt auf den Hof unter meinem Fenster geführt wurden. Das war ein Anblick, den man nie vergißt. Wie ich erfuhr, waren nur wenige Mörder darunter; vorwiegend handelte es sich um politische Gefangene oder Opfer des sehr freigebig angewendeten Landesverrats-Paragraphen. Dieser vom Färben und Flicken scheckigen Kluft schien eine Aura von Todesangst und Blut anzuhaften. Bei der Einlieferung in Brandenburg schimpfte bei jedem Zugang aus Plötzensee der Hausvater (hinter dieser freundlichen Bezeichnung verbarg sich die beim Militär als »Kammerbulle« bekannte Funktion) auf seinen fernen Kollegen und schickte ihm die Sachen zurück.

Als ich wegen Vorbereitung zum Hochverrat verurteilt in Brandenburg eingeliefert wurde, war ich 22 Jahre alt. Ich saß dort ein von 1938 bis 1940. Zunächst wurde ich in den »Rabenflügel« gesteckt, einen Gebäudeteil des Hauses 2, der für jugendliche Missetäter reserviert worden war. Der Zufall wollte es, daß die auf die Einzelzellen zu verteilenden »Zugänge« außer mir noch zwei politische Häftlinge und drei Kriminelle waren. Der sich schneidig gebende Stationswachtmeister empfing uns mit den Worten »So ist's recht: Spitzbuben und Hochverräter!« Zunächst hatte man ein lähmendes Gefühl des Ausgeliefertseins, aber schnell gelangte man zu der

Der »Kammkasten«. Heimlich angefertigte Zeichnung seiner Zelle von Bodo Gerstenberg.

Gewißheit – auch in der Einzelhaft – von Gleichgesinnten umgeben zu sein. Dieses Gefühl brüderlicher Verbundenheit verließ den politischen Gefangenen nicht. Ich glaube, daß diese Empfindung nicht allein eine Folge des Optimismus und der Illusionen der Jugend war, die mich die tragische Situation vielleicht in einem zu romantischen Licht erleben ließ.

Uns politischen Gefangenen war eines gemeinsam: das starke Gefühl der Solidarität, der Kameradschaft und der Zusammengehörigkeit, unabhängig von Alter oder politischer Richtung. Wir hatten – auch das muß gesagt sein – ein deutliches Elitebewußtsein, fühlten uns nicht nur den Kriminellen und den Beamten moralisch überlegen, sondern auch den Opportunisten draußen, die das Regime als Mitläufer unterstützten. Auch geistig fühlten wir uns denen überlegen, die nicht wie wir die Katastrophe auf unser Volk zukommen sahen; wir fühlten uns wie Gesunde, die eine Art schleichende Geisteskrankheit beobachteten. Dieses Elitebewußtsein kam gelegentlich dort zum Vorschein, wo es im Gegensatz zu egalitären Programmdeklamationen stand. So antwortete mir der kommunistische Funktionär Hans Rothbarth[1], als ich im Gespräch meinte, die Arbeiterklasse »als solche« würde mit uns sympathisieren: »Na, darauf verlaß dich man nicht so sehr...« – Wenn man zur »Vorhut der Arbeiterklasse« gehörte, mußte man sich doch fragen, wo denn die Arbeiterklasse selbst, wenigstens mit ihrer Sympathie, eigentlich geblieben war. (Rothbarth war eine männliche Erscheinung mit einem ausdrucksvollen Gesicht voller Selbstbeherrschung. Er sei Weber, sagte er mir in akzentfreiem Hochdeutsch, das keine landsmannschaftliche Herkunft erkennen ließ. Er war Sohn eines Unternehmers. Das Understatement war nicht untypisch für manche Kommunisten, die aus bürgerlichem Hause stammten. Rothbarth war auf der Leninschule in Moskau ausgebildet worden; er war zurückhaltend, sprach präzise und sein Gesichtsausdruck war gesammelt, seine Körperhaltung aufrecht. 1944 wurde er von der SS erschossen.)

1 zu Hans Rothbarth s. Deutsche Widerstandskämpfer 1933–1945, Bd. 2, S. 107 ff.

In einer 12-Mann-Zelle, vorwiegend mit politischen Gefangenen belegt, lernte ich einen blutjungen SAPler kennen; er hieß Krause und stammte aus Breslau. Seine fast heitere Zuversicht stand im Gegensatz zu der Melancholie, die von einem sehr sympathisch wirkenden Jungkommunisten ausging, der einen mißlungenen Fluchtversuch hinter sich hatte. Während des ersten Gespräches mit Krause wanderte mein Blick auf seine Spindkarte, auf der sein Name, die Gefangenennummer und als Entlassungsdatum »beim Tode« zu lesen stand. Er erzählte mir lächelnd, die Gestapo habe bei ihm außer Flugblattmaterial (Flugblätter waren immer »Material«) auch eine Bleistiftskizze von der Lage einer Kaserne gefunden, die er zur Vorbereitung irgendeiner »Aktion« angefertigt habe. Da hätten »sie« ihm zur üblichen Vorbereitung zum Hochverrat auch den Landesverrats-Paragraphen angehängt.

Die SAP (Sozialistische Arbeiter-Partei)[1] hatte sich unter Führung von Max Seydewitz und Kurt Rosenfeld[2] anläßlich der Panzerkreuzer-Debatte im Reichstag 1931 als linke Splittergruppe von der SPD getrennt. Die SAP-Leute waren Marxisten, hatten aber kein Verlangen, sich dem Sog des kommunistischen Zentralismus auszusetzen. So standen sie in der internationalen politischen Landschaft den militanten österreichischen Sozialisten (»Austromarxisten«) und den norwegischen Sozialdemokraten nahe, einer Richtung, die scherzhaft »Internationale 2½« genannt wurde. In Brandenburg war eine Anzahl jüngerer SAP-Leute aus Schlesien inhaftiert, die zum Teil hohe Strafen zu verbüßen hatten. Zwei von ihnen traf ich beim Kartoffel-Buddeln auf dem anstaltseigenen Acker beim Plauer Hof; der eine hatte zehn Jahre zudiktiert bekommen, von denen er schon ein paar Jahre abgesessen hatte. Er war bleich und strengte sich an, sein Arbeitspensum zu schaffen. Im Außenarbeitslager Ab-

---

1 zur SAP Jörg Bremer, Die Sozialistische Arbeiterpartei Deutschlands (SAP). Untergrund und Exil 1933–1945, Frankfurt, New York 1978 und Hanno Drechsler, Die Sozialistische Arbeiterspartei Deutschlands (SAP). Ein Beitrag zur Geschichte der deutschen Arbeiterbewegung am Ende der Weimarer Republik. Meisenheim am Glan, 1965.
2 zu Max Seydewitz und Kurt Rosenfeld s. Biographisches Handbuch, S. 690f und S. 614.

bendorf lernte ich den SAP-Mann Hans Brammer aus Pforzheim als guten Kameraden schätzen, und später bei den 999ern wurde ich mit Adolf Schröder aus Mannheim bekannt, der mit ihm illegal zusammengearbeitet hatte. Aus seinem Mund hörte ich zum erstenmal etwas von seinem Parteifreund Willi Brandt, dessen Artikel als illegales Material kursierten. Ebenfalls bei den 999ern machte ich die Bekanntschaft des späteren Zweiten Vorsitzenden des Internatioanlen Bundes freier Gewerkschaften, Herbert Tulatz, der aus der Breslauer SAP stammte.

Im Außenarbeitslager Abbendorf, wo wir als an die Tiefbaufirma Dyckerhoff & Wiedmann vermietete Sklavenarbeiter untergebracht waren, hinter Gittern versteht sich, erwarb ich die Freundschaft dreier Berliner Maurer. Sie waren Kommunisten, von keiner grauen Theorie angekränkelte klassenbewußte Arbeiter von altem Schrot und Korn, die auch als Gefangene nicht anders arbeiten konnten, als sie es gewohnt waren: gut! Das war ein Charakteristikum für alle Facharbeiter; es war ihnen nicht gegeben, die so gut wie unbezahlte Arbeit für die Kerkermeister aus ihrer gewohnten Arbeitsmoral auszuklammern. Ich mußte in den ersten Tagen und Wochen bei dieser für mich ungewohnten 12-Stunden-Schwerarbeit staunend erfahren, daß eine sinnvolle Arbeit von einem zum Gefangenen gemachten »Normalmenschen« akzeptiert wird.

Hanne Sygmund war ein kleiner drahtiger Kerl, der mit seinem trockenen Berliner Witz den richtigen Kommentar fand, wenn hinter uns der Wachtposten mit geladenem Gewehr mit Kannibalenhumor drohte, uns die »Feuersteine« (Hoden) wegzuschießen. Als sich »Hanne« verabredungsgemäß nach seiner Entlassung zur Verbindungsaufnahme bei mir zu Hause meldete, war ich bereits bei den 999ern (diese zunächst in Afrika eingesetzte »Bewährungs«-Division rekrutierte sich nur aus ehemaligen »wehrunwürdigen« Zuchthäuslern). Solche Verabredungen wurden nicht selten getroffen und auch eingehalten. Bei manchem führten sie zu erneuter Untergrundtätigkeit, so auch bei mir. Im Krieg wurde die illegale Arbeit allmählich immer mehr – außer von den noch unentdeckt Gebliebenen – von solchen bereits »gebrannten Kindern« geleistet; einige von ihnen endeten auf dem Schafott.

Albert Rauhe hatte ein bedächtig-unerschütterliches Wesen. Er war Berliner, ein athletischer Typ mit Humor und Selbstbewußtsein, ein Mann, auf den man sich verlassen konnte, wie sich auch später bei den 999ern erwies, wo er von Anfang an zur Widerstandszelle in meiner Kompanie gehörte.

All diese Eigenschaften trafen auch auf Paul Kriese zu – schlank, blond, mit scharfen Falten im Gesicht. Von ihm ist noch etwas Besonderes zu berichten: er war von der Gestapo bei der Vernehmung an einen Stuhl gefesselt worden; man wollte die Namen der »Mittäter« aus diesem stabilen Mann herausprügeln. Nach dem ersten erfolglosen Verhör wieder in seine Zelle zurückgekehrt, verfiel er angesichts der zu erwartenden Fortsetzung der Folter auf die gleiche Idee wie der während des Ersten Weltkrieges eingesperrte spätere Polendiktator Pilsudski: Er stellte sich verrückt. Noch in derselben Nacht setzte er sich auf sein Bett und bellte wie ein Hund, bis die Beamten ihn herausholten und ihn zur Beobachtung in die »Klapsmühle« brachten. Dort hielt er mit großem Geschick Ärzte und Personal so lange zum Narren, bis er irgendwie erfuhr, daß die Voruntersuchung abgeschlossen war. Dazu gehören schon eiserne Nerven; Paul hatte sie.

Bei der minuziösen Schilderung der Gestaposzene nannte er auch den Namen des Gestapomannes, der sich besonders hervorgetan hatte: Kientop. Dieser seltene Name ließ mich aufhorchen, und ich fragte, ob dieser ein auffallend grobes Gesicht mit Akne-Narben hätte. Er bestätigte dies und damit meinen Verdacht, daß es sich um einen ehemaligen Mitschüler am Dorotheenstädtischen Realgymnasium handelte, einen Dummkopf und notorischen Feigling. In der Zwischenzeit hatte ich ihn einmal auf der Straße in SS-Uniform gesehen und gedacht: Da gehörst du hin! Nun erfuhr ich also, daß er auch noch eine seinen Talenten entsprechende Karriere gemacht hatte.

Was alle politischen Gefangenen in Brandenburg einte, war die militante Gegnerschaft zur faschistischen Diktatur. Die Unterschiede der organisatorischen Herkunft, der politischen Ziele oder der Weltanschauung traten in den Hintergrund und wurden nebensächlich. Zwar hatten die Parteikommunisten zahlenmäßig das Übergewicht; die Sozialdemokraten waren – gemessen an den früheren

Mitgliederbeständen – schwach, aber die kleinen politischen Gruppen und Sekten relativ stark vertreten; sie waren »überrepräsentiert«, ihr politisches Bildungsniveau war im Durchschnitt am höchsten.

Kenntnisse der marxistischen Theorie waren bei den KPD-Leuten zu meiner Überraschung spärlicher verbreitet, als ich vermutet hatte. Manche Funktionäre, auch lerneifrige Junge, konnten zwar ganze Passagen aus »Lohn, Preis, Profit« oder auch aus Lenins Schriften zitieren, aber das war mitunter von rührend-unbeholfener Art, etwa wie in der Sonntagsschule das Aufsagen des Katechismus. Der Antrieb zum Handeln, das ihre Gefangenschaft verursacht hatte, war schlichte Treue zu ihren Genossen, zu ihrer Organisation, Empörung über die Gemeinheiten, die von der NS-Diktatur begangen wurden, Rebellion gegen Unfreiheit. An dieser Stelle muß allerdings auch eine andere Tatsache erwähnt werden: Die deutsche Arbeiterbewegung insgesamt hatte einen politischen Typus des nicht allein politisch geschulten, sondern auch auf Allgemeinbildung bedachten Autodidakten hervorgebracht, den man in normalen Zeiten schon an seinem äußeren Erscheinungsbild erkennen konnte. Die Schaffung dieses Typus ist eine echte Leistung der Arbeiterbewegung gewesen.

Unter den mittleren Funktionären der KPD kannten sich viele schon von draußen; es ist klar, daß solche alten Bindungen besonders eng waren und, verbunden mit dem charakteristischen Apparatdenken, die eigene Illusion nährten, andere zu dirigieren. Das kommt deutlich zum Ausdruck in dem in der DDR erschienenen Brandenburg-Bericht »Gesprengte Fesseln«[1].

Bis 1937 fanden beachtliche Mengen Flugblätter und Untergrundzeitungen Verbreitung, die von Illegalen auf einfachen Abziehappa-

---

[1] Berlin (Ost), 1976, 2. Auflage. Hier wird die Vorstellung von einer fabelhaft funktionierenden, bestens informierten, festgefügten illegalen Parteiorganisation der KPD geweckt, die das Unglaublichste möglich machte und unsichtbar allgegenwärtig agierte. Es wird an einer Legende gestrickt, und ich bin sicher, daß die Verfasser mittlerweile selbst daran glauben. Eine Partei, die über diktatorische Macht verfügt, kann die Vergangenheit nach den vermeintlichen Notwendigkeiten der Gegenwart »aufarbeiten«.

raten hergestellt waren, und über die Grenzen eingeschmuggelte Zeitungen und Broschüren der verschiedenen Richtungen des Exils. Gestapoberichte bestätigen das. In den ersten Jahren wurde illegale Zeitungen z. T. noch verkauft. In Betrieben wurden für Angehörige von Inhaftierten Sammlungen veranstaltet. Das war nicht ein selbstverständlicher kollegialer Akt, sondern eine strafbare Handlung, ein Verbrechen; das war »Vorbereitung zum Hochverrat«. Dennoch kam es noch 1936 in Berlin zu Solidaritätssammlungen für die spanische Republik. Diese auf persönliches Vertrauen sich stützende Arbeitsweise, die darauf abzielte, den alten Zusammenhalt aufrechtzuerhalten, kostete viele Opfer. Ein Beispiel dafür war der sogenannte Brotfabrikprozeß gegen Sozialdemokraten und Gewerkschafter in Duisburg,[1] der ein über das ganze Ruhrgebiet verzweigtes Verteilernetz der aus den Niederlanden eingeschmuggelten sozialdemokratischen Schriften zerschlug.

Agitatorische Breitenwirkung wurde mehr durch getarnte Postsendungen, gezielte anonyme Zustellung oder Flugzettelwurfaktionen z. B. in Großstädten aus fahrenden Zügen, Klebezettel u. a. m. erzielt. Inhaltlich trafen die selbstgemachten Publikationen nicht selten den richtigeren Ton, aber die technisch besser aufgemachten Exilblätter brachten Informationen von der Außenwelt, und das schuf Vertrauen auf die Kraft der Opposition, von der man hoffte, daß sie größer sei, als man ahnte. An diesem unterirdischen Pressekrieg gegen das Propagandaministerium waren ausnahmslos alle Exilgruppen und im Lande illegal weiterarbeitenden Richtungen des politischen Spektrums beteiligt.

Auf dem 7. Weltkongreß der Komintern 1935 in Moskau hatte Dimitroff, als Angeklagter im Reichstagsbrandprozeß durch seine Attacken auf Göring weltberühmt geworden, auf Stalins Anweisung eine völlig neue Politik initiiert. Er eröffnete eine weltweite Kampagne für die Einheitsfront mit den bisher als »Sozialfaschisten« bekämpften Sozialdemokraten und für eine Volksfront mit allen »fortschrittlichen Kräften«. Für die vom Faschismus regierten Län-

---

[1] s. dazu Kuno Bludau, Gestapo – geheim! Widerstand und Verfolgung in Duisburg 1933–1945. Bonn-Bad Godesberg 1973, S. 26ff

der proklamierte er die Taktik des Trojanischen Pferdes, nach der den aktiven Antifaschisten dringend empfohlen wurde, in die faschistischen Massenorganisationen einzutreten, um dort im Sinne des Widerstandes tätig zu werden. Der ebenfalls 1935 abgehaltene »Brüsseler« Kongreß der KPD, der in Wirklichkeit nicht in Brüssel, sondern ebenfalls in Moskau stattgefunden hatte, beteuerte, alte Fehler eingesehen zu haben; die von Stalin verordnete Politik, nach der der Hauptfeind die Sozialdemokratie war und das Ziel die Zerschlagung der »bürgerlichen« Demokratie, die Errichtung einer Sowjetrepublik, wurde auf Stalins Geheiß über Bord geworfen. Nun sollte die Einheitsfront und Volksfront angestrebt werden mit dem Ziel der Wiedererrichtung der Weimarer Republik. (Noch 1938 traf ich in der Haft allerdings auf kommunstische Arbeiter, die über diese »Neuigkeit« verblüfft waren.) In manchen Referaten wurden Schilderungen von angeblichen Massenaktionen in Deutschland geliefert, die von Fehlinformationen oder lebhafter Phantasie, manche Ratschläge und Aufforderungen zu Aktionen, die von Weltfremdheit oder völliger Unkenntnis der wirklichen Lage zeugten. Das alles wurde, in winziger Augen-Pulverschrift auf hauchdünnes Papier in Kleinformat gedruckt, aus dem Exil über die Grenzen eingeschleust. Aber da gab es noch anderes. Zum Beispiel eine umfangreiche Schilderung des Stachanow-Kongresses zur Erhöhung der Arbeitsnormen in den Gruben und Fabriken der Sowjetunion, auf dem von der Partei gefeierte »Stoßbrigadiere« als Antreiber ihrer Arbeitskollegen auftraten und lachend erzählten, daß man mit Leichtigkeit schneller arbeiten und gleichzeitig mehr Maschinen bedienen könne. Man verbreitete auch den vollen Wortlaut des Moskauer Schauprozesses gegen Radek, Sokolnikow u. a. mit den niederträchtigen Suggestivfragen des Staatsanwalts Wyschinski und den einstudierten Selbstbezichtigungen und gelegentlichen taktischen Ausbruchsversuchen der angeklagten Altbolschewiki. Das wurde einem auf verlorenem Posten stehenden Illegalen als Lektüre und als zu verbreitende Information zugemutet. Auch für den Transport solcher Schriften über die »grüne Grenze« riskierten mutige Männer Freiheit und Leben.

Als ich gegen Ende 1938 ins Außenkommando des Zuchthauses Brandenburg in Abbendorf an der Elbe gebracht worden war, fiel mir ein hochgewachsener, älterer Mitgefangener auf; er hatte ein scharfes Profil und weiße Haare. Ein Kommunist klärte mich auf: »Wat, als Berliner kennste den nich? Det ist Knüppelheinrich!« So wurde er von Kommunisten und Nazis genannt, der Polizeimajor Karl Heinrich, der in den Jahren der Weimarer Republik für die Unversehrtheit der »Bannmeile« um Reichstag und Regierungsviertel zu sorgen hatte. Diese Bannmeile war, nach den schrecklichen Ereignissen vor den Stufen der Reichstagsfreitreppe im Jahre 1920,[1] als Sperrbezirk geschaffen worden, innerhalb dessen keine Demonstrationen stattfinden durften. Das Parlament sollte nicht unter den Druck der Straße geraten. Da Heinrich als Sozialdemokrat und Reichsbannerführer seine Aufgabe ebenso unparteiisch wie energisch durchführte, wurde er auf beiden Seiten des politischen Spektrums mit diesem Spitznahmen bedacht. Die alten Animositäten schienen aber bei den Berliner Kommunisten kameradschaftlich-gutmütigem Spott, damals »Flachs« genannt, Platz gemacht zu haben. In der Illegalität war Heinrich das Haupt einer eigenen Widerstandsgruppe gewesen, die offenbar ziemlich unabhängig war. Seine sarkastischen Bemerkungen waren treffend. Er entwickelte manchmal einen bemerkenswert skurrilen Humor. So äußerte er einmal die Absicht, nach dem »Knast« nach Neu-Kaledonien auszuwandern und sich in einer Einsiedlerklause eine Brandenburg-Gedächtnisecke herzurichten mit Spindkarte, Blechnapf und der nachgefertigten schwarzen Kluft. Alle lachten, er am meisten. Als ich ihn zum letzten Mal bei der Arbeit sah, stand dieser hochgewachsene alte Herr mit einem halben Dutzend Mitgefangener auf einer Fünf-Kubikmeter-Lore, die an unserer Schipperkolonne im Schneeregen vorbeirollte. Er hatte, wie die anderen auch, den blauen Wetterumhang um die Schultern gelegt und das

---

1 Am 13. 1. 1920 feuerte die Sicherheitswehr unter dem Kommando des General v. Lüttwitz auf eine Massendemonstration vor dem Reichstag, die sich gegen die geplante Form des Betriebsrätegesetzes richtete. Es gab 42 Tote und 105 Verletzte.

schwarze Krätzchen, die schirmlose Mütze, über die Ohren gezogen; seine schlohweißen Schläfenhaare leuchteten vor. Es war ein Sauwetter. Er rief uns ein Scherzwort zu. Dann kam jene gefürchtete Kommission und stellte einen Transport in die berüchtigten Moorlager im Emsland zusammen. Nach welchen Gesichtspunkten da selektiert wurde, war unerfindlich. Er und mein Prozeßgenosse Walter Beyer, ein Medizinstudent, der aus der Bündischen Jugend stammte, waren dabei. Beide sah ich zum letzten Mal. Später hörte ich von einem »Moorsoldaten« über die beiden achtungsvoll sagen, sie hätten sich tapfer gehalten.
Das mit dem »Sich-tapfer-Halten« liest sich heute so leicht. Man muß aber wissen, daß es gerade in diesen Moorlagern, obwohl nicht der SS, sondern der Justiz unterstehend, schrecklich zuging. So erfuhr ich in Brandenburg von einem aus dem Moorlager zurückverlegten Kommunisten namens Voggenauer, daß das Krankenhaus in Papenburg immer wieder Selbstverstümmler behandeln müsse, die sich Kopierstiftpartikel in die Augen getan, Rasierklingensplitter verschluckt oder Fingerglieder mit dem geschliffenen Spaten abgeschlagen hatten, um aus der »Hölle am Waldessaum«, wie das Lager Esterwege genannt wurde, wegzukommen. Ein Fall machte die Runde durch alle Strafanstalten: Ein Verzweifelter, der sich die ganze Hand abgetrennt hatte, wurde nach der ärztlichen Versorgung ins Lager zurückgeschickt; der Kommandant ordnete an, daß dem Krüppel vom Schmied ein Ringhaken angefertigt wurde, der mittels einer Kappe am Armstumpf befestigt wurde, damit der Unglückliche auch weiterhin den Spaten halten könne.
Nach dem Zusammenbruch des NS-Regimes habe ich als Kriegsgefangener in den Vereinigten Staaten in einer Zeitung gelesen, daß Karl Heinrich Kommandeur der neuaufgestellten Berliner Schutzpolizei geworden war. Als ich 1946 heimkehrte, mußte ich erfahren, daß die Russen ihn inzwischen hatten verschwinden lassen – im wahren Sinne des Wortes. Heinrich war nach dem Kriege einer der wenigen, die für solchen Posten nicht nur die Eigenschaft eines Fachmannes, sondern auch die eines Widerstandskämpfers und Verfolgten mitbrachten. Das Vertrauen der drei westlichen Stadtkommandanten also besaß er; die Russen jedoch wollten keinen selbstbe-

wußten Widerständler, sondern einen von ihnen Abhängigen; sie wollten keinen sich der Zwangsvereinigung widersetzenden Sozialdemokraten, sondern einen in russischer Gefangenschaft »umerzogenen« Ritterkreuzträger. So verschwand Heinrich, zu einer »Besprechung« mit einem Offizier der sowjetischen Besatzungsadministration geladen, spurlos in einem anderen Gebäudetrakt des Polizeipräsidiums, in dem seine eigene Dienststelle untergebracht war. Vergeblich bat seine Frau um Aufklärung. Die Russen stellten sich dumm. Nach Jahren erst kam es durch aus russischer Haft Heimgekehrte heraus: Heinrich war in einem russischen Internierungslager auf deutschem Boden zugrunde gegangen.

Eine abenteuerliche Lebensgeschichte hatte Theo Faller, ursprünglich Metallfacharbeiter, aber bereits seit Jahren Berufsrevolutionär. Er stammte aus Lörrach in Baden, war jedoch nach zweijähriger Spezialausbildung in der Sowjetunion in Berlin im legendären (und wohl auch überschätzten) M-Apparat[1] der KPD aktiv. 1933 verhaftet, war ihm auf groteske Weise die Flucht aus der Kaserne der gefürchteten SA-Feldpolizei in der Alexanderstraße gelungen: Jemand hatte ihn aus seiner Zelle geholt, ihm Besen und Müllschippe in die Hand gedrückt und ihm befohlen, den Flur zu fegen. Als er bemerkte, daß der Flur an der Straßenseite des Hauses lag und vor der Hausfassade ein Malergerüst aufgebaut war, öffnete er in einem unbewachten Augenblick das Fenster und kletterte mit gezwungener Gelassenheit die Gerüstleiter wie ein Bauarbeiter oder Anstreicher hinab. Von niemandem beachtet, tauchte er im Gewühl der belebten Verkehrsstraße unter. Bei einer späteren Wiederergreifung wurde er im berüchtigten Columbiahaus in der General-Papen-Straße von der SS wochenlang fürchterlich mißhandelt. Er schilderte mir in seinem badischen Akzent die makabre Szene, wie er zerschlagen, mit zerfetzter Kleidung, abgerissenem Ärmel, in der Ecke kauernd von einem lachenden süddeutschen Bauernburschen

[1] Militär-Apparat der KPD mit Zersetzungsressorts für die Reichswehr u. Polizei, die SPD und die rechten Verbände, Ressorts für Betriebsspionage und für die eigene Sicherung.

in schwarzer SS-Uniform seinen Kameraden gezeigt wurde: »Da schaut's – der luegt wie a Fuchs.« Der »Fuchs« war scheinbar ein Asthenikertyp, dem man unter den schlotternden Kleidern die trainierten Muskeln nicht ansah. Sein Kopf war schmal, er hatte eine auffallend große Nase. Die Richter wußten, daß sie einen Militanten mit Stehvermögen vor sich hatten, aber sie ahnten nichts von seiner Bürgerkriegsausbildung in Rußland. Trotzdem wurde in seinen Gestapoakten schon vor dem Urteilsspruch der Vermerk angebracht, ihn nach Verbüßung der Strafe in ein KZ zu überführen. Dies war ihm bekannt, und so sann er auf Flucht. Die Flucht war in Brandenburg, wenn überhaupt, nur von der Außenarbeit aus möglich. Als er nach »guter Führung« zur Außenarbeit in die Beamtengärten kam, stellte er per Kassiber einen konspirativen Kontakt her, um Unterstützung von außen zu erlangen. Bei »seinem« Wachtmeister hatte er mittlerweile so etwas wie eine Vertrauensstellung erworben, und nach schweißtreibenden Vorbereitungen gelang der Coup: Faller verschwand in Zivil auf einem Motorrad noch vor dem ausgelösten Alarm, bei dessen Ertönung die drei Brücken zum Görden, auf dem die Anstalt liegt, abgesperrt wurden. Dann ging er über die »grüne« Grenze in die Tschechoslowakei; gleichzeitig ließ er seine Zuchthausuniform als Päckchen an den Hausvater schikken. Das war nicht nur eine Verhöhnung der Justiz, sondern eine Vorsichtsmaßnahme für den Fall des Mißlingens seiner Flucht: ein wieder eingefangener Flüchtling mußte sonst mit einer neuen Anklage wegen ›Diebstahls von Staatseigentum‹ rechnen.
Inzwischen war der spanische Bürgerkrieg ausgebrochen. In Prag angekommen, mißfiel ihm die Spannung unter den Emigranten, besonders unter den Parteikommunisten; daran waren nicht nur die demoralisierende soziale Lage und das dauernde Aufeinanderhokken schuld, sondern auch die politische Entwicklung in der Sowjetunion. Stalins »Säuberungen« warfen lange Schatten. Faller meldete sich nach Spanien und bekam dort, entsprechend seiner Ausbildung, den Auftrag, eine kleine Sabotagegruppe im Rücken des Feindes zu führen. Die Gruppe wurde hinter die Stellungen der Francotruppen geschleust und schlich sich nachts auf Eisenbahngelände an die für Lokomotiven der Militärzüge bestimmte Kohle

heran. Die großen Kohlestücke wurden mit einem dünnen Instrument angebohrt und Sprengstoff eingefüllt. Die Munitionszüge sprengten sich beim Heizen selbst in die Luft. Nach dem Abzug der Ausländer aus der spanischen Republik kam er wieder nach Prag, rechtzeitig um das Tohuwabohu im Emigrantenheim beim Einmarschieren der deutschen Truppen mitzuerleben. Er erzählte mit Erbitterung, daß die deutschen Flüchtlinge, während die Panzerspähwagen der Wehrmacht bereits durch die Straßen fuhren, die tschechischen Nachbarn vergeblich darum baten, ihnen kleine Karren und Wägelchen zu verkaufen, damit sie ihre Habseligkeiten bei der erneuten Flucht mitnehmen könnten. Niemand habe einen Finger zur Hilfeleistung gerührt; man habe vielmehr kaum abwarten können, sich auf die zurückgelassenen Sachen zu stürzen.
Faller flüchtete dann in Richtung auf die Karpatho-Ukraine; an der Grenze wurde er von den Rumänen verhaftet und in ein Konzentrationslager gebracht. Dort traf er sowohl rumänische Kommunisten als auch Codreanu-Faschisten als Gefangene. Nach drei Monaten wurde er in die mittlerweile besetzte Tschechoslowakei abgeschoben und erreichte wieder Prag. Mit Hilfe der Quäker, von denen er mit großer Hochachtung sprach, gelang es ihm, mit falschen Papieren und echter Fahrkarte im Eisenbahnzug in Richtung Schweiz abzureisen. An der Paßkontrolle beteiligte sich aber ausgerechnet ein Gestapomann aus Berlin, der ihn wiedererkannte. Im Pankraz, dem Prager Polizeigefängnis, traf er schließlich eine ganze Anzahl von Parteifunktionären wieder, denen die Flucht ebenfalls nicht geglückt war. Sie beschuldigten sich gegenseitig früher gemachter Fehler. Diese Rückblicke seien noch deprimierender gewesen als die Aussichten, meinte Faller. So kam er wieder nach Brandenburg, um dort die restliche Strafe mit der Gewißheit abzusitzen, danach nicht in die relative Freiheit entlassen, sondern in ein KZ »überstellt« zu werden. In dieser Situation lernte ich ihn kennen.
Er mußte sehr großes Vertrauen zu mir gefaßt haben. Denn nicht nur seine Ausbildung in Rußland, seine Zugehörigkeit zum M-Apparat, sondern auch seine Teilnahme am Spanischen Bürgerkrieg waren der Gestapo und den Mitgefangenen nicht bekannt. Unnötig zu sagen, daß es an diesem Ort zu jener Zeit niemanden gegeben

hätte, der mit so etwas hätte renommieren wollen. Seine Frau saß im Frauen-KZ Ravensbrück im Strafblock. Eines Tages zeigte er mir einen Brief von ihr, der ihm gerade ausgehändigt wurde. Es handelte sich um ein handgroßes, beschriebenes Gitterwerk aus Papier. Die beanstandeten Stellen waren vom Zensor mit der Schere herausgeschnitten worden, so daß die nicht beanstandeten Stellen auf der Rückseite ebenfalls fehlten. Aus der von länglichen, waagerechten Löchern unterbrochenen Ansammlung einzelner Satzfetzen war kaum noch ein Sinn herauszulesen. Theo Faller sah schwarz für seine Zukunft. Ich gab ihm meine Adresse für den Fall, daß es doch noch eine günstigere Entwicklung für ihn gäbe. Er winkte nur müde ab, prägte sie sich aber ein.

Nach der Verbüßung meiner Strafe meldete er sich eines Tages bei mir als Entlassener. Was zwischenzeitlich geschehen war, war so außergewöhnlich wie alles andere: Die Gestapo hatte ihn an seinem Entlassungstag vergessen. Nun blieb ihm nichts anderes übrig, als ein »großes Spiel« zu wagen. Als Zivilist mit ordentlichen Entlassungspapieren ging er in Berlin in die Prinz-Albrecht-Straße, ins Hauptquartier der Gestapo. Natürlich stellte sich heraus, daß man tatsächlich nur vergessen hatte, ihn abzuholen. Er wurde in eine der winzigen, fast quadratischen Wartezellen geschubst. Das waren, so sagte er mir, die schlimmsten Stunden seines Lebens. Als sie ihn wieder herausholten, machten die Gestapoleute neugierig-gespannte Gesichter. Faller erklärte ihnen, daß er, wenn sie seine Frau nicht freiließen, auch nicht »draußen« sein wolle. Er betrachte sich als ein geschlagener Gegner, der bezahlt habe und bei aussichtsloser Lage kapituliere. Die Gestapomänner waren verblüfft. Diese Mischung ritterlicher Gesinnung und Unverfrorenheit schienen ihnen zu imponieren. Er wurde freigelassen und seine Frau aus dem KZ, wo sie sich eine Tbc zugezogen hatte, zur Aufpäppelung mit Butter und Schonkost ins Polizeipräsidium geschafft und nach etwa zwei Wochen entlassen. Ich lernte sie in ihrem gemeinsamen Heim, einer Laubenbaracke in Fredersdorf, kennen. Auch sie war ein außergewöhnlicher Mensch: eine lebenskluge Frau mit mütterlichem Instinkt, dabei äußerlich eher ein harter Typ, der an frühe Revolutionärinnen der Zarenzeit erinnerte. Im Gespräch sagte sie einmal:

»Lieber Unrecht dulden, als Unrecht tun.« Das klang nicht gerade leninistisch. Dabei war sie eine geschulte, intelligente Frau, Dolmetscherin und Justizangestellte in der Weimarer Zeit. Zu Beginn des Dritten Reiches hatte sie an einer gescheiterten Befreiungsaktion für Thälmann in Moabit teilgenommen.

Theo Faller wurde nach mir zu den 999ern eingezogen und kam in den Dodekanes. Dort wurde sein Schiff zwischen den Inseln während des Transports getroffen und versenkt. Die Engländer sollen auf die Schiffbrüchigen geschossen haben; jedenfalls erhielt er einen Lungensteckschuß. Da er, wie ich aus seinen Jugenderinnerungen wußte, ein im Oberrhein trainierter guter Schwimmer und überhaupt ein zäher Kerl war, erreichte er noch den Strand von Rhodos. Dort liegt er begraben.

Die KPO[1], als »rechte« Oppositionsgruppe 1928 mit Brandler und Thalheimer aus der KPD ausgeschlossen, war besonders in den Industriebetrieben aktiv. Sie hatte ihre Hauptstützpunkte in Breslau, Stuttgart, Leipzig und Berlin. Ihre Kritik an der KPD konzentrierte sich auf deren Abhängigkeit von Moskau; unter Stalins Einfluß hatte die KPD in wachsendem Maße den Kampf gegen die Sozialdemokratie, die von ihm als »Sozialfaschismus« diffamiert wurde, geführt und die Gewerkschaften zu spalten versucht. Die KPO hielt zu entsprechenden Gruppierungen in anderen Ländern Verbindung und betrachtete sich als eine Opposition innerhalb der kommunistischen Bewegung – deshalb die eigene offizielle Bezeichnung als KPD(O) –, die eine Reform der Komintern anstrebte. In der innerrussischen Auseinandersetzung galt ihre Sympathie dem ehemaligen ersten Vorsitzenden der Komintern, N. Bucharin, der nach den Moskauer Schauprozessen erschossen wurde.

KPO-Leute galten zu Recht als besonders rührige Gewerkschafter.

---

1 siehe Karl Hermann Tjaden, Struktur und Funktion der KPD-Opposition (KPO), Meisenheim am Glan, 1964. Siehe auch den Beitrag des aktiven KPO-Mitgliedes Edu Wald, in: Das Parlament, Beilage vom 3. 5. 1980.

So war der Leiter der Widerstandszelle des Metallarbeiter-Verbandes in Berlin, die eine selbsthergestellte Untergrundzeitung herausgab, das KPO-Mitglied Walter Uhlmann. Dieser hatte illegal, d. h. vor der Gestapo versteckt und polizeilich nicht gemeldet, leben müssen und war zu acht Jahren Zuchthaus verurteilt worden, die er jetzt in Brandenburg verbüßte. Nach seiner Verhaftung wollte es der Zufall, daß er im Treppenhaus der Gestapozentrale in der Prinz-Albrecht-Straße an dem allgewaltigen Himmler vorbeigeführt wurde. Da Uhlmanns Erscheinung – groß, blond, blauäugig – so ganz den Idealen der SS entsprach, stutzte Himmler, blieb stehen, musterte ihn durch seinen Zwicker und fragte nur: »Kommunist?« Uhlmann, der als oppositioneller Antistalinist durchaus eine differenziertere Antwort hätte geben können, sagte schlicht: »Ja.«
In dem DDR-Buch über Brandenburg wird Uhlmann zur Unperson gemacht, die Autoren dieses Berichtes verzichten dabei gerade auf jene Fakten, die das zu stützen geeignet sind, worum es ihnen am meisten geht: den Nachweis aktiven Widerstands. So wird gesagt, daß es nicht gelungen sei, die Verbindung zu der letzten noch gegen Kriegsende illegal arbeitenden Organisation in Berlin, der Saefkowgruppe, herzustellen. In Wirklichkeit wurde diese Verbindung von Uhlmann hergestellt, der als LKW-Beifahrer dabei seinen Kopf riskierte.[1]
Der Stalin-Hitler-Pakt wirkte auf alle politischen Gefangenen niederschmetternd. Die Beamten jedoch feixten. Das von der Justizverwaltung zentral herausgegebene Blatt für die Sträflinge, »Der Leuchtturm«, brachte auf der Titelseite das Bild vom Empfang des NS-Außenministers Ribbentrop auf dem Moskauer Flughafen. Eine Musikkapelle der Roten Armee spielte das Horst-Wessel-Lied, wie in der Bildunterschrift genüßlich hervorgehoben wurde. Aus der Sicht der Politischen war eine böse Entwicklung eingetreten; bei dem linientreuen Kommunisten kam die seelische Belastung hinzu. Dennoch gab es Funktionäre, bei denen der Wille zu glauben stärker war als die Vernunft.
Ich entsinne mich einer in der Baracke in Abbendorf des Nachts

---

1 s. Beitrag von W. Uhlmann, S. 219 ff.

flüsternd geführten Diskussion im September 1939 zwischen Uhlmann, Karl Müller und mir. Müller versuchte die Haltung der Sowjetunion zu begründen und zu verharmlosen. Wir wollten von ihm wissen, was er denn sagen würde, wenn sich herausstellen sollte, daß Stalin und Hitler heimlich eine Demarkationslinie durch Polen vereinbart hätten, an der sich Wehrmacht und Rote Armee als Verbündete träfen. Die Antwort: das sei ausgeschlossen, der Gedanke sei so aberwitzig, daß es nicht lohne, an solche Hypothese ein Wort zu verschwenden. Als wir insistierten und sinngemäß sagten, daß seine Einstellung richtig sein möge – auch wir hofften dies ja –, aber ob im Falle der angenommenen Bestätigung solcher Hypothese nicht auch er die Notwendigkeit sehe, die eigene Einschätzung der Sowjetunion neu zu überdenken, gab er dies nach einigem Sichwinden zu. Natürlich »rein theoretisch«, denn es sei sowieso eine müßige Gedankenspielerei. An einem der nächsten Tage brachte jemand den »Völkischen Beobachter« mit der auf einer Karte von Polen eingezeichneten Demarkationslinie ins Lager. Aber bei manchen Kommunisten war der Glaube eben stärker als Vernunft, auch bei Anhängern des »wissenschaftlichen« Sozialismus.

In dem Buch »Gesprengte Fesseln« wird eine kleine Wartezelle für Arztpatienten im Haus 2 erwähnt, in der hin und wieder ein kurzer Gedankenaustausch zwischen Politischen stattfand, die sich auf andere Weise nicht hätten sehen können. Unter dem Vorwand der medizinischen Betreuung wurden solche Begegnungen gelegentlich arrangiert. In dieser Zelle hatte ich eine interessante Begegnung mit einem Intellektuellen aus der Karl-Liebknecht-Haus-Sphäre, der sich Glaser nannte und, wie er sagte, eigentlich Ungar war. Meine Anwesenheit war nicht arrangiert – ich mußte mich einer Zahnbehandlung unterziehen. Glaser war eine schlanke, selbst in der Anstaltskluft fast elegant wirkende Erscheinung mit glatt gekämmtem dunklen Haar und dünnem Oberlippenbärtchen. Wir waren allein. Da ich mich noch mitten in meiner »philosophischen Phase« befand, stellte er schnell mein Interesse an Grundsätzlichem fest und erwähnte, daß er vorwiegend mit theoretischen Problemen befaßt gewesen sei. Ich setzte ihm mit Fragen zu über Widersprüche, die

mir bei meiner Beschäftigung mit Werken von Marx und Lenin aufgefallen waren: Marx und Engels gingen von der wirtschaftlichen Reife oder Überreife eines Landes aus, bei der die Revolution nur noch die Geburtshilfe für die nächsthöhere Stufe, in unserem Jahrhundert also der Sozialismus, leiste. In Rußland sei doch diese Reife 1917 überhaupt nicht vorhanden gewesen. Als ich auf die Überholtheit, das Altmodische im Materialismus des 19. Jahrhunderts gegenüber den inzwischen gewonnenen Erkenntnissen von Planck, Einstein und Heisenberg hinwies und meinte, daß die Behauptung, die Energie sei nur eine Funktion der Materie, doch nicht aufrechtzuerhalten sei, lächelte er milde und sagte: »Du bist ein typischer Deutscher.« Das sollte sicherlich kein Lob sein.
Wir kamen auf den Stalin-Hitler-Pakt zu sprechen. Als ich meine Erbitterung darüber äußerte, wußte er Trost: Ich solle mir doch mal leidenschaftslos das Positive vor Augen halten; er deutete ungeahnte Perspektiven an. Dieses Abkommen sichere der Sowjetunion nicht nur große wirtschaftliche Hilfe durch die Nazis, auch für unsere Ziele im eigenen Land sei doch – dialektisch betrachtet – von denen nolens volens einiges gemacht worden; sowohl technisch seien Schritte in Richtung Fortschritt gemacht worden als auch auf sozialem Gebiet, jawohl auch dort. Und wenn es nur ein paar Meter in der Richtung seien, man solle sie doch nicht übersehen. Letzten Endes bräuchten wir doch später mal dies und jenes nur noch zu Ende zu führen, was die heute teilweise schon angefangen hätten. Ihm sei es doch Wurscht, ob das unter dem Firmenschild NSV oder KdF stattfinde; wichtig sei nur, daß etwas in der richtigen Richtung in Bewegung käme. Wir würden uns unseren Blick durch Äußerlichkeiten, Namen, Embleme selbst verstellen. Für einen Marxisten sei nur die Beantwortung der Frage ausschlaggebend: Dient es dem Fortschritt? Ja oder nein. Für ihn sei klar: Ja! Wenn der Sieg des Kommunismus es nötig mache, sei er bereit, heute und gleich barfuß mit einer großen Hakenkreuzfahne von hier bis zum Brandenburger Tor in Berlin zu laufen.

K. O. Paetel, bis 1933 Herausgeber der kleinen Zeitschrift »Die sozialistische Nation«, legte im Exil, Anfang 1940 in der »Sozialistischen Warte«, dem Organ des ISK[1], seine Ansichten über die mögliche Entwicklung der illegalen KPD in Deutschland dar. Er fürchtete, daß die Reste der deutschen KP, die die menschliche und ideologische Krise, in die die Politik der Sowjetunion sie gebracht hatte, »in dogmatischer Verranntheit intakt überleben, damit endgültig zu einer außerdeutschen Kraft geworden« seien, die nur nach den Befehlen Moskaus handeln würde. »Heute schweigt man auf russische Order zu der aggressiven Außenpolitik des deutsch-russischen Blocks, morgen wird man auf den gleichen Befehl allein die ›Revolutionierung‹ Deutschlands betreiben, die im russischen Interesse liegt. Ist heute die kommunistische Arbeit im Dritten Reich wenigstens noch latent auch antinationalsozialistisch, so kann sie morgen eindeutig antisozialistisch sein, sowie die SU eigene Kolonisierungsziele in Deutschland verfolgen wird.«
Eine interessante Begegnung war für mich die mit Alexander Schwab, einem Repräsentanten der bereits damals historisch gewordenen KAPD[2], die links von der KPD anfangs eine zeitlang zur Kommunistischen Internationale zugelassen war. Sie war es, die bei den Kämpfen an der Ruhr 1920 und in Mitteldeutschland 1921 eine Rolle gespielt hatte und zeitweise eine höhere Mitgliederzahl – auch in Berlin – besaß als die KPD. Diese Richtung huldigte einem Aktionismus, mit dem sich Lenin in seiner Broschüre »Die Kinderkrankheit des ›Radikalismus‹ im Kommunismus« auseinandergesetzt hatte.[3] Als Anhänger einer unmittelbaren Räteherrschaft lehnten die KAP-Leute die Teilnahme an Parlamentswahlen ab; sie be-

---

1 Zu Karl Otto Paetel s. Biographisches Handbuch, S. 546f; Sozialistische Warte. Blätter für kritisch aktiven Sozialismus, Paris 2. Februar 1940, Nr. 3; s. dazu Werner Link, Die Geschichte des Internationalen Jugendbundes (IB) und des Internationalen Sozialistischen Kampf-Bundes (ISK). Marburg 1961.
2 KAPD = Kommunistische Arbeiterpartei Deutschlands. S. dazu Manfred Bock, Geschichte des ›linken‹ Radikalismus in Deutschland. Ein Versuch. Frankfurt a. M. 1976, S. 98 ff.
3 Bd. 9 der Elementarbücher des Kommunismus, Berlin 1926.

saßen starke Ähnlichkeiten mit den Anarchosyndikalisten. Schwab erzählte mir, wie er, als blinder Passagier von Matrosen auf einem Kohlendampfer nach Petrograd versteckt, mit im Mantelfutter eingenähter Delegiertenkarte zum Kominternkongreß nach Moskau gereist war. Dort trat er als Redner gegen Lenin auf. Alexander Schwab war Journalist. Er hatte sich in Berlin an der illegalen Arbeit einer Gruppe beteiligt, die sich »Rote Kämpfer«[1] nannte und sich aus Anhängern der »Rätedemokratie« zusammensetzte; es waren Luxemburgianer, frühere KAPler, die der SPD beigetreten waren, und Angehörige der SAJ, der sozialdemokratischen Jugend. Schwab starb später in einem sächsischen Zuchthaus. Neben ihm war Karl Schröder der bekannteste Vertreter dieser Gruppe, zu der auch Bruno Lindner, Volksschullehrer aus Berlin, gehörte, den ich ebenfalls in Brandenburg kennenlernte. Er mußte direkt aus dem Zuchthaus zur Division 999. Seine Einheit ergab sich auf dem Rückzug durch den Balkan den Bulgaren, die sie keineswegs als Genossen behandelten, sondern in ein Gefangenenlager sperrten. Durch einen mühsam zustande gebrachten Kontakt mit den Russen gelang es, von diesen übernommen und in die Sowjetunion gebracht zu werden; dort erging es ihnen jedoch nicht besser.
Der erste Kommunist, aus dessen Mund ich – noch vor Abschluß des Stalin-Hitler-Pakts – hören sollte, daß Stalin ein »Massenmörder« sei, war ein Leninbündler.[2] Diese linke Gruppe hatte sich unter Führung des Volksschullehrers Hugo Urbahns[3] 1927 von der KPD getrennt. Die von der KPD als »ultralinke Sekte« bezeichnete Gruppierung beteiligte sich am Widerstand ebenso wie die eigentlichen Trotzkisten.
Die Anhänger von Leo Trotzki, die sich als Vierte Internationale[4]

1 s. Olaf Ihlau. Die Roten Kämpfer. Ein Beitrag zur Geschichte der Arbeiterbewegung in der Weimarer Republik und im III. Reich. Meisenheim am Glan, 1969.
2 s. Rüdiger Zimmermann, Der Leninbund. Linke Kommunisten in der Weimarer Republik. Düsseldorf 1978.
3 zu Hugo Urbahns s. Hermann Weber, a. a. O., S. 329f.
4 s. Guenter Bartsch, Trotzkismus als eigentlicher Sowjetkommunismus? Die Vierte Internationale und ihre Konkurrenzverbände. Berlin 1977.

betrachteten und auch so nannten, waren bis dahin in der Sowjetunion wachsender Verfolgung ausgesetzt gewesen; sie bauten auch in anderen Ländern eine Linksopposition gegen Stalin und seine »Bürokratie« auf. Sie betrachteten sich als die wirklichen Kommunisten.

In der Bücherei, die dem Oberlehrer der Anstalt unterstand, waren drei politische Gefangene beschäftigt. Einer von ihnen war Rudolf Küstermeier, Journalist aus Berlin. Er hatte zu Beginn des Dritten Reiches das vielgelesene Wochenblatt »Blick in die Zeit« mitredigiert. Diese Zeitschrift bestand nur aus zitierten, raffiniert zusammengestellten Textstellen aus anderen Zeitungen, ohne eigenen Kommentar. Damit erreichte sie eine beachtliche Auflage; man machte sich gegenseitig augenzwinkernd auf das Blatt aufmerksam und vermutete »wer-weiß-was« für Hintermänner. In Wirklichkeit jedoch hatten die Herausgeber einfach eine originelle Idee, die eine ganze Weile – zum Erstaunen der Urheber selbst – funktionierte. Ich entsann mich der fettgedruckten Schlagzeile auf der ersten Seite einer Ausgabe im ersten Halbjahr 1933: »Die Märzgefallenen«. Die echten Märzgefallenen waren die bei den Straßenkämpfen der Revolution 1848 umgekommenen Barrikadenkämpfer Berlins, die im Friedrichshain begraben lagen. Nach den Märzwahlen von 1933 aber, die auch den vorsichtigsten Opportunisten die Gewißheit über den endgültigen Sieg der Nazis gaben, nannte der Berliner Volkswitz die Überläufer »Märzgefallene«, die in hellen Scharen in die einzige Partei drängten, die es noch gab, in die NSDAP. Küstermeier war das Haupt einer sozialdemokratischen Widerstandsgruppe, die sich »Roter Stoßtrupp« nannte und aus dem Studentenmilieu hervorgegangen war. Nach dem Kriege wurde er der erste Chefredakteur der Tageszeitung »Die Welt«.

In der Bücherei arbeitet er zusammen mit Waldemar Wadsack aus Breslau, Leiter der Schwarzen Front in Schlesien. Auch er hatte eine lange Freiheitsstrafe abzusitzen. Der dritte in der Bücherei war Erich Paterna[1], Lehrer aus Sorau und ehemaliger Sozialdemokrat,

---

1 zu Erich Paterna s. »Wer ist wer? Das deutsche Who's Who«. Berlin 1965, S. 244.

der zum Leninisten geworden war. Ich sollte ihn im Außenkommando wiedertreffen, wo wir uns näherkamen. Von enzyklopädischer Belesenheit war er vorwiegend an naturwissenschaftlich-philosphischen Fragen interessiert, aber auch für künstlerische Impulse stark empfänglich. In Abbendorf studierte er einen Chor ein, an dem auch ich mich beteiligte. Auf Bitte des Geistlichen sangen wir einmal zum katholischen Gottesdienst »Heilige Nacht, o gieße du ...« Es war ein bißchen paradox: da in dem Chor nur politische Gefangene sangen, bestand er fast nur aus Dissidenten (die damals übliche Bezeichnung für Freidenker, die keiner Glaubensgemeinschaft angehörten). Trotzdem sangen wir dem Priester zuliebe, der bei den politischen Häftlingen in gutem Ansehen stand, für seinen Gottesdienst, an dem nur drei Gläubige teilnahmen; es waren Kriminelle.

Obwohl Paterna in seinen grundsätzlichen Ansichten über kriminelle Straftäter einen weit liberaleren Standpunkt vertrat als die proletarischen politischen Mitgefangenen, litt er psychisch unter den Kriminellen. Als er von einer kleinen Arbeitskolonne abgelöst wurde, in der er der einzige politische Gefangene gewesen war, sagte er mir mit zerquältem Gesicht, er hätte es nicht mehr lange ertragen und das Gefühl gehabt, kurz vor einem Nervenzusammenbruch zu stehen. Es war nicht nur die Roheit der Ausdrucksweise und des Benehmens, sondern vor allem die niederträchtige Gesinnung, die ihn tief deprimierte. Wir arbeiteten längere Zeit in einer kleinen Arbeitsgruppe beim Elbdeichbau auf dem Spülfeld, wo wir in den 12-Stunden-Schichten auch nachts arbeitend im Zweimannteam Gelegenheit hatten, unbelauscht unsere Gedanken auszutauschen und unsere Phantasie schweifen zu lassen. Paterna neigte als echter Schulmann zum Dozieren. Ich profitierte von seinem profunden Wissen und merkte mir die zahlreichen Literaturhinweise für ein späteres Quellenstudium. Während ich als »Marx-Anfänger« noch die vor wenigen Jahren als Offenbarung übernommenen materialistischen Grundauffassungen schwach zu verteidigen suchte, lehnte er diese als Ausdruck eines aus dem 19. Jahrhundert stammenden, längst überholten Vulgärmaterialismus ab.

Erich Paterna, Kriegsfreiwilliger von 1914, aus dem großen Völkermorden ernüchtert heimgekehrt, hatte sich in der Revolution der Sozialdemokratie angeschlossen. Er gehörte zu den »Entschiedenen Schulreformern« und kam 1932 in Kontakt mit den Kommunisten. Nach Hitlers Machtübernahme beteiligte er sich an der illegalen Arbeit einer Widerstandsgruppe im Lausitzer Braunkohlenrevier. Aus dem Munde von politischen Mitgefangenen hörte ich gelegentlich die Ansicht, er sei religiöser Sozialist; das stimmte aber nicht. Er hatte sich vielmehr einen eigenen Standpunkt erarbeitet. Philosophisch war er Monist mit einer gewissen Neigung zu mystischer Welterklärung. Er bestand auf der Gültigkeit absoluter Werte. Den historischen Materialismus als Erklärung der Geschichte und Anweisung zum Handeln in der Politik erkannte er an. Seiner Meinung nach war aber die Bezeichnung nicht glücklich gewählt und aus der polemischen Gegenposition von Marx und Engels gegen den vorher herrschenden historischen Idealismus zu werten; die bessere Nomenklatur wäre Realismus gewesen. Den dialektischen Materialismus als Weltanschauung hingegen lehnte er für sich ab: Leninist mit einer Reservatio mentalis gegenüber dem »Diamat«. Ausgerechnet über ihn wird in dem in der DDR erschienenen Bericht über Brandenburg behauptet, er habe im Außenkommando Abbendorf »regelmäßig ... auch über die materialistische Dialektik (sic!) gelehrt«.[1]

In Paternas Gesicht kamen drei für ihn charakteristische Züge deutlich zum Ausdruck: die Gewohnheit konzentrierten Nachdenkens, die liebenswürdige Konzilianz, die mit einem schnellen Lächeln zu gutem Willen einzuladen schien, und merkwürdigerweise eine Neigung zu mönchischem Eiferertum. Im persönlichen Umgang der denkbar angenehmste Kamerad, war er allgemein beliebt. Verabredungsgemäß gab er nach seiner Entlassung ein Lebenszeichen, und ich besuchte ihn, bevor ich als 999er nach Afrika geschickt wurde, in Kriescht, einem kleinen Nest im Oderbruch; dort lebte er als Buchhalter einer Molkerei mit seiner Familie völlig isoliert. Nach dem Krieg machte die SED ihn zum Fakultätsleiter an der Partei-

[1] s. auch den Beitrag von Walter Uhlmann, S. 191

hochschule in Kleinmachnow und später wurde er Professor für Geschichte an der Humboldt-Universität in Ost-Berlin.

Zu den prominenten Gefangenen, den »interessanten Fällen«, gehörte Ernst Niekisch[1]. Die Nachricht über seine Verurteilung zu lebenslänglicher Haft war, während ich bereits einsaß, zu mir durchgesickert. Man muß bedenken, daß sein politischer Standpunkt zu dieser Zeit den meisten Mitgefangenen nicht bekannt war. Ich hatte gelegentlich seine Monatsschrift »Widerstand« gelesen, die bis Ende 1934 erscheinen konnte; halb gelähmt und fast erblindet wurde Niekisch Ostern 1939 in Brandenburg-Görden eingeliefert. Seine Gruppe hatte aus Zirkeln seiner ehemaligen Leser bestanden, die sich trafen und gelegentlich auch von ihm besucht wurden. Der Hauptanklagepunkt war sein Manuskript »Das Reich der niederen Dämonen«[2], eine vernichtende Generalabrechnung mit dem Dritten Reich; sie sollte im Ausland erscheinen, wurde aber von den Nazis entdeckt. Die Zeitschrift »Widerstand« war bereits 1926 entstanden. Ihr Name bezog sich auf den Widerstand gegen Versailles und die »Erfüllungspolitik« der Weimarer Republik. Die politische Zielrichtung der Zeitschrift war nationalrevolutionär, antiwestlich; sie trat für ein Zusammengehen mit der Sowjetunion ein, deshalb nannte man sie auch »nationalbolschewistisch«. Niekisch bewunderte in einem (mit seinem Pseudonym Spektator gezeichneten) Artikel Stalin als große »imperiale« Figur, während er in Trotzki den internationalistischen jüdischen Intellektuellen sah, der zu Recht gescheitert sei.
Ein außergewöhnlicher Fall war auch Georg Walter[3], der als Altnationalsozialist 1931 anläßlich der SA-Meuterei um Stennes zur Schwarzen Front gestoßen war und auch Kontakte zum Scheringerkreis aufgenommen hatte. Auf den dringenden Rat seiner neuen

---

1 s. Ernst Niekisch. Erinnerungen eines deutschen Revolutionärs. 2 Bde., Köln 1974. Ders. Politische Schriften. Köln/Berlin 1965.
2 1953 bei Rowohlt in Hamburg publiziert.
3 s. Beitrag von Georg Walter, S. 140

Wegen Vorbereitung zum Hochverrat vor dem Volksgerichtshof

Am Dienstag beginnt vor dem 1. Senat des Volksgerichtshofs ein Verfahren wegen Vorbereitung zum Hochverrat gegen den Schriftsteller Ernst Niekisch und zwei weitere Angeklagte.

Niekisch, ein früherer Volksschullehrer, war bereits bei der Aufrichtung der Räterepublik in München in den Jahren 1918 und 1919 führend beteiligt und wurde deshalb schon damals wegen Hochverrats verurteilt. Auch in der folgenden Zeit gehörte er linksgerichteten Parteien an und gab etwa sei dem Jahre 1926 die Zeitschrift "Widerstand" heraus.

Schon lange vor 1933 trat er in Gegensatz zum Nationalismus und bekämpfte auch nach der Machtübernahme bis zu seiner Festnahme die politischen und wirtschaftlichen Ziele des nationalsozialistischen Staates in hetzerischer Weise, wobei er die führenden Persönlichkeiten des Dritten Reiches in übelster Form beschimpfte.

Herausgeber: Alfred Rosenberg

Aus dem »Völkischen Beobachter« über den Prozeß gegen Ernst Niekisch 1938.

politischen Freunde hin ließ er sich als scheinbar reumütig Zurückgekehrter wieder in die SA aufnehmen; diese nahm es nicht so genau und gab ihm einen Rang wegen seiner alten »Verdienste«. In dieser Tarnung begann Walter eine intensive konspirative Tätigkeit: Er schleuste politische Flüchtlinge aus und illegale Flugschriften ein. Er traf sich mit dem kommunistischen Presse- und Propagandaspezialisten Willi Münzenberg[1] in Paris, war tätig als Kurier für die sich als Deutsche Freiheitspartei bezeichnende Gruppe um Klepper, den letzten preußischen Finanzminister der Weimarer Zeit, und Spiecker, Brünings ehemaligen Pressechef; beide hatten in der Schlußphase der Weimarer Republik an einer diskreten finanziellen Unterstützung der Schwarzen Front mitgewirkt. Die »Deutschen Freiheitsbriefe«, die seit 1937 die Gestapo in wachsendem Maße nervös machten, wurden von Münzenberg, nach seinem Abfall von der KPD, für die Freiheitspartei gedruckt und vorwiegend über eine Verteilungsstelle in Belgien nahe der Grenze von Georg Walter ins Reich eingeschmuggelt. Die von der Exil-KPD herausgegebene »Deutsche Volkszeitung« enttarnte öffentlich die Adresse. Die Gestapo schlug zu. Walter wurde zu 10 Jahren Zuchthaus verurteilt.

Der Austromarxist Josef Hindels nannte das Programm der Schwarzen Front ein »Amalgam aus Nibelungensage und Revolutionsbegeisterung, aus fast-marxistischen Erkenntnissen und romantischer Phraseologie«. Von Otto Strasser erschien im Januar 1934 in Prag die Broschüre »Sozialistische Revolution oder faschistischer Krieg?« Er hielt im Exil Beziehungen zu den SPD-Reichstagsabgeordneten Otto Wels (Leiter der »Sopade«) und W. Sollmann, zu Wenzel Jaksch, dem Sprecher der sudetendeutschen Sozialdemokraten, zu den Volkssozialisten um Hans Jaeger und Max Cahen[2], zu Max Sievers, dem Vorsitzenden des Freidenkerverbandes, zu dem Pazifisten Kurt Hiller, mit dem er ein gemeinsames Manifest[3] verfaßte, zu dem früheren »Rote Fahne«-Redakteur

---

1 s. Babette Groß, Willi Münzenberg. Eine politische Biographie. Stuttgart 1967. S. 309 f.
2 s. Fritz Max Cahen, Men against Hitler, London o. J. (erschienen 1939).
3 s. Kurt Hiller, Köpfe und Tröpfe, Hamburg 1950, S. 144.

E. Wollenberg[1], der in seiner Zeitung publizierte, und zu den Schriftstellern Konrad Heiden und Emil Ludwig.[1]

Als einziger politischen Exilgruppe gelang es der Schwarzen Front, jahrelang eigene unabhängige Radiosender illegal in Betrieb zu halten. Den ersten brachte in der Tschechoslowakei die Gestapo durch ein Mordkommando zum Schweigen, wobei Rudolf Formis erschossen wurde. Kurz danach wurde in Zusammenarbeit mit den Volkssozialisten, einer sozialdemokratischen Exilgruppe, ein neuer Sender in Betrieb genommen. Ab 1937 wurde aus Südfrankreich gesendet. Der Schwarzfrontmann, der diesen Sender betrieb, ein ehemaliger Offizier namens Trenkle, wurde bei der Besetzung Frankreichs verhaftet und in Plötzensee enthauptet. In der »Deutschen Revolution«, dem in Prag herausgegebenen Organ der Schwarzen Front, hieß es im Januar 1937: »Das Hitlersystem bringt den Krieg, der Krieg bringt die Aufteilung Deutschlands – wenn nicht die sozialistische Revolution dies verhindert.« Vor der Militäropposition um den 20. Juli 1944 war diese Gruppe die einzige, die Attentatsversuche auf die Person Hitlers oder als Fanal gedachte Anschläge auf Parteieinrichtungen unternommen hatte. Die Anschläge endeten alle mit der Hinrichtung der Beteiligten.

Strafgefangene, die »auf Transport« von einem Gewahrsam zum anderen geschickt wurden, wurden einzeln von einem Polizisten an der Handgelenkkette, der sogenannten Longe, geführt; sie war an den Enden, die sich in der Hand des Beamten befanden, mit Knebeln versehen, um durch Drehung das Handgelenk des Gefangenen schmerzhaft einschnüren zu können, falls dem »Begleiter« dies geboten schien. Die meisten Polizisten machten es routinemäßig leger, denn es wurde ja vorher gewarnt, daß beim geringsten Fluchtversuch geschossen würde; es kam bei einer Transportkolonne schließlich auf jeden Häftling ein bewaffneter Polizist. Aber es gab auch besonders Tüchtige, die einem die ganze Zeit über mit dem

---

[1] zu den Genannten s. Biographisches Handbuch, S. 297, S. 811f, S. 709f, S. 330f, S. 327f, S. 106, S. 698, S. 296f, S. 834.

Ding die Adern strangulierten. Eine »verbesserte« Methode war das Zusammenschließen von jeweils zwei Gefangenen mittels der sogenannten »Acht«. Das waren Doppelhandschellen aus blankem Stahl, die durch ein Scharnier zusammengehalten wurden. Mittels eines klug erdachten Mechanismus wurden sie bei heftigen Bewegungen von selbst enger, weil eine kleine Nocke in die nächste Zacke einrastete.

An einer solchen »Acht« sah ich mich eines Tages bei einem Transport mit einem kleinen, behenden, kahlköpfigen Mann zusammengeschlossen; sein intelligentes Gesicht mit den lebhaften Augen kam mir sofort bekannt vor. Während meiner Untersuchungshaft hatte ich sein Bild in der Zeitung gesehen und einen Bericht über seinen Prozeß vor dem Volksgerichtshof gelesen, der mit seiner Verurteilung zu »lebenslänglich« endete. Es war Julius Philippson[1], einer der Leiter des illegalen ISK (Internationaler Sozialistischer Kampfbund), einer linken, nichtmarxistischen Gruppierung, die in den zwanziger Jahren aus der SPD ausgeschlossen worden war. Es waren ethische Sozialisten, die sich auf die Lehren ihres Begründers Leonard Nelson stützten. Philippson erzählte mir, daß man ihm als Juden in der Prinz-Albrecht-Straße besonders gemein zugesetzt hätte. So habe man ihn u. a. mit Handschellen an die Zentralheizung angekettet; selbst die an brutale Vernehmungsmethoden gewöhnte Frau, die die Protokolle tippte, sei in Tränen ausgebrochen. Als die Gestapoleute zu einer Stärkungspause in die Kantine gegangen seien, habe sie den Gefesselten aus Mitleid mit Schokolade gefüttert. Im Ersten Weltkrieg war Philippson als Offizier in russische Kriegsgefangenschaft geraten und zu Fuß quer durch Sibirien nach China geflüchtet. Zu uns ins Zuchthaus brachte er eine politische Neuigkeit mit: Die Italiener hatten Albanien besetzt. Als ich spontan herausbrachte, das hätte ich erwartet, meinte er mit leisem Spott: »So? Ich nicht.« Philippson kam später im Vernichtungslager Auschwitz ums Leben.

Ich traf auch andere ISK-Leute. So entsinne ich mich eines grauhaarigen Lehrers und eines jungen Maurers, deren ruhige, würdige

1 S. Deutsche Widerstandskämpfer 1933–1945, Bd. 2, S. 47 ff.

Haltung mich beeindruckten. Viele ISK-Leute waren Vegetarier und ihre Grundanschauungen wiesen bereits ökologische Gesichtspunkte auf. Ihre Organisation war sehr aktiv und hat große Opfer gebracht. Einige ihrer Genossen wurden zu 10 und mehr Jahren verurteilt, so Alexander Dehms, der in Brandenburg das Ende der Hitler-Diktatur erlebte. Der ISK war eine elitäre Kaderorganisation, in die man bereits während der Weimarer Republik nur durch Garantie von zwei Bürgen aufgenommen werden konnte, die sich selbst mindestens zwei Jahre als aktive Mitglieder bewährt haben mußten.
Otto Scharfschwerdt[1] war Sozialdemokrat alten Schlages, Vorstandsmitglied des Lokomotivführer-Verbandes, ein vierschrötiger, breitschultriger Mann mit kräftigem grauen Haar. Er war der Typus des deutschen Facharbeiters mit Berufsstolz und politischem Selbstbewußtsein. Ich lernte ihn kennen in der Außenarbeiterunterkunft des Hauses 2, die an den Duschraum angrenzte, in dem auch die Wannen für vom Arzt verordnete Bäder standen. Solche Bäder hatte der Arzt wohl gegen sein Rheuma verordnet, und so mußte er vor- und nachher in der Unterkunft jeweils auf den Badekalfaktor oder auf die Rückführung in die Zelle durch den Beamten warten. Das war ein willkommener Anlaß zu unbeaufsichtigten Gesprächen mit den Haftgenossen. Er genoß diese seltenen Kontakte sichtlich und war ein anschaulicher Erzähler. Sozialdemokraten mußten sich gelegentlich, besonders wenn es sich um »Bonzen« handelte, verhörartigen Diskussionen mit ihren kommunistischen Mitgefangenen stellen. Bei einer solchen Runde, wo es hoch herging, erschien unerwartet ein Wachtmeister auf der Bildfläche, der allerdings kaum etwas verstanden haben konnte, und rief scharf: »Na, Scharfschwerdt, Sie können das Agitieren wohl noch immer nicht lassen?!« Ich war erstaunt über die geschickte Art, mit der Scharfschwerdt verstand, humorvoll abzuwiegeln, ohne dabei im geringsten an Gesicht zu verlieren. Im Gegenteil fiel mir jedesmal auf, daß sein Auftreten den Beamten Achtung abnötigte. Bei einer

---

1 ebenda, S. 141f. Vgl. auch Gerhard Beier, Die illegale Reichsleitung der Gewerkschaften 1933–1945. Köln 1981, S. 47f.

solchen Debatte bat ich ihn einmal, mir doch zu erklären: »Warum habt Ihr 1918/19 nicht den Sozialismus eingeführt?« Da erhob er sich halb vom Schemel, beugte sich vor, tätschelte mir mit seiner großen Arbeitshand die Wange und lachte, wie man es mit einem Kind tut, das etwa gefragt hat, warum man Geburtstag immer nur einmal im Jahr habe. Die ›Antwort‹ befriedigte mich zwar nicht, aber mir war plötzlich klar, daß das von mir angesprochene historische Problem so komplex und meine Frage so naiv war, daß seine Reaktion ganz treffend zu sein schien. Zu seiner Verurteilung hatte u. a. die Herstellung von Flugblättern geführt, die mit »Front der anständigen Deutschen« unterzeichnet waren. Das Dritte Reich überlebte er nicht; er wurde im KZ Sachsenhausen umgebracht.

Die »Freistunde«, der 20-Minuten-Rundgang auf dem von vier Hausfassaden eingerahmten Hof, wurde in Brandenburg im Gleichschritt durchgeführt. Dabei sorgten die Beamten durch dauernde Mahnrufe »Abstand halten!« dafür, daß die einzeln hintereinander gehenden Gefangenen sich nicht verständigen konnten. Sprechen war verboten. Die Erfindungsgabe, mit der dieses Verbot durchbrochen wurde, war erstaunlich. Jeder Gefangene beherrschte nach einiger Zeit die Bauchrednerkunst: ohne die Lippen zu bewegen, konnte er mit teilnahmslosem Pokergesicht reden und so mit dem Hinter- oder Vordermann Mitteilungen austauschen. Dennoch wurde immer wieder mal einer erwischt, der die Freistunde dann abbrechen mußte. Eines Tages wurde bei einer Freistunde unter dem Triumphgeschrei des Wachtmeisters ein »Missetäter« gefunden. Es war ein hochaufgeschossener, junger Mensch; für den Rest der »Freistunde« mußte er sich wie ein kleiner Schuljunge mit dem Gesicht zur Wand in eine Ecke stellen. Mir fiel seine verächtliche Miene auf, die sehr im Gegensatz zu seinem jungen, offenen Gesicht stand. Später sollte ich seine Devise hören: »Haß ist unwürdig, ich kann nur verachten!« Man sagte mir, daß er ein politischer Häftling sei, der schon dreieinhalb Jahre Einzelhaft hinter sich habe. Bei der Einlieferung sei er noch so jung gewesen, daß er in der Haft noch gewachsen und unter den Gegebenheiten herzleidend geworden sei. Jeder schien ihn zu kennen. Er hatte einen ausgefallenen, griechisch klingenden Namen: Hans Loriades.[1]

Einige Zeit später traf ich ihn im Außenkommando Abbendorf; dorthin hatte man ihn versuchsweise geschickt. Er kam in meine Baracke, die zu dieser Zeit fast nur mit politischen Gefangenen belegt war, und so nahmen wir die Gelegenheit zum Gedankenaustausch wahr; wir freundeten uns an. Hans Loriades hatte der Kommunistischen Jugend angehört. Als Neunzehnjähriger war er 1934, also zu einer Zeit, als die Strafen noch nicht so hoch ausfielen wie später, zu einer Zuchthausstrafe von acht Jahren verurteilt worden, weil er bei seiner Verhaftung eine Pistole bei sich getragen hatte; zum Glück für ihn war sie ungeladen. Immerhin hatte er damit bei der konspirativen Zusammenkunft in einer verbarrikadierten Dachwohnung die plötzlich erschienenen Gestapomänner so lange in Schach halten können, bis die anderen Freunde über die Dächer verschwunden waren. So hat er es mir erzählt, sachlich und ohne Ausschmückung. Viele Jahre später hörte ich diese Schilderung auch von anderer Seite. Belastendes Material hatte er verbrannt und niemandem preisgegeben.

Mit seinem grüblerischen Wesen, seinem moralischen Rigorismus und der Drahtbrille vor den kurzsichtigen Augen erinnerte Loriades an einen Studenten aus Dostojewskis »Dämonen«. Einen Beruf hatte er offenbar nicht erlernt; kein Wunder, wenn man bedenkt, daß bei seiner Verhaftung im Januar 1934 die 1929 begonnene Wirtschaftskrise noch nicht beendet war. Dieser »ungelernte Arbeiter« war erstaunlich belesen und außerordentlich wißbegierig. Sobald er den Eindruck hatte, einen »Experten« vor sich zu haben, setzte er ihm mit gezielten Fragen zu. So fragte er einmal einen wegen Meineides einsitzenden Rechtsanwalt mit flottem Schmiß auf der Backe, was das mit den Justinianischen Pandekten auf sich habe. Die unwillige Reaktion des Juristen ließ erkennen, daß er von Honoraren für Scheidungsklagen mehr verstand als von der Geschichte des Rechtswesens. Einen politischen Mitgefangenen hörte ich über Loriades voller Bewunderung sagen: »Der Junge ist eine Denkma-

---

[1] s. Deutsche Widerstandskämpfer 1933–1945, Bd. 2, S. 520.

schine!« In dieser Ausdrucksweise kam zwar die aus dem 19. Jahrhundert stammende, von der linken Arbeiterbildung gepflegte charakteristische Überschätzung des Mechanisch-Materiellen zum Ausdruck, aber er hatte ganz richtig bemerkt, daß dieser junge Mensch viel nachdachte und eine bemerkenswerte Fähigkeit zu logischem Denken entwickelt hatte. Hans interessierte sich für Philosophie und stellte sich und anderen bohrende Fragen. So konnte es nicht ausbleiben, daß er auch auf dem uns nächstliegenden Problemfeld, dem politischen, Fragen stellte und sich nicht mit Milchmädchenrechnungen zufriedengab. Da ihm deswegen schon von der Anstalt her der Ruf, Trotzkist zu sein, anhaftete, drängte er sich mit seinen Zweifeln und Schlußfolgerungen niemandem auf, hielt aber nicht hinterm Berg zurück, wenn er darauf angesprochen wurde. Bei mir öffnete er die Schleusen. Er glaubte von den Staatsanwaltsmärchen der Moskauer Schauprozesse kein Wort. Man müsse hinsichtlich der Internationale alles neu überdenken; Trotzki habe anscheinend recht. Er würde ihn gern mal lesen. Das waren natürlich für einen linientreuen Kommunisten sakrilegische Gedanken. Der Stalin-Hitler-Pakt und die durch ihn ausgelöste Erschütterung des Vertrauens waren noch nicht in Sicht. Bereits ein Dreivierteljahr davor war Loriades ein ausgewachsener Oppositioneller, der weiter ging als etwa der ehemalige Brandenburg-Häftling Robert Havemann 40 Jahre später. So mußte ein böser Geist gefunden werden, der dem intelligenten Jungen die Zweifel in seine Seele gesenkt hatte. Verantwortlich gemacht wurde dafür ein trotzkistischer Mitgefangener namens Berger, den Loriades im Haus 2 eine Zeitlang täglich beim »Kübeln« traf. Ihm wurde das Kunststück zugetraut, einen so selbständig Denkenden in Minutenlektionen, zwischen Nachttopfleeren und Verrichtung der körperlichen Bedürfnisse, zu einer anderen politischen Einstellung bekehrt zu haben.[1]
Hans fürchtete, daß er die ungewohnte Schwerarbeit nicht durchstehen werde. Ich versuchte deshalb, ihm den Willen zum Durchhalten ein wenig zu vermitteln. Das war nicht einfach, denn diese

1 vgl. diese Version in Gesprengte Fesseln, Berlin 1975, S. 116f.

zermürbende Einzelhaft hatte ihn bei aller erstaunlichen geistigen Spannkraft doch physisch sehr geschwächt. Es war ihm klar, daß körperliche Bewegung an frischer Luft und eine etwas nahrhaftere Verpflegung als die in der Anstalt für die noch vor ihm liegenden Haftjahre entscheidend sein könnten, aber er schaffte es nicht. Bevor er wieder in die Anstalt zurückgebracht wurde, äußerte er den Wunsch, wir müßten, falls es dazu überhaupt Gelegenheit gäbe, uns später unbedingt wiedersehen. So tauschten wir unsere Adressen aus und prägten sie unserem Gedächtnis ein. Ich sollte ihn einen Tag nach seiner Entlassung aufsuchen, weil mein Entlassungsdatum vor seinem lag. Wir nahmen Abschied und sollten uns nie wiedersehen.
Verabredungsgemäß ging ich 1942 nach Neukölln, und nachdem ich mich vergewissert hatte, daß die »Luft rein« war, klopfte ich an die Tür der Parterrewohnung mit dem altmodischen Namensschild aus Porzellan. Seine Mutter ließ mich ein. Sie zeigte auf die Einmachgläser mit dem vom Munde abgesparten Fleisch und den selbstgestrickten Wollpullover; bisher warte sie vergeblich, sagte sie. Damit hatte ich nicht gerechnet. Hans hatte acht Jahre hinter sich; bei seiner Verhaftung war er 19 Jahre alt gewesen. Noch wollte ich an eine kurze Aufpäppelungs-Quarantäne im Polizeipräsidium glauben und verabredete einen zweiten Besuch. Als ich wiederkam, hatte sich nichts geändert. Die Mutter tat mir schrecklich leid. Ich suchte nach Worten, die ihr ein bißchen Hoffnung geben sollten. Da klopfte es. Wir blickten uns in einer Mischung von Hoffnung und Schreck an. Ein junger Mann brachte Nachricht von Hans: er sei nicht entlassen, sondern in ein kleines Durchgangslager bei Berlin, ich glaube bei Wuhlheide, gebracht worden; es gehe ihm relativ passabel. Ich gab dem jungen Arbeiter einen unverfänglichen, ganz kurzen Kassiber mit, aus dem Hans erkennen konnte, daß ich Wort gehalten hatte.
Sein weiteres Schicksal erfuhr ich nach dem Kriege: Irgendwann gelang ihm die Flucht; er tauchte unter und lebte illegal mit Hilfe alter Genossen in Berlin. Im Herbst 1944 wurde er auf der Straße verhaftet. Bei der Gestapo gab er wieder niemanden preis. Vor einer erneuten Vernehmung um die Jahreswende stieß er sich mit einer

langen Nadel, nach einer Version mit einer Fahrradspeiche, ins Herz und starb. Sein politisch wacher Verstand, sein Mut, seine Leidensfähigkeit und sein Bemühen, den eigenen strengen moralischen Ansprüchen gerecht zu werden, machen Hans Loriades für mich zu einem außergewöhnlichen Mann des Widerstands.

Hans Brammer

1907 in Pforzheim geboren, Holzfachwerker, Mitglied des Sozialistischen Jugendverbandes SJV, der SPD und der SAP seit deren Gründung 1931. Illegale Tätigkeit bis zur Verhaftung am 8. 5. 1938. Vom Oberlandesgericht Stuttgart zu 3 ½ Jahren Zuchthaus verurteilt. Mai 1941 entlassen. 1943 zum Strafbataillon 999 eingezogen. 1947 aus englischer Kriegsgefangenschaft zurückgekehrt. Mitglied der SPD. Gemeinderat in Huchenfeld bei Pforzheim.

Mut, Kraft und Glaube
Über den Zusammenhalt der politischen Gefangenen

Ich will in wenigen Zeilen meine Eindrücke über die illegale Tätigkeit während meiner Haftzeit in Brandenburg und den Außenkommandos Abbendorf und Plauer Hof schildern. Im Gegensatz zum Zuchthaus Ludwigsburg, wo ich einige Monate vorher inhaftiert war, wurde mir schon in der ersten Zeit in Brandenburg bewußt, daß hier eine aktive politische Gruppe tätig war. Bereits am zweiten Tag kam der Kalfaktor in die Zelle zu mir und fragte, ob ich zwei Scheiben Brot oder zwei Zentimeter Priem wollte. Ganz erstaunt über das Angebot fragte ich, wieso und woher er das anbieten könne? Seine Antwort: »Von politischen Freunden!« Da ich Nichtraucher war, entschied ich mich für das Brot. Viele Menschen werden das kaum verstehen, wie ein solcher Vorgang auf den neuen Häftling wirkte und welche Kraft dies ausstrahlte. Sofort begriff ich, daß diese Solidarität und politische Aktivität selbst unter der strengen Bewachung der Zuchthausbeamten noch möglich war und gepflegt wurde. Nach kurzem Aufenthalt in der Anstalt wurde ein Transport zusammengestellt für die Außenarbeit in Abbendorf. Das erfuhr ich ebenfalls durch den Kalfaktor.
Eines Morgens wurden etwa 100 Gefangene (Politische und Kriminelle) per LKW nach Abbendorf transportiert und dort in die sta-

cheldrahtumzäunten Baracken eingewiesen. Hauptwachtmeister Wolf teilte uns in bestimmte Arbeitsgruppen ein, und schon am nächsten Tag ging es zur zwölfstündigen Arbeit zum Kanalbau für die Firma Dyckerhoff und Widmann. Die einzelnen Gruppen von 20 bis 30 Mann arbeiteten unter Aufsicht eines Anstaltsbeamten sowie eines Vorarbeiters bzw. Kolonnenführers der Firma.

Auch bei dieser Tätigkeit zeigte sich wiederum, daß sich die Politischen ohne viele Worte zusammenfanden und stets zusammenhielten. Was sich täglich von neuem auf dem Marsch zur Arbeitsstelle beim Essen, im Lager, kurzum überall in Gesprächen, Nachrichtenaustausch etc., Diskussionen ergab, erfüllte mich immer von neuem mit Mut, Kraft und Glauben an unsere Sache gegen den Faschismus.

Damals lernte ich auch immer neue Genossen kennen, ob KPD, SPD oder SAP und KPO. Obwohl wir uns in der Ablehnung des Faschismus einig waren, gab es dennoch über Wege und Strategien unterschiedliche Ansichten.

Später wurde ich in den sogenannten Naßbetrieb eingeteilt. Das waren kleinere Gruppen von Freiarbeitern und Gefangenen ohne Wachpersonal für die Arbeiten an den Schwimmbaggern usw. Dadurch hatten wir mehr Kontakt zur Außenwelt und direkt zu Arbeitern, die zum Teil auch gegen Hitler waren, obwohl noch keine bewußten Antifaschisten.

Da die Arbeiten tagsüber nicht so anstrengend waren, zogen sich die abendlichen Diskussionen bis weit in die Nacht hinein. Mit der Zeit zeichnete sich dann auch immer mehr die politische Gruppierung um die Genossen Fred Loll, Erich Paterna, Karl Müller (der Friseur), Alfred Perl und Willi Plath von der KPD ab. Paul Gramatte und Walter Uhlmann von der KPO sowie einige Genossen von der SAP und der von der Schwarzen Front zu uns gestoßene Freund Bodo Gerstenberg sorgten für stets neue Themen, wie z. B. der Freundschafts- und Wirtschaftsvertrag mit der UdSSR. Fred Loll und Alfred Perl suchten nach allen möglichen Erklärungen und Entschuldigungen für das Handeln der Sowjets. Obwohl wir darüber ganz verschieden dachten, blieb der Zusammenhalt aller antifaschistischen Kräfte prima.

Es soll auch daran erinnert werden, wie wir gemeinsam einige Kriminelle unglaubhaft und »unschädlich« machten, nachdem diese uns bei der Lagerverwaltung zu denunzieren versuchten. Wir hatten gute Fachkräfte in den Spezialkolonnen, die wiederum bei den Kolonnenführern der Firma und dem Wachpersonal starken Einfluß hatten. Sobald wir irgend etwas gegen uns Gerichtetes in Erfahrung bringen konnten, ließen wir auf allen Ebenen diese Beziehungen spielen, um Meldungen an die Lagerverwaltung vorher zu stoppen.

In Abbendorf gab es auch eine Gesangsgruppe unter der Leitung des Genossen Erich Paterna. Soweit es die Freizeit bei zwölfstündiger Arbeit zuließ, übten wir wöchentlich ein- bis zweimal. Von abgehaltenen Kursen über die Theorie des Marxismus-Leninismus oder über marxistische Dialektik durch Erich Paterna, wie das im Buch »Gesprengte Fesseln« erwähnt wird, habe ich allerdings niemals etwas wahrgenommen. Wir diskutierten zwar, wenn es dazu Gelegenheit gab, aber regelmäßige Kurse wären gar nicht möglich gewesen.

Nach Auflösung des Lagers Abbendorf wurden wir wieder zurück ins Zuchthaus Brandenburg transportiert. Obwohl hier die bisher günstigeren Gelegenheiten des Zusammentreffens der Politischen fehlten, trafen wir uns auch unter den schwierigen Verhältnissen zur Aussprache und zur Information. Später auf dem Außenkommando Plauer Hof traf ich wieder viele Genossen, die zum Teil auch hier wichtige Funktionen ausübten. U. a. erinnere ich mich an Fritz Sommer von der SAP. Er arbeitete allein in der Stellmacherei. Und als ich erfuhr, daß er bald zurück in die Anstalt beordert wurde, sorgte er dafür, daß ich seine Tätigkeit in der Stellmacherei übernahm. Bis zu meiner Entlassung im Mai 1941 konnte ich viele politische Gespräche mit Bernhard Müller führen. Alles in allem war das Zusammensein der politischen Gefangenen eine wertvolle Bereicherung unseres Wissens gegen den Hitler-Faschismus, das selbst später in den Reihen der »Wehrunwürdigen« in den Formationen der 999er ausgebaut wurde und sich von 1947, nach der Entlassung aus englischer Gefangenschaft, in der kommunalen und politischen Arbeit bis heute auswirkt.

Walter Uhlmann *1904 in Leipzig geboren, Feinmechaniker. 1919 Mitglied der Freien Sozialistischen Jugend, dann des Kommunistischen Jugendverbandes Deutschland (KJVD). 1926/27 Bezirksleiter Mittelrhein des KJVD. Dezember 1928 Ausschluß aus KJVD und KPD. Mitglied der KPO. 1929 nach Berlin, dort Mitglied der Reichsleitung der KPO. Bis 1937 illegal für die KPO tätig. Aufbau freier Gewerkschaftsgruppen. Mitglied der ›Inneren Leitung‹ der KPO 1934–1937. 22. 2. 1937 verhaftet, zu 8 Jahren Zuchthaus verurteilt. 1945–1953 Leiter der Fahrbereitschaft der Berliner Verkehrsbetriebe, 1953 Flucht in die Bundesrepublik. 1955–1969 Redakteur bei der IG Metall. Lebt in Frankfurt a. M.*

Antifaschistische Arbeit[1]
Bericht eines Gewerkschafters

Wegen Opposition gegen die ultralinke, antigewerkschaftliche Politik der KPD wurde ich 1928 ausgeschlossen und gehörte seitdem der KP (Opposition), der sogenannten Brandlergruppe, an. Im Jahr 1920, als 16jähriger, war ich Mitglied des Deutschen Metallarbeiter-Verbandes (DMV) geworden und hatte mich seitdem um eine aktive Gewerkschaftspolitik bemüht. Dafür ein Beispiel: Aufgrund meines im Jahre 1930 vor der erweiterten Ortsverwaltung des DMV Berlin begründeten Antrages gegen die Einführung einer Arbeitsdienstpflicht für die Jugend lehnte auch die Generalversammlung der Berliner Metallarbeiter derartige Pläne mit aller Entschiedenheit

---

1 Erste Veröffentlichung in: Das Parlament, B18/80 v. 3. 5. 1980, Beilage; erweiterte Fassung Walter Uhlmann, Metallarbeiter im antifaschistischen Widerstand. Beiträge zum Thema Widerstand, H. 21 des Informationszentrums Berlin, Gedenk- und Bildungsstätte Stauffenbergstrasse, Berlin 1982

Auf zum einheitlichen Kampf gegen die faschistische Diktatur!

Arbeiter Deutschlands, jetzt geht es ums Ganze!

Die faschistische Diktatur ist in Deutschland errichtet.

Die Kräfte der extremen kapitalistischen Reaktion, nationalsozialistische Faschisten und deutschnationale Monarchisten, Großindustrielle und großagrarische Scharfmacher, reaktionäre Bürokraten, Generäle, Barone, Prinzen usw., haben sich unter der Führung der Faschisten, der Nationalsozialisten, vereinigt. Die faschistische Partei erhält die Verfügungsgewalt über die entscheidenden Positionen des Staatsapparates, über Polizei und Armee. Über der offizielle Staatsapparat und die SS sowie SA werden unter dem Kommando der Nazis vereinigt.

Das ist der faschistische Staatsstreich!
Fort mit allen Illusionen!

Die Arbeiter wären Narren, wenn sie jetzt abwarten wollten, bis der tatsächliche, der politische Staatsstreich der Reaktion auch juristisch durch einen Bruch oder eine Aenderung der Verfassung festgelegt wird. Das hieße warten, bis die faschistische Regierung sich fest im Sattel fühlt!

Denn die faschistische Diktatur wird in Deutschland ebenso wie in Italien das Papier der geltenden Verfassung zerreißen, sobald sie keinen Widerstand mehr fürchtet.

Was heißt die Bildung der Hitler-Regierung?

Das heißt, daß Deutschland in ein ebensolches faschistisches Staatsgebilde verwandelt werden soll, wie es das heutige Italien ist, in ein Reich des Hungers, der Zwangsarbeit, der blutigsten Unterdrückung, der vollkommenen Rechtlosigkeit des werktätigen Volkes. Das heißt, daß der todkranke Kapitalismus sein Leben dadurch verlängern will, daß er die deutschen Arbeiter in die materiellen und kulturellen Lebensbedingungen von chinesischen Kulis versetzt.

Das Programm der faschistischen Diktatur ist der Raub aller Errungenschaften, die die deutschen Arbeiter sich in Jahrzehnten eines langen und opferreichen Kampfes erfochten haben.

Faschistische Diktatur, das ist die Zerschlagung aller Arbeiterorganisationen, der Arbeiterparteien, der Gewerkschaften, der proletarischen Sport-, Kulturorganisationen usw. Die Hitler-Regierung plant ein Verbot der KPD. Die Nazi-Presse fordert darüber hinaus das Verbot aller Arbeiterzeitungen. Der Terror der SA-Gruppen, der jetzt den Segen der Staatsgewalt genießt, wird immer brutaler. Gewerkschaftshäuser, Redaktionen von Arbeiterblättern werden zertrümmert, proletarische Funktionäre überfallen. Dieser Terror richtet sich in gleicher Weise gegen sozialdemokratische und kommunistische Arbeiter.

Faschistische Diktatur, das ist die Fortführung des Lohnabbaues, das ist die Vernichtung der tariflichen Rechte der Arbeiter, das ist der Raub ihrer sozialpolitischen Rechte und die Vernichtung der sozialpolitischen Institutionen. Über die Lohn- und Tarifpolitik soll in der neuen Regierung der deutschnationale Hugenberg verfügen, über die Sozialpolitik der Stahlhelm-Führer Seldte, der kein anderes soziales Ideal kennt, als den altpreußischen Kasernenhof.

Faschistische Diktatur ist Zwangsarbeit! Unter der Leitung von Seldte soll die Arbeitsdienstpflicht eingeführt werden, die SA- und SS-Gruppen sollen im Rahmen der Arbeitsdienstpflicht staatliche Funktionen erhalten, d.h. die deutschen Arbeiter sollen unter der Aufsicht und dem Kommando der braunen Terrortruppen Fronarbeit leisten.

Faschistische Diktatur, das sind neue Milliardengeschenke an die Großindustriellen, Bankiers und Agrarier. Die Nutznießer der Osthilfe-Korruption waren es, die am eifrigsten bei der Bildung der Hitler-Regierung mithalfen. Der neue Wirtschaftsdiktator Hugenberg ist ein Vertrauensmann der Schwerindustrie und der ostelbischen Junker, die neue Subventionen auf Kosten der Werktätigen haben wollen. Unter der Maske der Arbeitsbeschaffung soll in der Sanierung der bankrotten Großindustriellen und Junker die Notenpresse in Bewegung gesetzt werden, die Schrecken der Inflation, dieser systematischen Senkung der Löhne der Arbeiter und Enteignung der kleinen Leute, sollen wiederkehren!

Die faschistische Diktatur ist eine Regierung des imperialistischen Krieges. Die Nationalsozialisten haben immer offen erklärt, daß sie einen neuen imperialistischen Krieg wollen. Sie haben eine planmäßige Kriegshetze gegen die Sowjetunion betrieben. Sie werden die imperialistische Aufrüstungspolitik in verstärktem Maße durchführen. Sie werden mit Hilfe des Arbeitsdienstes nun die werktätige Jugend zum Kanonenfutter für den neuen imperialistischen Krieg ausbilden. Sie werden versuchen, dem durch die Krise schwer getroffenen deutschen Kapitalismus durch ein neues imperialistisches Gemetzel Luft zu machen. Sie sind vor allem eine Drohung für den ersten proletarischen Staat der Welt, für die Sowjetunion und ihren sozialistischen Aufbau.

Berlin, den 1. Februar 1933

KPD.-Opposition

Verantwortlich: Walter Uhlmann, Berlin-Wilmersdorf — Druck Berg & Co Berlin O 27

Illegales Flugblatt der KPO, vom 1. Februar 1933, das zur Verhaftung von Walter Uhlmann führte.

ab. Am 1. Februar 1933 – ich war damals Vertreter der Kommunistischen Jugendopposition in der Reichsleitung der KPO – forderte unsere Organisation zu sofortigen gemeinsamen außerparlamentarischen Aktionen von SPD, Gewerkschaften und KPD auf, mit dem Ziel: Sturz der faschistischen Diktatur. Das war zwei Tage nach der Bildung der Hitler-Regierung. Ein Flugblatt hatte ich als Verantwortlicher gezeichnet, weil die Druckerei es sonst abgelehnt hätte, den Auftrag zu übernehmen. Bereits wenige Tage später fahndete die Polizei nach mir. Mehrere Male mußte ich daraufhin in Berlin den Wohnsitz wechseln. Ich wurde steckbrieflich gesucht. Auch dem Arbeitsamt in Berlin-Schöneberg lag die Fahndungsmeldung vor, so daß ich nicht einmal meine Arbeitslosenunterstützung abheben konnte.

Von 1933 bis zu meiner Verhaftung am 22. Februar 1937 lebte ich illegal in einem Hinterhaus in Berlin-Spandau. Unsere Organisation stand finanziell auf schwachen Füßen – eine Unterstützung war demnach unmöglich. Mit falschen Angaben gelang es mir, im Jahre 1934 als Mechaniker Arbeit bei der »Kreiselgeräte GmbH« zu finden. Die Firma lag in der Goerz-Allee in Berlin-Zehlendorf, nur wenige hundert Meter von der Stadtgrenze nach Teltow entfernt. Hier, in einem Rüstungsbetrieb mit einer Belegschaft von etwa 500 Mann, entstand auf meine Initiative hin im Jahre 1934 eine illegale gewerkschaftliche Widerstandsgruppe.

Der Betrieb wurde von Woche zu Woche größer; in der neuen Belegschaft »beroch« man sich gegenseitig und entdeckte bald, wer beim Betreten des Werks mit betonter Überzeugung die Hand zum Hitlergruß erhob. Denn im Pförtnerhäuschen nahm allmorgendlich der Leiter der »Nationalsozialistischen Betriebszellen-Organisation« (NSBO) sehr kritisch seine Parade ab. In der Dreherei, der mechanischen Fertigung, der Montage und im Materiallager hatte er einige uniformierte Nazis untergebracht. Hauptsächlich handelte es sich um Hilfsarbeiter, die aufgrund ihrer Mitgliedschaft in der SA (Sturmabteilung) oder der NSDAP in den Betrieb geschleust worden waren. Die Facharbeiter (Dreher, Mechaniker, Werkzeugmacher) waren zum großen Teil ehemalige Mitglieder des Deutschen Metallarbeiter-Verbandes, jetzt aber gewerkschaftlich »heimatlos«.

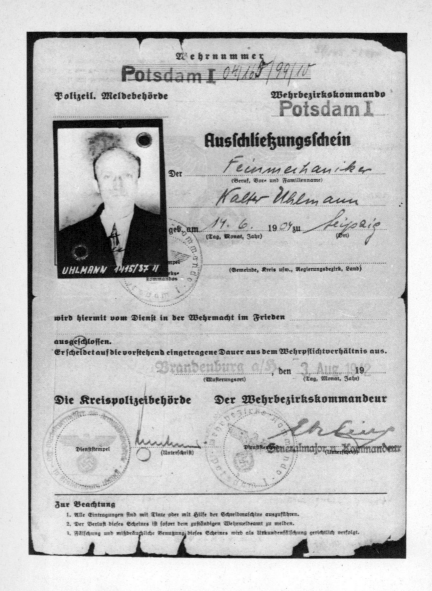

Wehrausschließungsschein für Walter Uhlmann, ausgestellt 1942 im Zuchthaus Brandenburg

Der 1. Mai 1934 kam heran. Wenige alte Gewerkschaftler waren, wie sich in Gesprächen herausstellte, im Vorjahr auf dem Tempelhofer Feld gewesen. In jenem Jahr hatte Hitler den 1. Mai zum »Tag der nationalen Arbeit« erklärt. Anstatt nun aber klare Grenzen zu ziehen, forderte der Allgemeine Deutsche Gewerkschaftsbund (ADGB), die Spitzenorganisation der freien Gewerkschaften, zur Teilnahme an dieser Nazi-Maikundgebung auf. Man gab sich der verhängnisvollen Illusion hin, der Nazistaat sei nur von kurzer Dauer und auf die großen gewerkschaftlichen Organisationen könne man nicht verzichten. Die Führung glaubte, daß es möglich sei, mit den neuen Machthabern Abmachungen zu treffen, die eine Existenz der Gewerkschaften auch im »Dritten Reich« sichern würden. Hans Gottfurcht, ehemals stellvertretender Generalsekretär des Internationalen Bundes Freier Gewerkschaften (IBFG), kennzeichnet diese Situation in seinem Buch »Die internationale Gewerkschaftsbewegung im Weltgeschehen«: »Im Internationalen Gewerkschaftsbund bestand Enttäuschung über das Verhalten der deutschen Gewerkschaftsführung. Ihre Bereitschaft, in den Naziführern Verhandlungspartner zu sehen, war unverständlich.«[1] Am 2. Mai 1933 gab es die Quittung für diese Verhandlungsbereitschaft: Alle Gewerkschaftshäuser in Deutschland wurden besetzt und die Organisationen der Arbeiter, Angestellten und Beamten »gleichgeschaltet«. Es gab aber auch einzelne Beispiele für Widerstandshaltungen: so zum Beispiel verhinderte der DMV-Bevollmächtigte persönlich das Hissen der Hakenkreuzfahne auf dem Gewerkschaftshaus in Eisenach. Die Zeichen der Kapitulation vor den Nazis wirkten auch 1934 unter den Kollegen der Firma »Kreiselgeräte« noch deprimierend nach und immer wieder gab es Diskussionen unter vier Augen am Arbeitsplatz oder auf dem Heimweg. Inzwischen kannten sich eine ganze Anzahl von Kollegen; sie vertrauten sich gegenseitig. »Uns bekommt niemand zur Nazi-Partei oder gar zur Nazi-Maiparade. Wir gehen zwar zum Sammelplatz, aber dann verduften wir«, war die Parole, die bald von Mund zu Mund ging. An jenem 1. Mai 1934

---

1 Hans Gottfurcht: »Die internationale Gewerkschaftsbewegung im Weltgeschehen«. Köln, 1962, S. 115.

konnten wir erneut prüfen, auf wen Verlaß war. Wir lernten wiederum eine Menge: Dem einen konnte man mehr anvertrauen als dem anderen, und die »Schlappen«, wie wir sie nannten, entpuppten sich bei diesen Anlässen bald. Kurzum: unsere Gruppe formierte sich im Untergrund des Betriebs – freilich ohne Uniform und Abzeichen.

Ein Ereignis, bei dem sich die heimlichen Fronten im Betrieb abzeichneten, war die sogenannte Röhm-Revolte im Juni 1934. Wenige Tage danach kam es zu einem Wortwechsel zwischen einem SA-Mann und dem Mechaniker Bruno Kurze, einem kompromißlosen Gegner der Nazis. Der SA-Mann lief zum Obmann der NSBO und denunzierte unseren Kollegen. Bruno wurde daraufhin zum Betriebsführer, einem ehemaligen Kapitän, gerufen. In der Werkstatt bildeten sich Gruppen. Es gab böse Blicke und erregte Diskussionen. Der erste Zusammenstoß zwischen den Nazis und ihren Gegnern im Betrieb offenbarte, auf wen wir rechnen konnten. Die NSBO hatte die sofortige Entlassung des Kollegen und die Benachrichtigung der Polizei über den Vorfall verlangt. Die Erfüllung dieser Forderung aber wurde von der Betriebsleitung, die offenbar keine Spannung im Betrieb wollte und – wie sich später herausstellte – auch kein Freund der Nazis war, verhindert. Bruno kam nach zwei Stunden, gegen elf Uhr, vom Betriebsführer zurück und teilte uns kurz mit, was sich zugetragen hatte.

Nun mußte etwas unternommen werden. »Heute in der Mittagspause sammeln wir uns draußen auf dem Hof um Bruno!« Unsere Brote verzehrend, saßen wir dann um ihn herum. Jeder sollte sehen: Bruno hat Freunde. Er steht nicht allein!

Heute erscheint das alles recht harmlos und kaum erwähnenswert. Damals aber, in einer Zeit des rücksichtslosen Terrors, waren selbst die Nazis von dieser Solidaritätsaktion im Betrieb überrascht. Die stille, doch sichtbare Schutzaktion stärkte das gegenseitige Vertrauen unter den Kollegen weiter. Sie zeigte den Nazis und der Betriebsführung, wie die Stimmung in der Belegschaft war, und schützte bis zu einem gewissen Grade unseren denunzierten Kollegen. Die uniformierten Nazis aber wurden noch stärker ignoriert und verachtet.

Nach sechsmonatiger Arbeit – von Januar bis Juni 1934 – war es so weit, daß wir eine fest geschlossene gewerkschaftliche Widerstandsgruppe organisieren konnten. Ähnliches hatte sich auch in anderen Berliner Metallbetrieben abgespielt. Alte Bekanntschaften aus der Vertreterversammlung des DMV, den einzelnen Branchen- und Stadtteilversammlungen wurden wieder angeknüpft. Schon unmittelbar nach der Zerschlagung der freien Gewerkschaften am 2. Mai 1933 fanden sich hier und da die Kollegen in kleinem Kreis wieder zusammen. Jeder von ihnen spürte: »Es muß weitergehen, wir dürfen nicht aufgeben.« Die Verbindungen liefen bald quer durch Berlin, von den Arbeitsämtern – es gab noch viele Arbeitslose – bis in die Klein- und Großbetriebe von Spandau, Moabit, Neukölln und Siemensstadt.

Da gab es den Dreher Willi Bölke (SPD), bis 1933 Mitglied der erweiterten Ortsverwaltung des DMV. Seit Jahren schon besaß er freundschaftliche Beziehungen zu Kollegen der KPO. Sie hatten seit 1928 den antigewerkschaftlichen Kurs der KPD abgelehnt und bekämpft.

Zum gleichen Kreis zählten ferner mehrere Mitglieder der KPD, die der Parteilinie entgegen bis zum Schluß im Deutschen Metallarbeiter-Verband geblieben waren, anstatt sich dem Aufruf in der Roten Fahne vom 30. März 1930 zur Gründung eines »Roten Metallarbeiter-Verbandes« anzuschließen. Alle empfanden den Zusammenbruch der gewerkschaftlichen und politischen Arbeiterbewegung nicht als ein unabwendbares Schicksal. Seit Jahren hatten sie die Katastrophe kommen sehen. Bei ihnen gab es jetzt keine Verwirrung. Dringlichste Verpflichtungen waren für sie:
– kein freiwilliger Übertritt zur nationalsozialistischen Deutschen Arbeitsfront (DAF);
– Zusammenschluß von Kollegen, um den Grundstock zur Bildung unabhängiger Klassengewerkschaften zu legen. Das konnten keine Massenorganisationen, sondern nur kleine Kadergruppen sein;
– keine Teilnahme an Veranstaltungen der DAF,
– keine Übernahme von Funktionen in der DAF.
Gerade diese letzte Verpflichtung war von besonderer Bedeutung, denn nicht wenig trug nach 1933 die Parole der KPD zur Verwir-

rung der Arbeiterschaft bei, die revolutionären Arbeiter müßten Funktionen in der nationalsozialistischen Deutschen Arbeitsfront übernehmen, um diese Organisation »von innen her zu erobern«. Eine solche Strategie hatte uns nach dem Zusammenbruch der einst so mächtigen deutschen Arbeiterorganisationen gerade noch gefehlt. Vor 1933 hatte die gleiche KPD-Führung die Arbeiter aufgefordert, den freien Gewerkschaften den Rücken zu kehren und sich den »roten Verbänden« anzuschließen; nun sollten sie die von den Nazis beherrschten faschistischen Gewerkschaften »erobern«.
Nicht allein bei der Firma »Kreiselgeräte« hatten sich gewerkschaftliche Widerstandsgruppen gebildet, sondern auch bei Goerz-Zeiss-Ikon in Zehlendorf, bei der Auto-Union in Spandau, bei Siemens in Marienfelde, bei der AEG und bei der Firma Lorenz AG, Schöneberg. Nun wurde als gemeinsamer organisatorischer Rahmen ein Aktionskomitee als zentrale Leitung für die bestehenden Widerstandsgruppen der Berliner Metallindustrie gegründet und die Herausgabe des illegalen Organs »Der Metallarbeiter« beschlossen. Das Aktionskomitee, dem auch ich angehörte, konstituierte sich aus fünf Kollegen des ehemaligen DMV. Politisch gehörten sie zur SPD, KPO und KPD. Im Hintergrund stand keine große und finanzkräftige Organisation; alles wurde aus eigenen Mitteln geschaffen, so auch »Der Metallarbeiter, Organ des Aktionsausschusses der Gruppe Metall«. Wie aus dem Untertitel ersichtlich, waren auch in anderen Industriezweigen Aktionsausschüsse entstanden, so zum Beispiel im graphischen Gewerbe.
Die Herstellung des »Metallarbeiters« war mit vielerlei Schwierigkeiten und Risiken für die daran Beteiligten verbunden; das Material mußte gesammelt, die Wachsplatten geschrieben und das Abzugspapier für den Vervielfältigungsapparat beschafft werden. Aber wer war schon bereit, in seiner Wohnung solche »hochverräterischen und verbrecherischen Handlungen« zu gestatten? Schon das Klappern einer Schreibmaschine konnte verhängnisvoll sein. Schließlich mußte nach der Herstellung der Zeitung alles sicher, aber auch schnell verfügbar, versteckt werden. Wenn die Zeitung technisch fertiggestellt war, begann die Konspiration erst richtig. Zuverlässige Kollegen, oft deren Frauen, brachten das Material, in

Der Metallarbeiter
Organ des Aktions Ausschuss
Gruppe Metall

Das Ja aus dem Käfig.

Die Terrorwahlen sind vorüber. Die faschistische Regierung hat ihre "Volksabstimmung", die der faschistischen Diktatur und ihren braunen Banden bescheinigt, dass sie im "Namen der Mehrheit" die Kapitalsoffensive gegen die werktätigen Massen fortführen, die Werktätigen terrorisieren, die Arbeiter und Kleinbürger ausplündern, den Industriellen, Junkern und Finanzhyänen ihren Profit und ihr Wohlleben sichern können.

Die Wahlstatistiken und Wahlresultate sind eine ungeheuerliche und beispiellose Fälschung. Die ersten Wahlergebnisse in der Presse und im Rundfunk weisen zum Teil einen hohen Prozentsatz der Nichtwähler und der Neinstimmen, sowie ungültigen Stimmen auf. Ein Wahlresultat aus dem Prenzlauer Berg im Rundfunk lautete auf 1650 Wahlbeteiligte und nur 650 Nazistimmen. Im Stimmbezirk 45, Boxhagenerstr. 56 waren 27% der Stimmen ungültig. Im Rundfunk wurde alle bald bekannt gegeben, dass keine Wahlresultate an die Funkstunde, sondern nur an das Propagandaministerium weiterzugeben seien. Unter dem Stab von Göbbels wurden die Zahlen zurecht gefälscht.

Aber die Fälschung war allgemein. Sie begann im Wahllokal. Uebereinstimmend wird uns aus den Wahllokalen berichtet, dass die Stimmzettel die durchstrichen, oder mit KPD oder SPD gekennzeichnet waren, als Nazistimmen gewertet wurden. In vielen Wahllokalen wurde das Publikum bei der Auszählung rausgeworfen. In einem Neuköllner Wahllokal wagte ein Prolet zu protestieren, dass die Zettel mit KPD Aufschrift als Nazistimmen gewertet wurden. Aber der Protest war zu schwach. Wer kennt alle die Methoden der Wahlfälschung? Wie ist das Chemnitzer Resultat mit 100% Stimmen für die Nazi anders als mit skrupelloser Fälschung zu erklären?

Der "Wahltag" und die "Wahlvorbereitung" stand ganz im Zeichen der schärfsten Kontrolle der Wähler durch die S A. Der letzte Wähler wurde geschleppt; sie wurden faktisch zur Wahlurne getrieben. Der Nichtwähler galt als "Staatsfeind". Aber Reklame, Wahlmache, Hitlerrede und Eselabzeichen konnten nicht die beabsichtigte allgemeine Wahlbegeisterung erzeugen.

Die Hitlerrede am Freitag vor der Wahl musste zwar von allen Betriebs- und Büroangehörigen abgehört werden, aber auf den Strassen waren die Menschen wie weggeblasen. Bei den Uebertragungen der Rede kam es fast nirgends zu Beifallsäusserungen. Die von dem Propagandaministerium veröffentlichten Wahlresultate sind kein wares Spiegelbild der wirklichen Stimmung.

Die wirkliche Stimmung der Unzufriedenheit muss organisiert werden. Die Arbeiterklasse kann nur zur Kraft werden durch die Organisation. In diesem Sinne ist zu arbeiten. Trotz alledem.

Illegale Zeitung des Aktions-Ausschusses, Gruppe Metall, Ende 1933.

Die sozialen Versprechungen der Nationalsozialisten.

Als die Nazi mit dem Gelde der Grossunternehmer, der Hochfinanz und der Grossagrarier ihre skrupellose Agitation gegen den Nachkriegsstaat und gegen die sozialistische Bewegung durchführten, versprachen sie den deutschen Proletariern Verbesserung ihrer sozialen Lage durch sofortige Aufhebung der Notverordnungen die unter Brüning und hauptsächlich Papen, der Arbeiterschaft aufgezwungen waren.

Den Rentnern, Kriegsopfern und Hinterbliebenen wurden nicht nur die Wiederherstellung ihrer früheren Bezüge zugesagt, sondern der Dank des Vaterlandes sollte in wesentlicher Erhöhung der Renten seinen Ausdruck finden.

Den Arbeitslosen wurde der Rechtsanspruch für die Arbeitslosenunterstützung zugesagt. Die Bedürftigkeitsprüfung sollte verschwinden und die früheren Unterstützungssätze wieder hergestellt werden.

Alle diese Besserungen wurden dem deutschen Proletariat versprochen, trotzdem die Führer der Nationalsozialisten von den eingangs genannten Kreisen die Geldmittel für ihre Hetze und für den Aufbau der braunen Privatarmee nur deshalb bekamen, weil sie sich verpflichtet hatten, die von den Marxisten aufgebaute soziale Fürsorge und eroberte politische Macht restlos zu beseitigen.

Die von den Unternehmern abgrundtief gehasste soziale Fürsorge war die Ursache, und um diese Fürsorge zu zerschlagen, deshalb warfen die deutschen Unternehmer ungezählte Millionen den Nazi hin.

Ein erheblicher Teil des deutschen Proletariats ist auf diese bodenlose Heuchelei hereingefallen und hat Deutschland dem Nationalsozialismus ausgeliefert. Mit welchem Erfolg, kann heute jeder Prolet selbst feststellen.

Als besonderes Verdienst ihrer Herrschaft stellen die Nazi die erhebliche Einschränkung der Arbeitslosigkeit hin. Diese Behauptung reiht sich würdig jeder anderen Heuchelei an. Die Befreiung der rein agrarischen Gebiete in Ostpreussen und Pommern während der Erntezeit von Arbeitslosen ist in jedem Jahre eingetreten. Die Junker hatten noch zehntausende von polnischen Wanderarbeitern jedes Jahr gefordert und bewilligt bekommen, weil die Zahl der in diesen Gebieten vorhandenen Arbeitskräfte nicht ausreichte, um die Erntearbeit rechtzeitig zu bewältigen. Die Junker und Bauern sollen jetzt auf Weisung der Naziregierung die Arbeitskräfte auch im Winter nicht entlassen; es wird ihnen nicht schwer fallen, weil sie diese Arbeitskräfte nicht zu bezahlen brauchen, im Gegenteil bekommt jeder ländliche Arbeitgeber vom Staat noch monatlich eine erhebliche Summe für jeden behaltenen früheren Arbeitslosen.

Die Verringerung der Arbeitslosigkeit bei der Industriearbeiterschaft wird durch demagogisch statistische Triks erlogen. Man nimmt die Neuanmeldungen der Krankenkassen, bei der sich jeder in Arbeittretende innerhalb drei Tage versichert haben muss. Da heute die Beschäftigung fast ausschliesslich kurzfristig ist, bekommt man eine grosse Zahl in Arbeitgetretener weil - man die Abmeldungen nicht zählt.

Das ist das segensreiche soziale Wirken der Diktatur des Geldsacks, dem man zum leichteren Betrug der Arbeiter nur das braune Maskenkostüm umgehängt hat.

A E G Treptow. In der Abt. Sch. wurden für die Nachtschicht am laufenden Band SA-Leute eingestellt.Stundenlohn 72 Pfg. Bei der Lohnzahlung wurden jedoch nur 66 Pfg. verrechnet.Aus Protest ruhte eine halbe Stunde lang die Arbeit.Erst nach energischer Vorstellung beim Betriebsrat erhielten sie dann die Differenz nachbezahlt.

In einer anderen Abt. des Werkes protestierten die SA-Leute im Treppenflur durch Abfeuern ihrer Revolver;die Waffen wurden ihnen darauf abgenommen.

Osram: Die Nazidirektion stellte für den Abort einer Abteilung einen besonderen Aufpasser ein.Er sollte verhindern,daß dort geraucht oder zu lange gesessen wird.Ein beherzter Arbeiter packte diesen Wicht bei Kopf und Wassersack und warf ihn hinaus.Trotz eifriger Suche ist der Täter bisher nicht gefasst worden.

Argus-Motoren: Die Belegschaftsstärke ist von 97 Mann im Januar auf 283 Mann Ende Oktober gestiegen.Teilweise wird in zwei Schichten zu je zwölf Stunden gearbeitet.Produktionszweig - Flugzeugmotore.
Der kommissarische Betriebsratsvorsitzende musste wegen Untreue fristlos entlassen werden.

Anbi - Butt: Der kommissarisch eingesetzte Betriebsrat wurde seines Postens enthoben.Gründe dafür sind der Belegschaft offiziell nicht bekannt geworden.Ein Gerücht besagt,es fehlen einige hundert Mark, nach einer anderen Version soll ein Kampf zwischen Betriebsrat und dem Nazi-Betriebsleiter,gleichzeitigen Standartenführer Mühlberg,stattgefunden haben.

Bergmann-Rosenthal: Den Umschwung Deutschlands zum dritten Reich benützte Bergmann dazu,erst einmal die Löhne nach unten zu reduzieren, und dann sämtliche Leistungszulagen abzubauen.Beschwerdeführenden Kollegen erklärt der Nazi-Betriebsrat,dass der Aufbau der Firma nicht gestört werden darf,das Opfer gebracht werden müssen usw. Kolleginnen die mehr Lohn verlangen,beschuldigt er der Aufwiegelei und lässt sie nach anderen Abt. versetzen.Neuerdings verpflanzt er seinen soldatischen Geist auf Jugendliche und Lehrlinge,indem er wöchentlich einmal mit ihnen sogenannte Körperertüchtigung treibt.

Fünf Monate nationalsozialistischer D.M.V.
Die "Deutsche Metallarbeiter Zeitung" vom 21.Oktober bringt auf der Titelseite eine Bilanz der Herrschaft der Nazi im D M V.
Die Mitgliederzahl soll sich verdoppelt haben.Genaue Zahlen aber werden nicht angegeben.Die Verwaltungskosten sollen sich halbiert haben,auch hier verschweigt man Zahlenangaben.Das wichtigste Problem sei nach ihrer Meinung die Altersversorgung.Also nicht die Löhne,nicht ein menschenwürdiges Existenzminimum für die Arbeitermasse.Damit wird wiederum bestätigt,dass die faschistischen Gewerkschaften aufgehört haben Organe für die Verteidigung der materiellen Interessen der Arbeiter,für die Verbesserung der Lebenshaltung,gegen kapitalistische Ausbeutung und Willkür der Unternehmer und des Staates zu sein.

Der Klassenkämpfer: So betitelt sich das Organ der illegalen Gewerkschaft im Gross- Stuttgarter- Industriegebiet.In fast allen Stadtteilen bestehen Gewerkschaftsleitungen der Metallarbeiter die sich aus CPD-, SPD- und KPO-Metallarbeitern zusammen setzen.Die Zeitung erscheint 14-tägig in einer Auflage von vorerst 500 Exemplaren.

— 4 —

Feierstunde der Arbeit. Aus einem Siemensbetrieb wird uns gemeldet: Bei der Hitlerrede am Freitag erlebten die Siemensarbeiter eine nette Ueberraschung. Damit sich kein Prolet von der Feier drücken konnte, wurden sämtliche Aborte dieses Werkes eine Stunde vorher vernagelt.

Die berliner Buchdrucker marschieren mit. Soeben erscheint eine illegale Zeitung der berliner Buchdrucker. Ein neuer Kämpfer in der Front des Neuaufbaus der Gewerkschaften als proletarisches Klassenorgan. Wir wünschen ihnen vollen Erfolg. Es geht vorwärts.

Berliner Verbindungsstudenten singen auf ihren Kneipabenden zum Horst-Wessel Lied noch folgenden Vers:

Die Preise hoch, Kartelle fest geschlossen.
Die Börsianer ziehn im gleichen Schritt.
Die Unternehmer sind ja jetzt Parteigenossen,
und für den Sozialismus sorgt Minister Schmitt.

Der Vertrauensmann. Die illegale, proletarische Klassengewerkschaft kann unter dem faschistischen System naturgemäss keine Massenorganisation sein. Massencharakter wird sie erst annehmen, bei ernsthaften Erschütterungen des Faschismus. Die illegale Gewerkschaft wird eine Kaderorganisation sein. Der Vertrauensmann spielt deshalb eine äusserst wichtige Rolle. Der Vertrauensmann der illegalen Gewerkschaft ist gleichzeitig der Vertrauensmann der Arbeiter im Betrieb, in der Abteilung. Er vermittelt die Gewerkschaftszeitung und die Erfahrungen aus den anderen Betrieben und Industriegruppen.

Der Vertrauensmann organisiert seine Verbandsgruppe, die Verbandsgruppen verbinden sich durch ihre Vertrauensleute von Abteilung zu Abteilung im Betrieb, von Betrieb zu Betrieb im Konzernbereich oder im Industriegebiet bezw. Stadtteil. Sie schaffen sich durch Wahl der Organe von unten nach oben ihre Leitungen. Bei Konflikten in den Betrieben um Lohn und Arbeitszeit, um die sanitären Einrichtungen im Betrieb, gegen das Antreibersystem usw., müssen die Nazianhänger mit herangezogen werden.

Auch G e r a reiht sich ein. Ein Aufruf der SPD- und KPDO-Arbeiter in Gera wendet sich an die Arbeiterschaft zur Bildung eines neuen Vertrauensmännerkörpers. Es heisst dort unter anderem:

Kein klassenbewußter Arbeiter darf den faschistischen Gewerkschaften freiwillig beitreten. Keiner darf dort selbst irgendwelche Funktionen annehmen. Die unter Zwang in diesen "Gewerkschaften" gehaltenen Arbeiter müssen ihre Empörung dadurch zum Ausdruck bringen, dass sie die niedrigsten Beiträge zahlen. Keiner gehört in die NSBO.
Der Vertrauenmännerkörper hat sich zur Aufgabe gestellt, der Arbeiterschaft die Rolle der faschistischen Gewerkschaften aufzuzeigen.

einem Tuch um den Leib gewickelt, in die einzelnen Berliner Stadtteile. Dort nahmen es die Vertrauensleute der betrieblichen Gewerkschaftsgruppen in Empfang und sorgten für die Weiterverbreitung in ihren Betrieben. Dies aber erforderte ein ganz besonderes Maß an Menschenkenntnis, Geschicklichkeit, vor allem aber einen großen, auf Überzeugung basierenden Mut, gepaart mit den strengsten Regeln für illegales Arbeiten.
Jeder mußte sich immer wieder vor Augen halten: Werde ich bei der Weitergabe des »Metallarbeiters« geschnappt oder auch nur beobachtet, dann gefährde ich nicht nur mich, sondern auch viele andere. Am Ende stehen KZ, Gefängnis, Zuchthaus. Einmal konnte aus Sicherheitsgründen für den Wohnungsinhaber der Vervielfältigungsapparat längere Zeit nicht benutzt werden. Was war zu tun? In kleinerem Kreis wurde das Problem besprochen. Unsere Freunde in einem Wilmersdorfer Radiobetrieb fanden einen wahrhaft ungewöhnlichen Ausweg: eines Tages war der Vervielfältigungsapparat der Nazi-Betriebsgruppe verschwunden – er hatte den Besitzer gewechselt.
Und so ging die Sache vor sich. In den Heliowatt-Werken (Nora-Radio) in Berlin-Charlottenburg, Wilmersdorfer Str., existierte seit 1933 nicht nur die NSBO, die nationalsozialistische Betriebszellen-Organisation, sondern auch eine illegale gewerkschaftliche Widerstandsgruppe, die der Nazi-Propaganda aus dem Untergrund entgegenwirkte. Während die NSBO vor allem in materieller Hinsicht durch die Firmen-Direktion unterstützt und gefördert wurde, beruhte die illegale Tätigkeit der Widerstandsgruppe nur auf der ideologischen und finanziellen Opferbereitschaft ihrer Mitglieder.
Um die Ergebenheit der Firma gegenüber den Nazis wieder einmal unter Beweis zu stellen, wurde von der Direktion ein hochmoderner, sehr leistungsfähiger und nicht billiger Vervielfältigungs-Apparat gekauft und der Nazi-Betriebsgruppe zur Verfügung gestellt. Deren Führer, Jahn und Vogel, waren mit Hilfe dieses Gerätes noch mehr als bisher in der Lage, faschistische Propaganda zu betreiben.
Es galt nun, die völlig ungleichen Bedingungen für die illegale Betriebsarbeit unter den Kollegen möglichst bald zu korrigieren. Un-

sere Anti-Nazi-Gruppe traf also alle Vorbereitungen zur »Entführung« des Abzieh-Apparates an einen illegalen Standort.
Eines ihrer jüngsten Mitglieder, Karl Wittwer aus der Giesebrechtstr. in Charlottenburg, der bei der Firmen-Direktion mit der Erledigung der hauptsächlich nach Beendigung der normalen Arbeitszeit anfallenden Postausgangsarbeiten beauftragt war, traf in dem wenige Meter entfernten Lagerraum alle Vorbereitungen für den geplanten geheimen Abtransport des modernen Vervielfältigungs-Apparates. Tag und Stunde waren genauestens geplant. Darum öffnete er schließlich auch die sonst verschlossene Tür des Geräte-Raumes zu einem Treppenaufgang, der auch von privaten Mietern im gleichen Firmen-Block benutzt wurde.
Inzwischen war verabredungsgemäß wenige Häuser nebenan ein Taxi mit dem Fahrer Max Rothe aus der Kantstr. in Charlottenburg vorgefahren. Dem Taxi entstieg unser Genosse Kurt Wiegard aus der Körnerstr. in Berlin-Spandau mit einem Wäschekorb. Obendrauf lag ein großes Leinentuch, wie es damals in den handbetriebenen Wäsche-Mangeln benutzt wurde.
Wiegard überreichte dem Taxifahrer seriös einen 20-Reichsmark-Geldschein als Gewähr dafür, daß er bald zurückkomme. Dann stieg er die ihm bereits bekannte Treppe bis zur 3. Etage hinauf. Dort drückte er lediglich die angelehnte Stahltür auf und stellte den schon bereitstehenden Vervielfältigungs-Apparat in den mitgebrachten Wäschekorb, deckte alles mit dem Leinentuch zu und kehrte nach wenigen Minuten zurück zum Taxi. Oben, bei der Firma, frankierte unser junger Karl Wittwer inzwischen im Kreise seiner anderen Kollegen die Ausgangspost wie üblich weiter. Übrigens, Wittwer und der heimliche »Dieb« Kurt Wiegard kannten sich überhaupt nicht; denn alles war haargenau von der illegalen Widerstandsgruppe bei der Firma in Zusammenarbeit mit anderen Gruppen vorbereitet worden. Selbst der Taxi-Fahrer gehörte zu den Illegalen, aber worum es hier ging, wußte er auch nicht.
Ins Auto zurückgekehrt, dirigierte Wiegard die Fahrt in den Bezirk Prenzlauer Berg im Nordosten Berlins. Die Taxi-Gebühr wurde mit der Vorauszahlung der 20 Reichsmark verrechnet und der Ordnung halber stellte der Fahrer auch noch eine Quittung als Beleg der

Fahrt-Kosten aus. Weil der Wäschekorb mit Inhalt nicht leicht war, half dem schwerschleppenden Transporteur ein »zufällig« in der Nähe befindlicher Spaziergänger – der Genosse Fritz Popper vom Arnim-Platz im Prenzlauer Berg – zum geplanten Abstellraum. Über eine Durchgangsstelle gelangte der Apparat schließlich an seinen Arbeitsort. Schon wenige Tage später wurde zur Zufriedenheit der Widerstandsorganisation der »Metallarbeiter« und anderes illegales Material gedruckt.
Im Betrieb Heliowatt aber herrschte am nächsten Tag höchste Aufregung. NSBO und Firmen-Direktion schalteten nicht die Kriminal-Polizei, sondern sofort die Gestapo (Geheime Staatspolizei) ein. Die »Braunen« hatten offenbar gleich den richtigen »Riecher«. Weil Karl Wittwer trotz seiner Jugend als »Nicht-Nazi« bekannt war, wurde auch er von der Gestapo wiederholt vernommen. Ein Zusammenhang mit dem Diebstahl des Vervielfältigungs-Apparates konnte ihm jedoch nicht unterstellt werden. Außerdem bestätigten seine Kollegen sein »lückenloses« Alibi bei seiner fleißigen Frankier-Arbeit. Schließlich ließ man ihn in Ruhe.
Die Gestapo war auch später nicht in der Lage, den »Diebstahl« aufzuklären. Kurt Wiegard und Max Rothe setzten auch in den folgenden Jahren ihre Widerstandsarbeit fort. Fritz Popper und Erwin Lenz – der Organisator der ganzen Aktion – wurden zwar von der Gestapo, die sich bei den Heliowatt-Werken so erfolglos bemüht hatte, im Jahre 1937 wegen anderer Widerstandsarbeit verhaftet, Popper gelang es jedoch unter dramatischen Umständen, am S-Bahnhof Treptow der Gestapo wieder zu entfliehen. Über die Schweiz und Frankreich gelangte er nach Schweden, das ihm schließlich Asyl gewährte. Erwin Lenz wurde wegen »Vorbereitung zum Hochverrat« zu mehreren Jahren Zuchthaus und anschließendem Verlust der bürgerlichen Ehrenrechte sowie langer Polizei-Aufsicht verurteilt. Die Sache mit der ›Entführung‹ des Vervielfältigungsapparates ist jedoch nie bekanntgeworden.
Die Beschaffung des Abzugspapiers sowie der Transport und die Verteilung des illegalen gewerkschaftlichen Materials wurden immer schwieriger. Ohne besondere Genehmigung wagte es kein Geschäftsmann, Vervielfältigungsapparate oder Abzugspapier zu ver-

kaufen. Die Gestapo hatte begriffen, wie man die Untergrundarbeit – wenn schon nicht völlig unterbinden, so doch bis zu einem gewissen Grade – hemmen und lähmen konnte. Auch hier fand sich ein Ausweg, der unsere Arbeit in mancher Hinsicht sogar erleichterte. Wir stellten uns auf die fotomechanische Vervielfältigung um. Von nun an paßte der »Metallarbeiter« in die damals übliche Zwanziger-Zigaretten-Packung. Wenn Freunde von uns in Gefahr gerieten – es gab oft Razzien in den Straßen –, war es leichter, eine solche Zigarettenpackung verschwinden zu lassen als ein Bündel abgezogener Zeitungen. Für das Weiterreichen am Arbeitsplatz oder die Hinterlegung in Garderobenschränken oder auf den Toiletten war das kleine Format von unschätzbarem Vorteil.
Ein Teil der überzeugungstreuen Berliner Metallarbeiter hatte mit dem Aktionsausschuß und der regelmäßigen Herausgabe ihres Organs einen Mittelpunkt des organisierten Kampfes geschaffen. Das Ziel hieß: Bildung weiterer gewerkschaftlicher Widerstandsgruppen. Dies war eine – wenn auch bescheidene – Antwort auf das Versagen der großen Arbeiterorganisationen. Meßbar wurden die Ergebnisse der illegalen Tätigkeit besonders nach den »Vertrauensrätewahlen 1935«. Frei gewählte Betriebsräte waren von den Nazis verboten worden. Als Ersatz propagierte die Deutsche Arbeitsfront betriebliche »Vertrauensräte«; die Kandidaten stellte die NSBO auf. Für Arbeiter mit einer gewerkschaftlichen Vergangenheit war es selbstverständlich, kein von den Nazis abhängiges Amt anzunehmen. Wer auf den Listen der Nazis kandidierte, der bejahte das Dritte Reich und wurde von uns als Überläufer betrachtet. Die Arbeiter in den Betrieben gaben denn auch die richtige Antwort anläßlich dieser Vertrauensräte-Wahlen. Wir zitieren aus einem illegalen Flugblatt des Aktionsausschusses der »Gruppe Metall« aus dem Jahre 1935:
»Die Wahlen zu den ›Vertrauensräten‹ liegen hinter uns. Die gleichgeschaltete Presse meldet 83 Prozent Ja-Stimmen. Dabei passiert ihr das Malheur, nur etwas über sieben Millionen Abstimmungsberechtigte zu registrieren. Der Schwindel ist so dick aufgetragen, daß selbst Nazi-Anhänger in den Betrieben das amtliche Siegesgeschrei belächeln. Die Resultate bewiesen im einzelnen,

daß der Propagandaapparat der Nazis weiter nichts produzierte als lauter Bluff.

Bei der *Knorrbremse* in Berlin z. B. ist die Liste von der Mehrheit der Belegschaft abgelehnt worden; daraufhin hat ein Beauftragter des ›Treuhänders‹ die abgelehnten Vertrauensräte trotzdem eingesetzt. Bei AEG-Telefunken und einer Reihe anderer Großbetriebe ist ein Teil der Kandidaten mit knapper Mehrheit gewählt worden, ein anderer Teil durchgefallen.

Die gleichen Erscheinungen wie in Berlin zeigten sich im Reich. An der Wasserkante, im Ruhrgebiet, in Stuttgart, Breslau und Dresden, in den Gebieten, wo die Kollegen die illegale Gewerkschaftsarbeit aufgenommen hatten, überall dasselbe Bild der Ablehnung des Dritten Reiches und seiner Lakaien.«

Nie wieder versuchten die Nazis, die Arbeiter in den Betrieben in geheimer Abstimmung um ihre Meinung zu befragen. Die Vertrauensrätewahlen 1935 haben ihnen für immer gereicht. Wir bei »Kreiselgeräte« waren besonders stolz auf das Wahlergebnis, denn noch 1934 gab es nur neun ungültige beziehungsweise Nein-Stimmen. Diesmal aber hatten wir insgesamt 220 von 500 Beschäftigten erreicht. Erst hieß es, die Wahl werde wegen der vielen Enthaltungen und Nein-Stimmen wiederholt. Aber auch das ließen die Nazis dann sein. Unsere Arbeit ging weiter. Erst im Dezember 1936 traten die letzten fünf Kollegen in die Deutsche Arbeitsfront, die Zwangsorganisation der Nazis, ein. So lange hatten wir uns widersetzt. »Der Metallarbeiter« drang in weitere Betriebe ein. Dennoch wußten wir: Das Nazi-Regime werden wir allein nicht aus den Angeln heben. Aber die Arbeit trug dennoch Früchte. Unser Beispiel machte Schule, das Verbreitungsgebiet ging über Berlin hinaus.

Im Februar 1937 war für mich die illegale Tätigkeit zu Ende. Im Betrieb wurde ich von der Geheimen Staatspolizei (Gestapo) verhaftet. Daß die Gruppe weiterarbeitete, hörte ich später: Die Kosten für meinen Wahlverteidiger im Prozeß vor dem Volksgericht hatten die Kollegen der gewerkschaftlichen Widerstandsgruppen bei »Kreiselgeräte« und »Goerz« aufgebracht.

Das Urteil lautete: 8 Jahre Zuchthaus. Im Februar 1945 wäre die Zeit um gewesen. Jedoch erst Ende April 1945 wurden die Gefangenen im Zuchthaus Brandenburg-Görden durch den Vormarsch der Sowjetarmee befreit.

Die Henker-Garage

Es war 1943/44, an einem Donnerstag gegen zehn Uhr. Die Sonne schien, aber der Tag hatte furchtbar begonnen: am frühen Morgen hatten 22 Menschen unter dem Fallbeil ihr Leben gelassen.
Ich hatte seit acht Uhr in der LKW-Garage des Hauses 2 mit kleinen Reparaturen zu tun, als der Hilfswachtmeister Schulz aus der Schlosserei erschien und sagte, ich solle ihm doch für kurze Zeit behilflich sein. »Warum nicht«, erwiderte ich ahnungslos.
Wir verließen die Garage, überquerten den Vorplatz zum Hauptportal des Verwaltungsbaus. Vor der Garage des Hauses 1 blieb Schulz stehen. Hinter dieser Tür, dies wußte ich, stand das Fallbeil; hier fanden die Hinrichtungen statt. Darüber lag die Unterkunft mit den Betten der Außenkolonnen. Mindestens einmal in der Woche hörten wir morgens gegen sechs Uhr das dumpfe Fallen des Fallbeils. So war es auch heute gewesen. Etwa alle drei Minuten drang das Aufschlagen zu uns, den noch Lebenden. Um diese Zeit lagen die Frühstückskuhlen (die Brote) auf dem Tisch, daneben die braunen Töpfe mit dem Kaffee. Alle schwiegen. Gegenseitig blickten wir uns an, jeder in Gedanken versunken. Dieses Erleben ging mir gerade jetzt durch den Kopf. Wachtmeister Schulz öffnete die Garagentür. Zum ersten Mal wurde ich mit dem Grauen konfrontiert. Vorne links, unmittelbar am Garagentor, stand das Fallbeil. Hinten links lag der Zugang zum Flur, durch den die Todeskandidaten hereingeführt wurden. Rechts gegenüber in der Ecke stand ein kleiner Tisch mit den Plätzen für Staatsanwalt und Pfarrer. Wachtmeister Schulz erläuterte: »Den Verurteilten wird dort noch einmal das Todesurteil verlesen. Der Pfarrer darf dann Trost spenden.«
Das Schafott selbst war für die Todeskandidaten beim Betreten der Mordzelle zunächst nicht sichtbar. Ein dunkler Vorhang verdeckte es. Dahinter lauerten die Henker auf ihre Opfer. Bevor der letzte Gang von der Todeszelle, meist einem sogenannten Kammkasten,

Das Fallbeil

Reichsanwaltschaft
beim Volks- gerichtshof

— Staatsanwaltschaft —

Geschäftsnummer: 7/8 J 190/43g

Kostenrechnung

In der .... Straf- Sache ./. Max Josef Metzger
wegen Vorbereitung zum Hochverrat

Lfd. Nr.	Gegenstand des Kostenansatzes und Hinweis auf die angewandte Vorschrift	Wert des Gegenstandes ℛℳ	Es sind zu zahlen ℛℳ	₰
1	2	3	4	
	A. Gebühr gemäß §§ 49, 52 d. GKG. für Todesstrafe		300	—
	B. bare Auslagen:			
	Postgebühren gemäß § 72^1 d. GKG.		—	12
	Haftkosten gemäß § 72^7 d. GKG für die Zeit vom 29.6.1943 bis 16.4.1944 = 293 Tage à 1.50 =		539	50
			839	62
	durch eigenes Geld des Verurteilten gedeckt: (s.E.G.St.A Nr.1119/44)		368	36
	Bleiben zu zahlen:		471	26
			371	26

überw. 8.8.44

Postscheckkonto
München 36747

Kostenrechnung für die Hinrichtung des Pfarrers Max Josef Metzger

(besonders enge Zelle), zum Schafott angetreten wurde, gab der diensttuende Hauptwachtmeister auf der Station folgende Anordnungen: »Anzuziehen ist nur die Hose ohne Hosenträger. Strümpfe, Unterhose, Hemd müssen fein säuberlich auf den Hocker gepackt werden. Das Jackett darf nicht angezogen, sondern lediglich über die Schulter gehängt werden.«
Die Hände vor dem Bauch, damit die Hose nicht wegrutschte, so wurden die Häftlinge zum letzten Gang in die Mordgarage geführt. War der Urteilsspruch verlesen, schoben die Henker den Vorhang zurück, griffen den Häftling, rissen ihm das Jackett ab und drückten seine beiden Arme auf den Rücken, er mußte seinen Hals in die halbrunde Öffnung unter dem Fallbeil legen. Ein Hebeldruck ließ das Fallbeil niedersausen und der Kopf rollte in eine Blechschale. Unten rann das Blut in ein Gefäß. Zum Schluß wurden dem Toten noch die Hose heruntergerissen und der nackte, leblose Körper in die Holzkiste geworfen, den Kopf zwischen den Beinen. In wenigen Minuten war alles vorbei und schon das nächste Opfer an der Reihe. Anfangs wurden die mit dem Fallbeil Hingerichteten in primitive Särge gepackt und auf einem mit Pferden bespannten Tafelwagen zum Krematorium nach Brandenburg transportiert. Damit die Ladung auf dem Weg von Görden zur Stadt kein Aufsehen erregte, hatte man eine graue Plane fest über den Wagen gespannt. Doch die Zahl der Hinrichtungen stieg von Monat zu Monat, von Jahr zu Jahr. Offenbar war den Juristen des Dritten Reiches ein Sarg für jeden Ermordeten zu kostspielig, denn kurzerhand änderte man das Verfahren. Die Anstaltstischlerei erhielt den Auftrag, einfache Holzkisten zu liefern. Diese bestanden aus rohem Holz, waren etwa 1,60 Meter lang, 40 cm breit und 30 cm hoch. Die Gefangenen gaben ihnen den Namen »Nasenquetscher«. Wegen der Kürze der Kisten packten die Henker den abgeschlagenen Kopf zwischen die Beine des Ermordeten. Aber selbst eine solche Kiste war der Obrigkeit noch zu teuer. Eine neue Verfügung schrieb vor, auf den Boden des »Nasenquetschers« einen Lattenrost zu legen; im Krematorium kippte man den Toten dann einfach aus der Kiste. Den leeren, blutverschmierten Sarg brachte das Pferdefuhrwerk zurück ins Zuchthaus.
Alles war »perfekt« geregelt. Am Tage vor der Hinrichtung wurde

Politische Gefangene des Zuchthauses Werl führen nach der Befreiung 1945 den Klappsarg vor. Ähnliche Särge wurden gegen Kriegsende auch in Brandenburg-Görden »aus Einsparungsgründen« verwendet.

jedem Todeskandidaten Blut zur Feststellung der Blutgruppe entnommen. Unmittelbar nach jeder Hinrichtung – zwei Ärzte des Städtischen Krankenhauses saßen bereits mit einer Batterie von Gefäßen an der Garagentür – füllten sie das Blut in entsprechend gekennzeichnete Flaschen.
Als Wachtmeister Schulz die Tür öffnete, verschlug es mir den Atem. Dicke, verbrauchte Luft und Schweißgeruch strömten mir aus dem Halbdunkel entgegen. Schulz betrat die Garage – und erst jetzt erfuhr ich, was er von mir wollte. Ich sollte ihm beim Abmontieren des Fallbeils helfen.
Er winkte, damit ich näher treten sollte, aber ich konnte keinen Schritt tun, sondern blieb wie gebannt vor der Tür stehen: »Das

können Sie von mir nicht erwarten«, sagte ich, machte kehrt und ging kurzerhand, fast laufend, zurück zu meiner LKW-Garage. Dort versuchte ich, das Erlebte zu überwinden. Ich war wie gelähmt.

Der »MM« mußte das Fallbeil selbst schleifen

»MM« (Maschinenmeister) hieß im Jargon der Häftlinge der 1. Hauptwachtmeister, zuständig für die große Zentralheizung und alle sonstigen technischen Anlagen. Eines Tages betrat er mit einem fast elegant wirkenden, schmalen, dunkelbraunen Holzköfferchen die Tischlerei. Geradewegs ging er in den Maschinenraum. Dort hinten, in der rechten Ecke, war die kleine Schlosserei installiert: Eine Werkbank mit Schraubstock, eine Schleifvorrichtung für die langen Stahlbänder der Bandsäge und eine ebensolche für die breiten Messer der Hobelmaschine. Thomas Mrochen, ein politischer Häftling aus Oberschlesien mit sehr langer Strafzeit, fachlich ein Allerweltskerl, arbeitete dort als Schlosser. Seit Jahren schon sorgte er dafür, daß alles im maschinellen Bereich der Tischlerei mit seinem Maschinenpark ohne technische Störungen ablief.
Zu ihm ging »MM«. Auf die Werkbank legte er das Köfferchen und öffnete es. Alle Maschinenarbeiter, etwa zehn an der Zahl, außer einem alles politische Gefangene, blickten neugierig in die Ecke. Was wollte der »MM« denn von Mrochen? Sie sahen, wie sich ein kurzer, aber gespannter Disput zwischen den beiden entwickelte. »MM« zeigte wiederholt auf den geöffneten Kasten und die an der Wand stehende Schleifmaschine für die Hobelmesser. Thomas aber schüttelte immer wieder entschieden den Kopf. Wir merkten: Da stimmt etwas nicht. Das Gesicht des hochgewachsenen »MM« wurde immer finsterer. Energisch redete er noch immer auf Mrochen ein, unterstützt durch entsprechende Handbewegungen. Thomas aber verließ nun demonstrativ seinen Arbeitsplatz und ging hin zur Bandsäge, etwa acht Meter von seiner Schlosserecke entfernt. Andere Kameraden kamen von ihren Maschinen hinzu. Es bildete sich ein kleiner Kreis, und wir erfuhren jetzt, was geschehen war. In dem kleinen Holzköfferchen lag das Messer des Fallbeils, etwa 50

cm lang. Es hatte die Form eines Trapezes. Am nächsten Morgen sollten neue Hinrichtungen stattfinden. Der »MM« war auch für das reibungslose Funktionieren der Mordapparatur verantwortlich. Darum sollte das Messer geschliffen werden, und das mutete er Thomas Mrochen zu. Vergebens! Thomas Mrochen hatte sich geweigert, dafür Helfershelfer zu sein.
Was also blieb dem 1. Hauptwachtmeister übrig? Er selbst stellte sich an die Maschine und schliff das Henkerbeil. Er mußte wohl spüren, in welche Lage er sich gegenüber den Häftlingen gebracht hatte. Immer wieder senkte er den Kopf und blickte über seine starken Brillengläser hinweg zu uns in den Maschinensaal. Von dort aber trafen ihn nur feindliche, oft ironische Blicke. Bei uns kam der nicht an. Wir waren keine Mordgehilfen. Das bekam »MM« deutlich zu spüren. Fast wie durch Spießruten laufend verließ er nach etwa 20 Minuten mit seinem Henkerskoffer die Tischlerei.

Verbindung zur illegalen Widerstandsorganisation in Berlin[1]

Im Juni 1944 fuhr der LKW des Zuchthauses Brandenburg, ein auf Holzgas umgestellter Drei-Tonner-Diesel, wieder einmal von Brandenburg nach Berlin. Wir brachten Möbel hin und holten Leder und andere Rohmaterialien zur Weiterverarbeitung für die Schuhmacherei, Schneiderei und die anderen Werkstätten der Anstalt. Mein »Schien« (Bezeichnung für den Anstaltsbeamten durch die Häftlinge) war der Hilfswachtmeister und Chauffeur des LKW, Willi Denath; als sein Mitfahrer war ich verantwortlich für Pflege und Instandhaltung des Wagens einschließlich der Beladung mit »Treibstoff«. Das war in unserem Falle kleingeschnittenes Buchenholz, gemischt mit Kiefer, beides aus der Anstaltstischlerei.
Mit Willi Donath verband mich seit Ende 1943, als ich vom technischen Büro der Tischlerei als Mitfahrer für den LKW abgestellt wurde, bald ein Vertrauensverhältnis. Mein Vorgänger auf dem Wa-

---

1 s. dazu die Rezension von Walter Uhlmann zu »Gesprengte Fesseln« im Anhang

gen war ein Krimineller. Bei den Fahrten außerhalb Brandenburgs betrieb er kleine und größere Schiebereien, die Donath oft in Schwierigkeiten brachten. Bei mir als »Politischen« setzte er wohl voraus, daß ich ihm nicht derartiges Herzklopfen bereiten würde. Zigarettenschmuggel war denn auch nicht meine Passion.
Bald hatten wir uns gegenseitig beschnuppert. Es gab offene Aussprachen über den Krieg, die Nazis und die täglichen Ereignisse. Ich »schob« natürlich auch, nahm in den Holzsäcken, als gutem Versteck oben auf dem Dach des Fahrerhauses, Briefe und Päckchen meiner politischen Kumpels mit nach draußen. Unsere Fahrten führten uns fast in jeder Woche einen, nicht selten auch mehrere Tage nach Berlin-Moabit, Plötzensee, Lichtenberg oder ins Frauengefängnis Barnimstraße. Eine beliebte Tour war auch die nach Werdau, einer Industriestadt bei Zwickau. Dort holten wir Garne für die Zuchthausweberei. Andere Aufträge führten etwa nach Prenzlau oder nach Thüringen.
Bei einer der ersten Berlin-Fahrten, etwa Ende 1943, willigte Donath ein, daß wir kurz bei Grete (meiner Verlobten) in der Ziegelstraße zum Kaffeetrinken gingen. Für ihn war das natürlich ein Risiko; ging etwas schief, riskierte er Kopf und Kragen. Aber dieser erste Versuch vertiefte das Vertrauensverhältnis zwischen uns und auch das zu Grete. Er mußte wohl den Eindruck gewonnen haben: Mit denen kann es nicht schiefgehen. Und so war es auch. Wir brachten meinen Hilfsschien nicht in Verlegenheit. Unser Verhältnis zueinander wurde mit der Zeit unbelastet und offen. Besorgte ich z. B. unterwegs Kartoffeln und andere rare Dinge, konnte ich das alles in Berlin bei Grete abladen. Willi Donath war natürlich nie unmittelbar dabei, obwohl er zuweilen wußte, was geschah. In solchen Fällen stieg er an einer bestimmten Stelle vom LKW ab und ließ mich mit meiner Fracht allein weiterfahren. Danach trafen wir uns wieder. Vorher wurde für den Fall einer Kontrolle genau verabredet, was gesagt werden sollte. So vereinbarten wir z. B. zu sagen, daß ein neuer Anlasser für den Motor beschafft werden müsse. Willi ging in bestimmte Geschäfte, während ich auf einen Schrottplatz fuhr und bei dieser Fahrerei meine Anliegen besorgte. Die Briefe aus dem Zuchthaus brachte ich zu Grete.

Walter Uhlmann in Zivilkleidung, sobald er zum Außendienst als LKW-Fahrer das Zuchthaus verlassen hatte.

Diese leitete sie dann – oft persönlich – an die Adressaten weiter und nahm auch später die Antworten wieder in Empfang. Bei unserer nächsten Berlinfahrt lagen dann die Sachen zur Beförderung ins Zuchthaus bereit.

Auf diese Weise erfuhr ich eines Tages von Grete, daß mein früherer Kollege und enger Freund Fritz Nitzschke, geboren 1905 in Braunschweig, sich selbständig gemacht hatte. In der Prinzenstraße, unmittelbar am Moritzplatz, betrieb er mit einem Lehrling eine kleine optisch-feinmechanische Werkstatt. Wichtiger und interessanter war für mich jedoch, daß er mit Anton Saefkow (einem früheren

Mitglied einer KJV-Gruppe,[1] der auch Grete angehört hatte) illegal zusammenarbeitete. Mein Vorsatz, Fritz Nitzschke bei nächster Gelegenheit aufzusuchen, war bald gefaßt.
Das also war die Situation, als ich im Juni 1944 mal wieder in Berlin zu Fuß bzw. per U-Bahn angeblich auf ›die Suche nach dringend gebrauchten Teilen für unseren LKW‹ ging. Donath setzte mich am frühen Nachmittag am Anhalter Bahnhof ab und fuhr mit Synek (einem Politischen aus der Tschechoslowakei) weiter. Zuvor hatten wir vereinbart, uns wieder um 17.00 Uhr in Moabit gegenüber der Untersuchungshaftanstalt Ecke Wilsnacker- und Turmstraße zur Rückfahrt nach Brandenburg zu treffen. In Wirklichkeit führte mein Weg mit der U-Bahn zu Fritz Nitzschke. Mit der Zuchthauskleidung konnte man sich natürlich nicht in Berlin bewegen. Am sogenannten Potsdamer Berg, kurz vor Wannsee, mußte der Holzkocher neu aufgefüllt werden. Bei der Gelegenheit verschwand ich unter der LKW-Plane und wechselte die Kleidung. Die schwarze Hose mit den langen gelben Streifen sowie das schwarze Jackett mit einem eingenähten gelben Querstreifen am linken Ärmel wurden in einen leeren Sack gestopft. In wenigen Minuten erschien der Beifahrer mit blauer Hose und Jacke, wie in einer Monteurkluft. Damit fiel ich nun nicht mehr auf.
Angemeldet war ich bei Fritz Nitzschke nicht. Am Hauseingang wies ein kleines Schild den Weg zur Werkstatt. Im Hinterhof stieg ich bis zum zweiten Stock und betrat voll innerer Spannung die Werkstatt. Fritz riß freudig die Augen auf. Sofort hatte er mich erkannt. Wir waren allein. Der Lehrling war zu meinem Glück in der Schule.
Ich stand in einem relativ kleinen Raum, in dem eine Mechaniker-Drehbank und eine Werkbank mit zwei Schraubstöcken stand. Es kam zu einer herzlichen Begrüßung. Fritz sprach nicht nur von seiner Zugehörigkeit, sondern von seiner direkten und aktiven Mitarbeit in der Saefkow-Gruppe. Die Verbindung dazu war von Werner Jurr[2] hergestellt worden. Dieser hatte bereits 1937 drei Jahre Zucht-

1 KJV = Kommunistischer Jugendverband Deutschlands.
2 zu Werner Jurr s. Hermann Weber, Die Wandlung des deutschen Kom-

haus wegen Hochverrats in Brandenburg »abgesessen«. Schon seit 1928 waren wir drei eng befreundet. Werner war damals Reichsleiter der Roten Jungfront und Mitglied des KJVD und der KPD, aber wegen »rechter Abweichungen« ausgeschlossen und dann Mitglied der KPD (Opposition) – Gruppe Brandler-Thalheimer – geworden. Etwa 1932 trennte er sich wieder von dieser Gruppe und arbeitete in der Roten Hilfe. Fritz Nitzschke selbst gehörte keiner politischen Gruppierung an. Er sympathisierte jedoch ganz allgemein mit der kommunistischen Bewegung. Sein Hobby und Beruf zugleich war die Feinmechanik und Konstruktionsarbeit. Das brachte ihm auch schon damals viele interessante Aufträge.
Das tägliche Leben und die Erfahrungen seiner Freunde machten auch Fritz Nitzschke zu einem entschiedenen Gegner des NS-Regimes. Er wollte nicht abseits stehen. Werner Jurr vermittelte ihm den Weg zur illegalen Bewegung.
Sein Charakter und seine unbedingte Hilfsbereitschaft schafften die Voraussetzungen dafür, daß er ohne Bedenken seine Wohnung, besonders aber seine kleine Werkstatt der Untergrundorganisation zur Verfügung stellte. Daß er aktiv mitwirkte, hatte ich schon von Grete gehört. Als er aber, sozusagen aus Freude über den Besuch seines Freundes aus dem Zuchthaus, nun erzählte, was er alles machte, war ich doch erstaunt, welche Verantwortung er übernommen hatte. Von der Werkstatt führte eine Tür zum Materiallager; dort setzten wir uns. »Hier werden die Abzüge der illegalen Flugblätter hergestellt und vervielfältigt«, sagte Fritz. Er öffnete einige Kisten und zeigte mir Apparate und Flugschriften. Einige trugen die Unterschrift »Nationalkomitee Freies Deutschland, Berliner Ausschuß«. »Das ist unsere Arbeit«, meinte Fritz. Auch von Attentatsversuchen und Attentatsvorbereitungen auf Hitler erzählte er. Innerlich glaubte ich in diesem Moment, er übertreibe, zumindest was die Attentate betraf. Ich erklärte mir das damit, daß er nie einer politischen Organisation angehört hatte. Auch war ich über das Maß des Vertrauens erstaunt, das er mir sogleich entgegenbrachte.

munismus. Die Stalinisierung der KPD in der Weimarer Republik, 2 Bde, Frankfurt a. M., 1969, Bd. 2, S. 174

Fritz Nitzschke

Aus der eigenen illegalen Tätigkeit wußte ich, daß man so offen eigentlich auch gegenüber Freunden nicht sein sollte. Ich erfuhr von seiner Verbindung zu den führenden Leuten der Gruppe, den Kontakten zu Zellen der Wehrmacht. Andererseits war das alles für mich gerade angesichts des militärischen und politischen Niedergangs der Nazi-Diktatur besonders beeindruckend und auch anspornend. Im Zuchthaus diskutierten wir zwar bei jeder möglichen Gelegenheit über die Probleme, hier aber hatte ich nun unmittelbaren Kontakt zu einer offenbar weitreichenden Widerstandsbewegung; davon mußten die politischen Freunde in Brandenburg Kenntnis erhalten. Fritz gab mir ohne Zögern einige Exemplare der illegalen Flugschriften mit. Ich verstaute sie in meiner zivilen Zuchthauskluft und wollte nun gehen. Die Zeit drängte, denn ich mußte zum vereinbarten Treffpunkt mit unserem LKW.

»Jetzt will ich dir nur noch einen Freund vorstellen«, meinte Fritz und holte aus dem oberen Stockwerk einen Mann mittleren Alters. »Bei ihm hören wir immer die ausländischen Sender«, sagte er voller Stolz. Und – mir stockte beinahe der Atem – fügte noch hinzu: »Das hier« – wobei er auf mich zeigte – »ist mein alter Freund Uhle.« Wir begrüßten uns kurz, wechselten einige Sätze, dann verließ ich die Werkstatt.

In Moabit mußte ich voller Unruhe fast eine Viertelstunde warten. Der Zuchthaus-LKW hatte Verspätung. Die Rückfahrt begann. Beim nächsten Tanken verbuddelte ich das Material wieder in einem leeren Sack, und so gelangte es am Abend ins Zuchthaus Brandenburg.

Den engeren politischen Freunden berichtete ich einzeln in den nächsten Tagen von einigen Erlebnissen in Berlin, und das mitgebrachte illegale Material machte so die Runde im Kreis der Vertrauten. Nach meiner Erinnerung waren es Walter Mickin, Zeichner in der Tischlerei, Thomas Mrochen, Schlosser in der Tischlerei, Edu Wald und Robert Dewey vom Büro der Tischlerei, Max Frenzel[1], Kalfaktor in der Schuhmacherei Haus 1, und Herbert Kratzsch, Außenkolonne.

Einige Tage später stand ich mit dem LKW vor der Garage, als die Außenkolonne einrückte und in der Nähe des Wagens hielt. Herbert Kratzsch drängt sich unauffällig zu mir. Leise und bewegt berichtete er mir vom heutigen, nicht angemeldeten Besuch seiner Frau. Sie hatte einen Weg gefunden, um Herbert auf seinen Außen-Arbeitsstellen zu sprechen. Das wiederum war nur möglich durch

---

1 Max Frenzel, Hauptautor des DDR-Berichtes über das Zuchthaus Brandenburg: »Gesprengte Fesseln«, Militär-Verlag der DDR; verschweigt dies alles aus Gründen der Parteidoktrin; denn Uhlmann verließ 1953 die DDR.

die Toleranz des diensthabenden Wachtmeisters. Außerdem galt Herbert als eine Art Vorarbeiter in seiner Kolonne. Frau Kratzsch brachte eine Hiobsbotschaft aus Berlin; sie hatte alles unternommen, um Herbert schnellstens zu benachrichtigen: Fritz Nitzschke sei verhaftet worden. Die Gestapo habe erfahren, daß ein gewisser »Uhle« kürzlich in der Werkstatt gewesen sei und fahnde nun nach ihm.

Herberts Frau wohnte in der Nähe des Moritzplatzes in Berlin und gehörte ebenfalls zur Saefkow-Gruppe. Ich war also gewarnt und reagierte nicht wenig aufgeregt. Würden Fritz und der Mann, dem ich in der Werkstatt vorgestellt worden war, »dichthalten« können? Ich mußte jedenfalls täglich mit dem Schlimmsten rechnen. Doch es blieb still um mich.

Die Tage im Zuchthaus verliefen wie üblich. Eines Abends im Spätsommer 1944, wir waren erst nach der Essensausgabe von einer Fahrt zurückgekehrt, ging ich mit meinem Essenskrug von der Garage zur Küche. Als ich bei der Schlosserei um die Ecke bog – gegenüber lag das Haus 4 – rief plötzlich jemand leise, dann halblaut: »Uhle, Uhle ...«. Ich traute meinen Ohren kaum, denn wer kannte hier schon meinen Berliner Namen? Vorsichtig blickte ich um mich und in Richtung der Zellenfenster im 1. Stock des Sicherungsbaus. Von dort kam eine Stimme: »Hier ist Fritze, Fritze aus Berlin ...«. Mir war sofort klar, das dies nur Fritz Nitzschke sein konnte. Zugleich aber kam auch ein furchtbarer Gedanke, denn uns war bekannt, daß dort oben die Zellen der Todeskandidaten lagen.

Am nächsten Morgen kam Arbeitsinspektor Dahms zur Garage. Er gab Anweisungen für die nächste Fahrt. Ich benutzte die Gelegenheit, ihn anzusprechen. Von Willi Donath wußte ich, daß Dahms kein Nazi war und den Politischen zuweilen mit einem gewissen Verständnis gegenüberstand. Ich schilderte, wie ich erfahren hatte, daß mein ehemaliger Berufskollege Nitzschke in einer Todeszelle saß.

Aus dem Fall Robert Havemann war mir bekannt, daß in seltenen Fällen die Vollstreckung der Todesstrafe hinausgeschoben werden konnte, nämlich dann, wenn der Betreffende für wichtige berufliche Arbeiten im Zuchthaus gebraucht würde. Und Fritz war ein

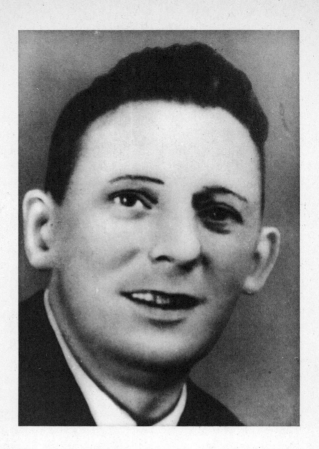

Anton Saefkow

hochbegabter Konstrukteur. Dies alles unterbreitete ich dem Amtmann und hatte sogar ein wenig Hoffnung; denn seit dem 20. Juli 1944 schien den politischen Gefangenen das Ende der Nazidiktatur nicht mehr in allzu weiter Ferne. Jetzt trug unter Umständen jeder Monat zur Lebensrettung bei.
Anfang Juli 1944 war die Saefkow-Jacob-Bästlein-Gruppe in Berlin »hochgegangen«. Der Prozeß im September endete mit Todesurteilen. Auch Anton Saefkow hatte man nach Brandenburg transportiert. Er kam in der Gewißheit, daß die Naziherrschaft im Herbst zu Ende gehen würde. So jedenfalls hatte er Max Frenzel

versichert, der ihn kurz sprechen konnte. Indessen lief die Hinrichtungsmaschinerie in der Garage des Hauses 1 mehrere Male wöchentlich auf vollen Touren. Frühmorgens, vor dem Ausrücken zur Arbeit, hörten wir in der Unterkunft in kurzen Abständen den dumpfen Klang des Fallbeiles. Alle zählten schweigend mit. Jeder Fall ein Opfer ...
Über Nitzschke erfuhr ich zunächst nichts mehr. Ihn in seiner Zelle zu sprechen, war unmöglich. Eines Abends wusch ich im kleinen Hof, neben der Unterkunft des Hauses 2, den LKW. Wieder rief einer: »Uhle« und wieder war es Fritz. Man hatte ihn also verlegt. Ich hoffte, daß man ihn beruflich eingesetzt hatte, aber statt dessen war er nur näher an die Hinrichtungsstätte gebracht worden.
Durch den Wachtmeister erfuhr ich, daß die Henkersknechte bereits übermorgen ihr blutiges Handwerk wieder betreiben würden. Am Abend davor hatte dieser Wachtmeister auf dem A-Flügel, Haus 2, Nachtdienst. Wir waren ziemlich spät an diesem Tage mit dem LKW in die Anstalt zurückgekommen. Beim Aufschließen des Waschraumes sagte mir der Beamte, daß morgen in aller Frühe die Henker kommen würden. Mein Bekannter sei bereits nach unten auf den A-Flügel verlegt worden. Auf meine Bitte hin, mir doch die Möglichkeit zu geben, ihn noch einmal zu sehen, blickte der Wachtmeister nach oben; dort hatte der Hauptwachtmeister vom Dienst normalerweise seinen Platz, doch er war nicht zu sehen. Wir überquerten rasch den Flur und vor einer 3-Mann-Zelle schob der Beamte zunächst die Klappe vom Spion zur Seite und blickte in die Zelle. Dann schloß er leise auf und schob mich mit einem sanften Druck hinein. Fritz kam einen Schritt auf mich zu. Wir umarmten uns. Wir waren nicht allein; am Fenster saß ein gebeugter, völlig in sich zusammengesunkener zweiter Mann, auch er ein Todeskandidat. Fritz stellte ihn mir vor. Aber der andere antwortete nur mit wenigen Silben, fassungslos, Tränen in den Augen. Mir selbst stockte der Atem. In acht Stunden, morgen früh gegen 6.00 Uhr, würden die Todesurteile vollstreckt sein. So sah ich meinen langjährigen Freund zum letzten Mal wieder. Er war der alte, so wie ich ihn seit 1928 kannte: aufrecht und in keiner Weise von den zermarternden Ereignissen der Verhaftung, der Vernehmung und den Quälereien, den

Tagen des Prozesses mit der Verkündung des Todesurteils verändert. Immer wieder unterbrach Fritz unser Gespräch, um seinem Kumpel Kraft für die noch verbleibenden Stunden zu vermitteln. Die Justiz des Hitlerstaates hatte ihn bereits vor seinem leiblichen Tod ermordet. Im Gegensatz zu ihm war aus dem früheren, mehr gefühlsmäßig zur Arbeiterbewegung stehenden Fritz Nitzschke ein unbeugsamer Gegner des Faschismus geworden. Als wir endgültig Abschied voneinander nahmen, drückte er mir einen Brief an seine Frau in die Hand. Die letzten Sätze lauteten: »Sei nicht traurig. Ich sterbe für ein Ideal. Und es ist der schönste Tod, für den ein Mann und Vater sterben kann.« Draußen näherten sich Schritte. Das Schloß der Zellentür wurde entriegelt. Zum letzten Mal blickten wir uns in die Augen.

Die letzten Tage

Truppen der Roten Armee waren bereits bis in die unmittelbare Umgebung des Bahnhofs Brandenburg vorgedrungen. Die weitere Verpflegung des Zuchthauses hing jetzt wesentlich von der Beweglichkeit der beiden Zuchthaus LKWs, einem 5-Tonner-Diesel und einem 3-Tonner-Holzvergaser ab. Aus den westlichen, noch unbesetzten Dörfern wurden Kartoffeln und andere Lebensmittel herangeschafft. Das Zuchthaus lag in einer Art Niemandsland. Eines Tages, es war der 26. April 1945, also ein Tag vor der Befreiung der Gefangenen durch die Rote Armee, stoppte ein SS-Trupp den Diesel-LKW. Man hatte gerade eine Ladung Verpflegung organisiert. Am Steuer saß Hilfswachtmeister Hase, neben ihm der Häftling Max S. als Beifahrer. Das Fahrzeug wurde einer strengen Kontrolle unterzogen. Unschwer erkannte die SS den in schwarzer Hose und Jacke mit breiten gelben Streifen gekleideten Zuchthausgefangenen. Max S. sollte sofort verhaftet werden. Nur mit größter Mühe gelang es Wachtmeister Hase, das zu verhindern. Auf kürzestem Wege kehrten beide in die Anstalt zurück.
Stark erregt schilderten sie in der Zuchthaus-Garage den gefährlichen Vorfall. In der Garage waren auch Hilfswachtmeister Donath und ich mit dem anderen LKW eingetroffen. Max S. und ich, seit

1943 auf den LKWs eingesetzt, erklärten den Beamten, daß wir unter diesen Umständen nicht mehr mit dem LKW das Zuchthaus verlassen würden. Daraus ergab sich für die beiden Hilfswachtmeister als die offiziellen Fahrer eine schwierige Situation. Wer sollte denn nun die Knochenarbeit des Be- und Entladens sowie der technischen Instandhaltung der Fahrzeuge verrichten? Nach vielem Hin und Her entschlossen sich schließlich Hase und Donath, bei dem Direktor des Zuchthauses, Dr. Thümmler, vorzusprechen. Sie gingen nach oben zur Verwaltung. Max und ich hockten inzwischen weiter in der Garage, gespannt, was sich nun ereignen würde.
Überraschend schnell war jedoch eine Entscheidung gefallen, mit der keiner gerechnet hatte. Wir wurden nach oben zu Direktor Thümmler bestellt, und der erklärte uns, wir würden sogleich unsere Entlassungspapiere erhalten. Beim Hausvater mögen wir inzwischen unsere Zivilkleidung, Papiere etc. abholen. Wir sollten doch im Interesse aller Gefangenen weiter auf dem LKW unsere Tätigkeit verrichten. Man merkte es Dr. Thümmler an, daß er nur unter dem Druck der Situation seine Entscheidung vollzogen hatte. Und wir, die Beifahrer, waren entschlossen, bei entsprechender Gelegenheit abzuhauen. All das geschah, wie gesagt, am Abend des 26. April 1945.
Unter der Beamtenschaft des Zuchthauses war infolge des unaufhaltsamen Vordringens der Roten Armee eine Art Panik- und Fluchtstimmung ausgebrochen. Viele setzten sich mit Familie bereits ab, westwärts, wo die Alliierten am Westufer der Elbe Position bezogen hatten.
Am Vormittag des 27. April erhielt unser LKW den Auftrag, einige Frauen von Beamten mit ihrem Gepäck sowie Lebensmitteln nach Fischbeck an der Elbe zu transportieren. Der Ort liegt etwa 60 km nordwestlich von Brandenburg, gegenüber von Tangermünde. Der zweite LKW war bereits vor uns nach dort gestartet. Wir, die Beifahrer, trugen nun statt der Zuchthauskluft blaue Schlosseranzüge. Unsere Zivilkleidung war im LKW verstaut. Es mag gegen Mittag, kurz vor unserer Abfahrt von der Anstalt gewesen sein, ich hatte am Eisenbahntor noch einige Sack zerkleinertes Holz geladen, das war ja der Treibstoff für den Holzvergaser, als in Brandenburg die Sire-

Name der Vollzugsanstalt: Aktenzeichen der Strafsachen:
Zuchthaus   (mit Bezeichnung der Strafvoll-
Brandenburg (Havel)-Görden   streckungsbehörden.)

Volksger. Hof Bln.
17.J. 152/37

Entlassungs-Schein.

Der — Die — Uhlmann, Walter
(Vor- und Zuname, bei Frauen auch Geburtsname, Beruf)

geb. 14.6.04 in Leipzig-Reudnitz

ist heute nach ....

entlassen worden.

Untersuchungshaft von .... bis ....

.... ist im Termin freigesprochen worden.

Dauer der verbüßten Strafen:

von 27.11.37 bis 26.4.45 Name d. Vollzugsanstalt: —

von .... bis .... „ Zuchthaus

von .... bis .... „ Brandenburg (Havel)-Görden

Vor der Verhaftung hat er — sie — Unterkunft gehabt

bei ....

Nach seiner — ihrer — Angabe wird er — sie — jetzt

Unterkunft finden

bei .... in ....

A. 51. Neuer Entlassungs-Schein. (§ 130, Abs. 7 DVO.)
Arbeitsverwaltung Wohlau.) B 10700

Entlassungsschein vom 26. 4. 45, also 1 Tag vor der Befreiung, für den politischen Gefangenen Walter Uhlmann; 1945.

nen heulten. Später erfuhren wir, daß die Rote Armee zum entscheidenden Angriff auf Brandenburg vorgestoßen war. Zu dieser Zeit fuhren wir los. Nach rund 1½ Stunden trafen wir in dem kleinen Bauerndorf Fischbeck ein. Aus zahlreichen Fenstern hingen bereits weiße Fahnen, die Bewohner hatten sich auf die Kapitulation eingestellt.
Unser LKW hielt direkt vor der kleinen Kirche, da drinnen wurde alles abgeladen. Die heilige Stätte hatte man in einen Aufenthalts- und Lagerraum der Beamten verwandelt. Dr. Thümmler sowie zahlreiche Beamte hatten bereits im Dorf Privatquartiere bezogen. Nach der Entladung starteten wir nochmals Richtung Brandenburg. Auf halber Strecke kam uns der Diesel-LKW entgegen. Sie winkten uns zu und am Straßenrand hielten wir an. Nun erfuhren wir folgendes: »Ihr könnt nicht mehr zur Anstalt zurückfahren«, sagte Wachtmeister Hase. »Kurz nach eurem Start sind die Russen bis in unmittelbare Nähe des Zuchthauses vorgerückt. Und einige Kilometer westlich davon hat die Wehrmacht eine Straßensperre errichtet«. Was blieb nun also übrig? Wir machten kehrt, und gemeinsam fuhren beide LKWs wieder nach Fischbeck. Um uns Beifahrer kümmerte sich dort niemand mehr. Die geflüchteten Beamten hatten ihren eigenen Kummer. Und bei diesem Klüngel, dem das schlechte Gewissen an der Stirn abzulesen war, wollten wir auf keinen Fall bleiben. Was tun?
Von den geflohenen Beamten des Arbeitskommandos Plauer Hof, einem ehemaligen Rittergut, das zum Zuchthaus gehörte, erfuhren wir, daß dort nur Gefangene zurückgeblieben seien. Schnell war für uns die Sache klar. Wir hauen hier ab und schlagen uns zu unserem Kameraden auf Plauer Hof durch. Plauer Hof liegt einige Kilometer westlich vom Zuchthaus. Unsere beiden Fahrzeuge standen herrenlos auf einem Bauerngrundstück. Für den Diesel-LKW hatten wir kaum noch Brennstoff. Also machten wir am späten Abend den Holzvergaser klar. Uns schloß sich spontan ein Hilfswachtmeister an, der ebenfalls die Nase voll hatte von dem Beamten-Ghetto in Fischbeck. Über Genthin steuerte ich nun zurück zunächst Richtung Plaue an der Havel. Die kleine Stadt liegt 10 km westlich von Brandenburg. In tiefer Dunkelheit trafen wir dort ein. Kurz vor der

Brücke über den Fluß wurden wir durch Lichtzeichen gestoppt: ein Wehrmachtskommando. Der Offizier fragt erstaunt: »Wohin wollt ihr?« Unsere Antwort: »Zum Plauer Hof, einem Gutshof des Zuchthauses.« Ungläubig schüttelt er den Kopf. »Hier seid ihr bei der vordersten Station der Kampflinie. Plauer Hof liegt doch zwischen den Fronten. Die Straße ist ab hier militärisch gesperrt. Der LKW darf auf keinen Fall weiterfahren!« Es ergab sich in dieser Situation ein verhältnismäßig ruhiges Palaver zwischen uns und dem Offizier. Danach erklärte er schließlich: »Wenn ihr unbedingt zum Plauer Hof wollt, dann nur zu Fuß und querfeldein. Aber nur auf eure Gefahr. Unterwegs liegen noch zwei Vorposten der Wehrmacht. Denen erklärt, daß euer LKW zum Pfand hier zurückbehalten wurde.« Wir waren froh. Zu dritt marschierten wir in der Dunkelheit los, in Richtung Plauer Hof, gespannt, was sich dort abgespielt haben möchte.

Es mag gegen 22.00 Uhr gewesen sein, als wir ankamen. Weder Wehrmacht noch Rotarmisten waren wir begegnet. Völlige Ruhe auf dem Gutshof. Keine Menschenseele zu sehen oder zu hören. Aber im Erdgeschoß des sogenannten Herrenhauses brannte Licht. Ungehindert traten wir ein. An einem langen Tisch saßen unsere Kameraden bei eifriger Unterhaltung. Mit »Hallo« wurden wir herzlich begrüßt. Denn schließlich waren Maxe und ich für sie keine Unbekannten. Waldemar Schmidt, ein Politischer, hatte eine Art Leitung des ehemaligen Gefangenen-Kommandos von etwa 12 Mann – der jetzigen Verwaltung des Gutes – übernommen. Wir bekamen das sogenannte Turmstübchen, ganz oben im Herrenhaus als Quartier zugeteilt. Von da ein weiter Blick in die Umgebung. Jeder der Kameraden hatte eine bestimmte Arbeitsaufgabe im Bereich des Gutshofs übernommen. Der Betrieb mußte ja in unserem eigenen Interesse weitergehen. Auf Wunsch erhielt ich die Verantwortung für die ungefähr 30 Bienenvölker. Andere arbeiteten in der Küche, dem Gemüsegarten, den Stallungen usw.

Die Sicherstellung der Ernährung unserer Gemeinschaft brachte allerdings auch Probleme. Gemüse stand z. B. genügend zur Verfügung. Aber das Brot fehlte. Die Verbindung zum Zuchthaus war unterbrochen. Keiner wußte, was sich dort ereignete. Früher wurde die Verpflegung von der Anstalt täglich herbeigeschafft. Waldemar Schmidt, bisher Beifahrer auf dem Guts-LKW, hatte gute Verbindungen zu einigen nahe liegenden Dörfern. Mehrere Male fuhr er mit dem pferdebespannten Landauer, beladen mit Gemüse etc. los und tauschte alles gegen das fehlende Brot ein. Zu hungern brauchten wir also nicht. Echte Kameradschaft herrschte.

Am Tage fielen zuweilen in der näheren und weiteren Umgebung Schüsse. Plauer Hof lag zwischen den nahen Frontabschnitten der Roten Armee und Hitlers Wehrmacht. Eines Morgens tauchten plötzlich drei deutsche Soldaten auf. Es waren Deserteure, und zugleich war es der erste Kontakt mit Wehrmachtsangehörigen. »Könnt ihr uns sicher verstecken, bevor die Henker kommen?« Die Entscheidung fiel schnell. Auf dem Gutshof gab es zahlreiche Schuppen und Ställe. In wenigen Minuten hatten wir sie auf den Heuböden verborgen.

Es dauerte nicht lange, bis eine deutsche Patrouille kam, geführt von einem Offizier mittleren Alters. »Habt ihr einige Soldaten bemerkt? Es sind 3 Mann desertiert.« Ungläubig und unwissend schüttelten wir den Kopf. »Vielleicht da hinten, in der kleinen Kapelle«, bemerkten wir, um von der Spur im Hofe abzulenken. Die Kapelle lag nämlich etwas außerhalb des Hofes. Der Trupp schlich nach dort, umstellte das Gelände, aber keiner der drei Fahnenflüchtigen wurde entdeckt. Jetzt interessierte sich der Offizier für uns. Er wollte wissen, was wir treiben. Obwohl wir ihm offen erklärten, daß wir politische Häftlinge seien, gab er sich dennoch recht aufgeschlossen. Die Konsequenz: Wir luden ihn mit seinen Begleitern in die Stuben des Herrenhauses ein. An langen Tischen gab es eine eigenartige Gesprächsrunde. Ziemlich offen wurden die Meinungen ausgetauscht. Er erfuhr, daß die meisten von uns bereits eine lange Zuchthausstrafe hinter sich hatten, und bei ihm empfanden wir, daß auch er nicht mehr an den Sieg Hitlers glaubte. Das alles spielte sich ab zwischen den Fronten, in einer Art Niemandsland, denn einige Kilometer östlich von uns lagen Vorposten der Roten Armee. Auch in den nächsten Tagen tauchten hin und wieder Wehrmachtspatrouillen am Rande des Gutshofs auf, gefolgt von sowjetischen Gefangenen. Aus den Handbewegungen der Russen verstanden wir, daß sie Hunger hatten. Das nächste Mal stellten wir gekochte Kartoffeln an den Wegrand.

An den kommenden Tagen nahm die Kampftätigkeit in der Umgebung von Plauer Hof immer mehr zu. Der Hilfswachtmeister, den wir von Fischbeck mitgenommen hatten, setzt sich von uns wieder ab. Der Kessel um den Gutshof wurde offensichtlich immer enger, am 1. oder 2. Mai war es besonders schlimm. MG-Schüsse und Granaten prasselten gegen das Gebäude und die Stallungen. Im Hause wagten wir uns nicht mehr aufzuhalten. Wir schlossen das eiserne Gutstor. Draußen war es inzwischen dunkel geworden. Mit einigen Dorfbewohnern zogen wir uns vorsichtshalber in die Kellerräume zurück. Im Halbdunkel harrten wir der Dinge, die auf uns zukommen würden. Plötzlich wird die Kellertür neben dem eisernen Tor aufgerissen, Taschenlampen blitzen auf, russische Kommandos ertönen. Ein sowjetischer Stoßtrupp hatte den Gutshof gestürmt. Unter uns befand sich eine sogenannte Fremdarbeiterin, eine Polin. Längere Zeit hatte sie in der kleinen Kantine vor dem Zuchthaus als Serviererin Dienst getan. In den letzten Stunden war sie mit uns ins Dorf Plauer Hof geflüchtet. Sie versuchte in der schwierigen Lage, den russischen Soldaten klarzumachen, daß wir politische Gefangene seien. Aber alle ihre Bemühungen nutzten nichts. In stockfinsterer Nacht mußten wir einzeln heraustreten, und unter strenger Bewachung wurden wir in der nahe gelegenen Baracke – bis vor wenigen Tagen noch die Unterkunft für das etwa 100 Mann starke Zuchthausarbeitskommando Plauer Hof – gefangengehalten. Der Ernst der Situation wurde uns klar, als wir vor der Tür zur Baracke einen toten Soldaten liegen sahen. Von allen Seiten Kommandos, eine äußerst erregte Stimmung um uns. Die Fronten mußten sich sehr nahe gekommen sein.

Am nächsten Morgen ertönt wiederum das Kommando »Heraustreten!«, und eskortiert von bewaffneten Rotarmisten ging es auf der Landstraße Richtung Brandenburg bis zum Stahlwerk. Wir mußten Aufstellung nehmen. Einige Offiziere kamen und unterzogen uns einem Verhör. Äußerst mißtrauisch reagierten sie, als wir von neuem und immer wieder betonten: »Wir sind politische Häftlinge aus dem Zuchthaus Brandenburg«. Das aber erschien ihnen

unglaubhaft. Unsere schwarze Kluft erinnerte sie vielleicht trotz des gelben Streifens an die SS. Außerdem – und das kam uns besonders seltsam vor – wunderten sie sich über unsere normalen Haarfrisuren. Mit ihren Händen deuteten sie an, daß Gefangene doch kahlgeschoren seien. Ihre Meinung blieb jedenfalls: »Ihr seid keine Zuchthausgefangenen« und das, obwohl Max und ich unsere Entlassungsscheine aus dem Zuchthaus gezeigt hatten. Aber auch das änderte nichts an unserer Lage. Wir blieben Gefangene der Roten Armee.
Zunächst sperrte man uns in den Keller eines Privathauses. Dort unten trafen wir auf gefangene Soldaten der deutschen Luftwaffe. Trotzdem hatte der Aufenthalt dort unten auch eine angenehme Seite: Es standen nämlich zahlreiche Konservengläser mit eingemachten Früchten herum, und daran labten wir uns.
Nach einigen Stunden erneut das Kommando: »Heraustreten!« Eskortiert von zwölf Rotarmisten ging der Marsch direkt hinein in die Innenstadt Brandenburgs. Im oberen Stockwerk einer kleinen Mietwohnung, bewacht von einem Militärkommando, mußten wir die nächste Etappe unserer Gefangenschaft über uns ergehen lassen. Auf Bettkanten und am Fußboden hockten wir beieinander, aber noch immer in optimistischer Stimmung. Irgendwie mußte sich unsere Lage schon klären. Waldemar Schmidt war es nach einigen Tagen gelungen, mit einem deutschsprechenden Offizier der Russen in Kontakt zu kommen. Wiederholt wurde er herausgerufen, und schließlich löste sich unsere Spannung. In gebrochenem Deutsch, aber unmißverständlich rief uns an einem Vormittag ein Soldat zu: »Ihr seid frei und könnt das Haus verlassen.« Es war der Morgen des 5. Mai 1945. Die Tage der sowjetischen Gefangenschaft waren zu Ende.
Ja, aber was nun, fragten wir uns. Der Weg Richtung Heimat – das hieß für die meisten von uns Berlin – schien angesichts der Kämpfe noch aussichtslos. Große Einheiten der Roten Armee zogen durch Brandenburg in Richtung Westen. In der Stadt war eine provisorische Stadtverwaltung eingesetzt worden. Dorthin ging unser nächster Weg. Freilich, Ratschläge vermochte man uns nicht zu geben. Aber ohne Schwierigkeiten erhielt jeder von uns einen Ausweis auf deutsch und russisch (s. Abbildung Seite 232):

Ausweis für Walter Uhlmann, ausgestellt am 5. Mai 1945 von der Bürgermeisterei Brandenburg – in deutsch und russisch.

Den Ausweis in der Hand, standen wir nun vor der Bürgermeisterei. Es mußte eine Entscheidung getroffen werden. In welche Richtung sollten wir gehen, nach Ost oder West. Gemeinsam mit Waldemar Schmidt entschieden wir uns, zurückzukehren zum Plauer Hof in der Annahme, wir könnten dort zunächst unsere landwirtschaftliche Tätigkeit fortsetzen, bis die Situation für eine Rückkehr nach Berlin geklärt sei. Inzwischen hatten wir auch gehört, daß die politischen Häftlinge aus dem Zuchthaus befreit worden seien und den Bau verlassen hätten. Aber alle Informationen in dieser Hinsicht waren recht vage und unklar. Was sollten wir jetzt im ehemaligen Zuchthaus, wenn keiner mehr dort ist, wie wir annehmen mußten. Wir marschierten zurück zum Plauer Hof. Die Umgebung des Gutshofs lag, so jedenfalls empfanden wir es, inzwischen außerhalb der Kampfzone. Still war es, kein Soldat zu sehen. Wir glaubten nun, die einzigen hier zu sein. So betraten wir das ehemalige Herrenhaus, um wie vordem die Arbeit weiterzuführen. Aber kaum waren wir auf der Treppe, als zu unserer Überraschung – es war schon mehr Schreck – sowjetische Offiziere eintraten und uns, ohne Widerrede zu dulden, in den Keller dirigierten. Da saßen wir also wieder in einem Ghetto. Fragend blickten wir uns an: »Was mag nun geschehen?«

Plauer Hof war nämlich inzwischen der Stützpunkt eines Nachrichtentrupps der Roten Armee geworden. Vom Turmstübchen beobachteten sie, wie wir später feststellten, die Situation. Auch sonst hatte sich einiges hier unten verändert. Maxe und ich hatten unser kleines Köfferchen mit den Zivilsachen, als wir von Fischbeck abgehauen waren, mit nach Plauer Hof genommen. Aber davon war jetzt bei der Rückkehr nichts mehr aufzufinden. Mit einer Art Galgenhumor brachten wir einige Stunden in den Kellerräumen zu, hörten das erregte Auf und Ab der Tritte des Nachrichtenkommandos. Anscheinend mußte sich etwas sehr Aufregendes abspielen. Doch bald wurde es ganz still im Haus. Bei uns steigerte sich die Spannung und auch die Neugierde. Denn während der ganzen Zeit unserer erneuten Gefangenschaft hatte sich keiner der Nachrichtenoffiziere bei uns unten im Keller blicken lassen.

Leise und mit aller Vorsicht stiegen wir von Stufe zu Stufe nach oben. Nichts zu sehen und zu hören. Selbst ganz oben im Hause keine Menschenseele. Die Russen hatten ihren Stützpunkt offensichtlich geräumt. Aber warum? Vormarsch oder Rückzug? Keiner von uns wußte es. Jetzt war auch uns, die wir ja mit den besten Absichten zum Plauer Hof zurückgekehrt waren, die Lust am weiteren Verbleib hier vergangen. Zudem hörte draußen die Knallerei nicht auf. Wir entschlossen uns daher zum Rückzug, und zwar in das ehemalige Zuchthaus.
Ein vierrädriger Plattenwagen wurde mit Habseligkeiten beladen, die uns für die nächsten Tage wichtig erschienen. Dann zogen wir los über die Felder. Vor allem Obacht gebend, daß wir nicht in irgendeine Schußlinie kamen. Vorn einige Kameraden an der Wagendeichsel, die anderen schoben hinten die Karre. Wir zogen durch den Krieg wie Bert Brechts Mutter Courage und ihre Kinder mit dem Marketender-Wagen. Auf der Landstraße, die wir kreuzen mußten, rückten große Einheiten der Roten Armee vorwärts in Richtung Plaue, also westwärts. Von uns nahm niemand Notiz. Na, wir waren froh darüber. Im Zuchthaus angekommen, bot sich das Bild eines wüsten Durcheinanders. Die Politischen waren, wie man uns jetzt bestätigte, bereits am 27. April in einem großen Trupp offenbar Richtung Berlin abgezogen. Jetzt führten die zurückgebliebenen Kriminellen in der Anstalt das Ruder. Nichts also, was uns veranlassen konnte, hierzubleiben.
Mit Waldemar Schmidt übernachteten wir in der Wohnung des früheren Arbeitsdirektor Dahms. Alle Beamtenhäuser standen leer. Erneut berieten wir, was nun zu tun sei. Einige Kameraden, die in Berlin Angehörige hatten, entschlossen sich zum Versuch, nach Berlin durchzukommen. Waldemar und etwa ein halbes Dutzend andere Kameraden wollten nun, da die militärischen Fronten eindeutig zugunsten der Russen verliefen, das zweite Mal zurück zum Plauer Hof. Waldemars Mutter war im Frühjahr 1945 in Berlin einem Bombenangriff zum Opfer gefallen. Ich hatte damals, als Waldemar nichts mehr von ihr hörte, meine Funktion als Beifahrer genutzt, um in der Wohnung der Mutter, einem Hinterhaus am Friedrichshain, nach dem Rechten zu sehen. Ich hatte die bittere Nach-

richt von ihrem Tode vermittelt. Wir ehemaligen Beifahrer Max und ich, zogen über Potsdam nach Berlin. Am 7. Mai 1945 trafen wir dort ein.

So wird in der SED-Presse gelogen

In der Ostberliner Zeitung »B. Z. am Abend« vom 26. April 1975 wird, groß aufgemacht, auf Seite 3 folgendes Märchen der Vorgänge am Plauer Hof verbreitet. Der Verfasser Günter Gote stützt sich dabei angeblich auf Schilderungen von Max Wonsig, einem ehemaligen Kameraden des Plauer Hof: »Mit den Genossen Schmidt und Wonsig beginnt zusammen mit tschechischen und polnischen Genossen eine illegale Parteigruppe im Plauer Hof zu funktionieren. Ihr Kampfziel: die Menschen des kleinen Dorfes retten, das Versorgungslager vor der Vernichtung bewahren. Im Plauer Hof verschanzte sich die SS. Mit ihr verschanzt sich der Tod. Es gelingt dem Genossen Wonsig, auszubrechen, auf die Felder zu kriechen, um auf Soldaten der Roten Armee zu treffen. Es gelingt. Er übergibt einem Spähtrupp der Roten Armee eine Lageskizze. Der Spähtrupp zieht sich zurück. Wonsig kann sich nicht mehr zurückziehen. Er wird von der SS mit ihren Maschinenpistolen zurückgejagt. Was dann geschieht, ist teuflisch.
Die SS treibt Dorfbevölkerung und Zuchthaushäftlinge in die Keller des Rittergutes. Dann ziehen sich die Totenkopfmänner ihre Uniform aus und kleiden sich mit den Häftlingssachen aus dem Versorgungslager an. Als die Rote Armee den Plauer Hof besetzt, geben sich die SS-Banditen als befreite Häftlinge aus und weisen auf den Keller. ›Faschisten ... dort!‹ Der Kommandant der Roten Armee im Plauer Hof kann zwischen Freund und Feind nicht unterscheiden. Genosse Wonsig kommt als erster aus dem Keller. Die sowjetischen Soldaten wollen schießen. Ihr Kommandant will die Wahrheit wissen. Genosse Wonsig soll reden. Der Kommandant läßt daraufhin den Spähtrupp suchen. Er meldet sich und ... der Soldat mit der Lageskizze erkennt Wonsig: ›Towarischtsch!‹ Freund und Feind sind erkannt.« (Ende des Berichts).

Es ist unglaublich, was hier zusammengeschwindelt wurde.[1]
Der Name Wonsig wird selbst in »Gesprengte Fesseln«, dem DDR-Bericht über Brandenburg, nur ganz nebensächlich ein einziges Mal erwähnt. Aber von den Phantastereien ist nirgends die Rede.

Robert Havemanns antifaschistische Zuchthauszeitung

Robert Havemann, bewährter und unbeugsamer Antifaschist, seit 1932 Mitglied der KPD, wurde 1943 vom Volksgerichtshof der Nazis zum Tode verurteilt. Dennoch überlebte er das Dritte Reich.
Nach 1945 in der DDR angesehener Wissenschaftler und überzeugter Marxist, wird er 1966 aus der SED ausgeschlossen. Warum? Er setzte sich für einen menschlichen Sozialismus ein, wie er zwei Jahre später im Prager Frühling seinen Ausdruck fand.
Aber Robert Havemann hat schon einmal, und zwar als politischer Häftling der Nazis im Zuchthaus Brandenburg, seine Standhaftigkeit bewiesen.
Ab Dezember 1943 sitzt Robert Havemann dort in der Todeszelle. Einflußreiche, demokratisch gesinnte Freunde und Gesinnungsgenossen vom Kaiser-Wilhelm-Institut für Physikalisch-Chemische und Pharmakologische Forschung sowie vom Heereswaffenamt bemühen sich um einen Aufschub der Urteilsvollstreckung. Das aber war nur möglich über einen Forschungsauftrag. Dr. von Bergmann, nach 1945 viele Jahre Kurator der Freien Universität Berlin, und andere Wissenschaftler setzen sich besonders dafür ein.
Auf ihre Initiative wurde ab 1. Mai 1944 im Arrestbau des Zuchthauses Brandenburg ein kleines Laboratorium für die Forschungsarbeit Havemanns eingerichtet. Bei der Installation des Labors gab es den ersten Kontakt zur Widerstandsgruppe innerhalb des Zuchthauses. Hilfswachtmeister Schwichtenberg (ein Sozialdemokrat), damals dienstverpflichtet in der Anstaltstischlerei, kam mit dem politischen Häftling Edu Wald, um die entsprechenden Maße für Ti-

---

[1] s. dazu auch im Anhang die Rezension von Walter Uhlmann zu »Gesprengte Fesseln«.

Robert Havemann, 1931

sche und Regale zu nehmen. Ein Zufall: Havemann und Wald kannten sich bereits aus der antifaschistischen Tätigkeit vor ihrer Verhaftung. Und im Büro der Anstaltstischlerei – dort waren nur Politische – hatte sich ein Zentralpunkt der Widerstandsbewegung innerhalb des Zuchthauses gebildet. Robert Havemann gehörte von nun an dazu. Neben seiner offiziellen Forschungsarbeit entwickelte er sofort noch eine andere Aktivität, die Herstellung eines weitrei-

chenden Kurzwellen-Empfängers. Über Dr. von Bergmann, der ihn in bestimmten Zeitabschnitten im Labor besuchen durfte, wurden bald die erforderlichen Einzelteile angeliefert. Robert Havemann baute sie konspirativ in seine physikalischen Meßapparaturen ein und hörte nun täglich die sogenannten ausländischen Feindsender.
Das war im Sommer 1944. Anfangs wurden die Nachrichten nur mündlich über den Kalfaktor weitergegeben. Zum Labor gehörte aber bald auch eine Schreibmaschine, auf der Havemann seine Forschungsergebnisse für die Institute zu Papier zu bringen hatte. Das gab sehr schnell die Voraussetzung für eine von ihm täglich herausgegebene illegale Zuchthaus-Information. Havemann gab ihr den Namen »Der Draht«. Das Format: DIN A 4. Die zwei aus der Laborzelle herausgeschmuggelten Exemplare gingen durch viele Hände der politischen Gefangenen und sorgten für die schnellstmögliche Information.
»Der Draht« war ein Dokument geheimer antifaschistischer Publikation hinter Kerkermauern, insbesondere in den letzten Tagen des April 1945 vor der Befreiung durch die Rote Armee. Keiner der ca. 4000 Häftlinge einschließlich des Wachpersonals war über die Ereignisse in den letzten Wochen des Krieges genauer und schneller informiert als der Todeskandidat Robert Havemann. Und der »Draht« brachte Licht in die Dunkelheit der Zuchthauszellen.
All das war eine selbstlose, unerhört mutige und risikovolle Leistung. Denn mehrere Male am Tag wurde die Zelle Havemanns von dem Arrestwachtmeister plötzlich kontrolliert. Robert setzte während dieser Wochen stündlich und täglich sein Leben aufs Spiel. Hätte einer der Wärter nur den leisesten Verdacht geschöpft, schon in wenigen Tagen wäre der Kopf Havemanns dem Fallbeil zum Opfer gefallen. Ein Wunder, daß Originale des »Draht« trotz der unheimlich turbulenten, teils chaotischen und gefahrvollen Zeiten vor dem Zusammenbruch des Dritten Reiches vor der Vernichtung bewahrt blieben. Illegale Publikationen gab es zwar »draußen«, also im Untergrund, in vielen Variationen. Aber der »Draht«, produziert in einer Zuchthauszelle, dann verteilt und kursiert unter den politischen Häftlingen, das ist die wohl beispielhafteste und mutig-

ste Tat gegen die faschistische Tyrannei. Es war die Tat Robert Havemanns.

Außer der illegalen Information verstand es Havemann aber auch, zu einzelnen Beamten eine Art Vertrauensverhältnis zu schaffen. Er schuf sich während seiner Haftzeit wiederholt die Möglichkeit, seine Zelle zu verlassen. Auf diese Weise konnte er z. B. dem Beifahrer des Zuchthaus-LKW, dem Politischen Walter Uhlmann, seine illegale Post, bestimmt für einen Freund im Forschungsinstitut in der Dorotheenstraße Berlin, zustellen. Bei der nächsten Berlin-Fahrt des LKW wurde sie dann dort übergeben.

Nachdem sich in den Vortagen des 27. April 1945 auf Grund der Nachrichten die Politischen in den einzelnen Werkstätten und Häusern des Zuchthauses engstens verbunden hatten, wurden nun ganz konkrete und entscheidende Kampf- bzw. Verteidigungsmaßnahmen im Falle eines Eingreifens nazistischer Militärverbände beraten und beschlossen. In der Arrestzelle Havemanns spielten sich entscheidende Vorgänge ab. Der Wissenschaftler und Praktiker auf dem Gebiet physikalisch-technischer Probleme, hatte seit geraumer Zeit chemische Kampfstoffe, wie Schwelkerzen und andere explosive Abwehrmittel für den Fall eines Angriffs auf das Zuchthaus entwickelt. Die Gefangenen waren allen Eventualitäten nicht mehr völlig wehrlos ausgeliefert, wie ihre Kameraden des Zuchthauses Sonnenburg. Dort metzelte die SS im Januar 1945 kurz vor dem Anrücken der Roten Armee Hunderte Politischer nieder. Das aber sollte dank des Einsatzes von Havemann im Zuchthaus Brandenburg verhindert werden. Den Gefangenen, unter ihnen auch der heutige SED-Chef Erich Honecker, wurde durch die illegale Widerstandsorganisation, an der Robert Havemann entscheidend mitgewirkt hatte, die Überlebenschance gegeben.

In dieser äußerst kritischen Situation ergriff der Arbeitsinspektor des Zuchthauses, Amtmann Dahms, von sich aus eine Initiative. Mit dem in Brandenburg stationierten Wehrmachtskommando hatte er eine Unterredung vereinbart. Er ließ sich von dem Fahrer des Zuchthaus-LKW, dem Wachtmeister Hase, und seinem Beifahrer, dem Häftling Max S., ins Zentrum der Stadt zu dem militärischen Stab fahren. Bei der Rückfahrt ins Zuchthaus sagte Dahms, er habe nun die Hoffnung, daß weder die Wehrmacht noch die SS-Truppe das Zuchthaus besetzen würden. Und das erfüllte sich auch.

Zugleich hatte Dahms eine Genehmigung der Wehrmacht mitgebracht, wonach sofort Lebensmittel aus einem Depot der Truppe für das Zuchthaus abgeholt werden dürften. Der zweite LKW des Zuchthauses mit dem Hilfswachtmeister Donath und mir sorgte unmittelbar darauf für die Ergänzung der Lebensmittel-Bestände der Anstalt.

Und wie spiegelt sich die Zeitgeschichte in den Publikationen der DDR wider?

Im Register des Buches »Gesprengte Fesseln«[1] werden 436 Namen genannt, Robert Havemann aber wird verschwiegen. Kein Politischer des Zuchthauses hatte während der letzten Wochen vor der Befreiung stündlich sein Leben im Sinne echter antifaschistischer Solidarität so aufs Spiel gesetzt wie gerade er.

---

[1] 3. Auflage 1978; s. dazu auch den Briefwechsel Walter Uhlmann-Robert Havemann im Anhang

Eduard Wald *1905 in Kiel geboren, 1978 in Dießen a. Ammersee gestorben, Gärtnerlehre, 1924 Eintritt in die KPD, 1926–29 Redakteur an der Hannoverschen KPD-Zeitung, wegen Opposition gegen die ultralinke Politik der KPD 1929 entlassen, Fabrikarbeiter, Mai 1933 als engagierter Gewerkschafter wieder entlassen, tauchte noch im Mai bei drohender Verhaftung unter. Gründete in Hannover das »Komitee für proletarische Einheit«, das bald mehrere hundert Mitglieder aus allen Arbeiterorganisationen vereinte. Eine illegale Zeitung wurde bis Ende 1935 herausgebracht, Zusammenarbeit im Widerstand u. a. mit Otto Brenner. Wald ging wegen ständiger Fahndungen nach seiner Person 1934 nach Hamburg, Ende 1934 nach Berlin. Hier wurde er Reichssekretär der Versöhnlergruppe. Mai 1936 in Berlin verhaftet, Juli 1937 zu 15 Jahren Zuchthaus verurteilt. Er trennte sich 1947 von der KPD.*[1]

»Opfer und Entbehrung waren nicht vergebens.«
Die letzten Tage bis zur Befreiung

f6gsDie Schlußphase
Seit dem raschen Vordringen der alliierten Streitkräfte auf deutschem Boden ergaben sich für das Zuchthaus Brandenburg verschiedene Möglichkeiten der Befreiung der politischen Gefangenen bzw. der Endphase. Diese Möglichkeiten waren im wesentlichen folgende:

---

[1] s. sein Bericht »Der lange Weg nach Brandenburg-Görden« in: Das Parlament, B 18/80 v. 3. 5. 1980, Beilage

1. Schnelle Besetzung ohne Möglichkeit des Eingreifens faschistischer Behörden und Verbände,
2. Evakuierung der Anstalt,
3. Beispiel Sonnenburg (Übergabe an die SS nach Ermordung von Hunderten Gefangener)
4. Eingreifen der SS gegen den Willen der Justizbehörde
5. Zerstörung des Zuchthauses im Verlaufe längerer direkter Kampfhandlungen.

Auf diese verschiedenen Möglichkeiten galt es, sich einzustellen und entsprechende Maßnahmen zu ergreifen. Im Vordergrunde stand die Ausnutzung der Zersetzungserscheinungen des Staats- und Justizapparates. In der Anstaltsleitung trat eine Gruppe unter Führung des evangelischen Anstaltspfarrers Bartz und des Strafvollzugsoberlehrers Reichel entschieden gegen jede Wiederholung des Sonnenburger Gefangenenmordes ein und setzte eine Erklärung des Anstaltsleiters, des Oberregierungsrats Dr. Thümmler, durch, in der er versicherte, von sich aus keine Schritte zu unternehmen und bei einem Eingreifen der SS die Leitung der Anstalt niederlegen zu wollen. Diese Gruppe verhinderte auch in einem kritischen Moment die Isolierung politischer Gefangener. Sie erwogen auch ernsthaft die Zerstörung der Guillotine. Allerdings wurde diese erst nach dem 20. April 1945 mit Wissen und Verantwortung Dr. Thümmlers im Plauersee versenkt, nachdem noch am Geburtstag Hitlers 28 Antifaschisten hingerichtet wurden, ohne daß Dr. Thümmler ernsthaft daran dachte, die Exekution zu verhindern. Er forderte im Gegenteil die Heranziehung eines Strafjustizwachtmeisters als Henkersknecht, ohne welchen die Hinrichtung nicht hätte stattfinden können. Die mittlere und untere Beamtenschaft hatte jede einheitliche Einstellung verloren. Schlotternde Angst, devotes Verhalten gegenüber den politischen Gefangenen, krampfhaftes Bramarbasieren, künstlicher Optimismus und völlige Depression wechselten ab. Mehr und mehr aber begriffen alle, daß nur dann Leben und Sicherheit der Beamtenschaft gesichert seien, wenn den politischen Gefangenen nichts geschehen würde, und mancher versuchte noch in letzter Stunde, einen Gefangenen zwecks Rückversicherung zu engagieren, um alte Sünden vergessen zu machen.

Die Besprechungen mit der Beamtengruppe Bartz-Reichel, die im späteren Verlauf auch im mittleren und unteren Beamtenkörper sich festigte, wurden zunächst durch Einzelpersonen und Einzelbesprechungen geführt (Arbeitsverwaltung, Werkmeister, Schwichtenberg, Havemann), um zum Ende direkte Verhandlungen zwischen Gefangenschaft und Beamtenschaft zu entwickeln und zu festen verbindlichen Abmachungen zu führen. Nach der Ausnutzung der starken Differenzierung in der Beamtenschaft galt es, die Verbindung zur Arbeiterschaft Brandenburgs und Rathenows auszunutzen. Solche Möglichkeiten ergaben sich über Schwichtenberg (Tischlerei). Wollten wir auf alle bereits oben angeführten Möglichkeiten eingestellt sein, so waren auch reine organisatorische Maßnahmen notwendig.

Unter der Führung der politischen Gefangenen Mrochen (Tischlerei) und Gäbler (Aradohalle) wurde die Bildung von Stoßtrupps vorgenommen, deren legale Position im wesentlichen aus der Feuerwehr und den Brandwachen bestand. Von der Feuerwehr ergaben sich reale Möglichkeiten in bezug auf die Waffenkammer, deren Sicherstellung in allen Fällen zu erstreben war.

Rechtzeitig wurde mit der Anfertigung diverser Schlüssel begonnen, Schlagwaffen sichergestellt und ein Sprengstoffvorrat angelegt zur Öffnung des Eisenbahntores (die Anstalt besitzt ein Anschlußgleis). Ein Vorrat von chemischen Kampfstoffen (Kampfstoffkerzen und Blausäure-Entwickler) wurde beschafft durch den Kameraden Havemann und transportiert von mir und Meister Schwichtenberg zwecks Sperrung bestimmter Gänge und psychologischer Schreckwirkungen. Endlich wurde in Verbindung mit den Außenkolonnen im Hause ein Alarmsystem ausgearbeitet und Werkzeuge für die Öffnung der Zellentüren von innen an bestimmte Gefangene ausgegeben.

Die Erreichung des Elbufers durch die alliierten Streitkräfte löste eine erhebliche Spannung und Nervosität aus, wobei einzelne Beamte glaubten, eine entschieden reservierte Haltung gegenüber den politischen Gefangenen einnehmen zu können. Noch mit Zustimmung der Generalstaatsanwaltschaft wurden Teilentlassungen vorgenommen. Die Stellungnahme der politischen Gefangenen zu diesen Entlassungen war die, keine eigene Initiative und Aktivität zwecks Einzelentlassung zu ergreifen, um die getroffene Vorbereitung nicht zu stören und die Geschlossenheit aller politischen Gefangenen nicht zu gefährden. Der Beginn der sowjetischen Endoffensive und ihre rasche Entwicklung löste dann einen vollkommenen Stimmungsumschwung unter der Beamtenschaft aus, der die entschieden nationalsozialistischen Beamten, vor allem die SS-Anhänger, geradezu in Lethargie und Lähmung versetzte. Die Unruhe unter den Ausländern (vor allem unter den ca. 300 Griechen und den ca. 800 Tschechen, von denen ca. 300 politische Gefangene waren) wuchs rapide und führte bei den Griechen zu einer Erschwerung der Vorbereitungsarbeiten, die unbedingte Ruhe und Ordnung nach außen zur Voraussetzung hatten.

Nach Beginn der Offensive der Roten Armee wurden die Verhandlungen mit der Gruppe Bartz-Reichel offen geführt und auch auf den Oberregierungsrat ausgedehnt. Mit der ersten Gruppe wurde die Bildung eines Gefangenenausschusses, sich zusammensetzend aus allen politischen Richtungen in Stärke von 15 Mann und die Bildung eines Beamtenausschusses vereinbart und verwirklicht. Außer den ehemaligen Kommunisten, die zahlenmäßig im Ausschuß eine Minderheit besaßen, fanden sich in ihm ehemalige Sozialdemokraten, Demokraten, Volksparteiler sowie je ein Vertrauensmann der Franzosen, Holländer, Griechen, Norweger und Tschechen. Der Ausschuß tagte in Permanenz in der Bibliothek. Der Oberregierungsrat erhielt offiziell keine Kenntnis von diesen Vorgängen. Mit ihm wurde die Zulassung von gekennzeichneten Obleuten in allen Häusern zur Unterstützung der Beamtenschaft und zur »Aufrechterhaltung der Ordnung« sowie des Aufschlusses aller Zellentüren, die nur noch verriegelt werden sollten, bei eventuellem Artilleriebeschuß vereinbart. Die Obleute waren ausschließlich politische Gefangene, sie waren durch zwei Unterhändler des Gefangenenausschusses dem Anstaltsleiter vorgeschlagen und von ihm akzeptiert. Die Kampfhandlungen waren bereits in die Umgebung Brandenburgs und bis an den westlichen Stadtrand vorgetragen, und schon begann eine deutsche Batterie gleich hinter dem Anstaltsgebäude ihre Kanonade, die dann tagelang anhielt.

Waren die formalen Aufgaben der Obleute wie oben festgestellt, so bestand ihre geplante Aufgabe darin, politisch und militärisch die Sicherung der Anstalt gegenüber Faschisten und den Kriminellen vor und nach dem Erscheinen der Sowjettruppen zu gewährleisten.
Die Aufgabe des Gefangenenausschusses bestand darin, gemeinsam mit dem Beamtenausschuß die ordnungsgemäße Übergabe der Anstalt an die Sowjettruppen vorzunehmen. Im Zuge der weiteren Entwicklung sollte und mußte er sich zum »Gefangenenrat« und zur interimistischen Anstaltsleitung entwickeln.
Alle diese Vorgänge fielen in die Tage vom 22. bis 27. April. Am Morgen des 27. April behauptete Dr. Thümmler, von Vertretern des deutschen Armeekommandos Instruktionen empfangen zu haben, nach denen die Beamten und Gefangenen des Zuchthauses der Militärgewalt unterstellt und ins Militärverhältnis übernommen werden sollten. Darauf ließ Thümmler die Türen wieder schließen und auch alle Obleute wieder einsperren. Die Arbeit in den Betrieben ruhte bereits seit Tagen. Die Sowjettruppen hatten sich der Siedlung Görden von Nordwesten kommend genähert, und Vorposten waren bis zur Landesanstalt (Kriegslazarett) vorgedrungen. Der Anstaltspfarrer Bartz hat die obige Mitteilung Dr. Thümmlers offen als Schwindelmanöver bezeichnet, das nichts anderes bezwecken sollte, als die geplante Flucht von rund 85 % der Beamten mit den Anstaltswagen und Fahrzeugen anderer Art, per Fahrrad und zu Fuß zu sichern und ohne Störung durch die Gefangenen vorzunehmen. Große Mengen Lebensmittel wurden dabei mitgenommen, ebenso wichtige Akten, soweit sie nicht vorher durch Dr. Thümmler vernichtet wurden. Unter den flüchtigen Beamten befanden sich begreiflicherweise alle aus dem Zuchthaus Sonnenburg nach Brandenburg Versetzten.
Die militärische Situation hatte am Morgen des 27. April immer noch keine Veränderung erfahren. Die Anstalt lag weiter zwischen den beiden Fronten. Artillerie schoß hüben und drüben. Die Unsicherheit der Lage hielt an. Nach der Flucht der Beamten war nur ein kleiner Teil derselben unter Führung von Bartz-Reichel, Faust und Gottschalk verblieben, die aus politischen und persönlichen Gründen den Weg der Flucht nicht zu beschreiten brauchten.
Werkmeister Schwichtenberg übernahm zunächst die Anstalt. Die

Zellen der Ausschußmitglieder und Obleute wurden wieder aufgeschlossen und ebenso die aller politischen Gefangenen. Die Kriminellen wurden über die Lage informiert. Es wurde ihnen eine gerechte Behandlung nach Aufnahme der Verbindung mit den Sowjettruppen zugesichert, die über ihre Behandlung und eventuelle Entlassung zu entscheiden hatten. Die Schlüssel und Waffen der Anstalt wurden sichergestellt und nach Bedarf und Erfordernis den politischen Gefangenen ausgehändigt. Die verbliebenen Beamten wurden unter Aufsicht der Obleute neu zum Dienst eingeteilt. Das unter Verwaltung der Anstalt stehende Reichsgut Plauerhof war dem politischen Gefangenen Waldemar Schmidt bereits unterstellt.
Nach Ablauf dieser Ereignisse, die einen ordnungsgemäßen Ablauf der Dinge anscheinend garantierten, begaben sich der Anstaltspfarrer und der politische Gefangene Martin Schmidt mit einer weißen Fahne als Unterhändler auf den Weg. Vor der Anstalt stießen sie auf einen deutschen Posten, der den Pfarrer festnahm und Schmidt zurückschickte. Pfarrer Bartz wurde dem deutschen Kampfkommandanten übergeben, dem er die Lage des Zuchthauses, die verantwortungslose Flucht der Beamtenschaft, die disziplinierte und einheitliche Haltung der politischen Gefangenen schilderte. Nach längerem Drängen erhielt er von ihm die Zusicherung, daß die Anstalt nicht unter deutschen Beschuß gelegt würde und erreichte auch seine Freilassung. In der Zwischenzeit gelang es den politischen Gefangenen Mrochen und Knapp, sich durch die russischen Linien zu schleichen, den sowjetischen Kommandanten von der Lage des Zuchthauses zu informieren und trotz deutschen Beschusses zurückzukehren. Kurze Zeit darauf erschien ein Sowjetoffizier, dem Oberlehrer Reichel den Pfortenschlüssel überreichte und etwas später ein russischer Tank, dessen verstärkte Besatzung die einzelnen Häuser betrat und die Öffnung aller Zellen vornahm und veranlaßte. Wer will den Begeisterungssturm beschreiben, der nun folgt. Die Szenen der Verbrüderung mit den Sowjetsoldaten, die Umarmung zwischen den lang isolierten Gefangenen, die neue Lebensfreude der zum Tode Verurteilten, die Hochrufe, die Ansprachen in allen Sprachen. Die verbliebenen Beamten wurden mit von dem

Sturm ergriffen, niemand dachte daran, ihnen auch nur ein Haar zu krümmen. Alle Ausländergruppen sangen ihre Nationalhymnen, die Sowjetsoldaten wurden auf die Schulter gehoben. Die »Internationale« wurde von den deutschen politischen Gefangenen gesungen.

Zunächst waren die Dinge jedenfalls dem Ausschuß und den Obleuten aus den Händen geglitten, und es konnte nicht verhindert werden, daß in Bäckerei, Küche und Kleiderkammer es vorübergehend zu Plünderungen kam. Gleiche Szenen spielten sich in den Beamtenhäusern ab.

Der größte Teil der uniformierten Beamtenschaft wurde in »Kriegsgefangenschaft« übernommen. Das war ein schwerer Schlag. Viele sollen nie zurückgekommen sein. Die Nazis waren dagegen in Sicherheit. Ein Teil der Frauen und Kinder der verbliebenen Beamtenschaft wurde unter Schutz der Obleute gestellt, zunächst im Beamtenspeiseraum untergebracht und später in den möblierten Ausstellungsräumen der Tischlerei. Die Verpflegung erfolgte aus Anstaltsbeständen. Auch die Frauen und Kinder blieben zunächst unbehelligt. Leider waren auch der Anstaltsarzt und das gesamte Sanitätspersonal in unverantwortlicher Weise geflüchtet. Doch wurde bald die sanitäre Behandlung der zahlreichen Kranken und Insassen der Tuberkulose-Baracke durch den Ausschuß sichergestellt wie auch eine sichere Verpflegung. Um die Entwicklung der Dinge wieder in die Hand zu bekommen und das notwendige Zentrum zu schaffen, beschloß der Ausschuß, sämtliche Politischen in den Werkräumen der Tischlerei zu sammeln. Die Lage war vor allem dadurch gekennzeichnet, daß sämtliche Räume zunächst geöffnet waren, die Pforten nicht mehr verschließbar und die Sowjettruppen aus militärischen Gründen wieder nach Görden zurückgegangen waren. Zunächst wurde deshalb der bewaffnete Streifendienst und Wachdienst geregelt und verstärkt, mit der ordnungsgemäßen Ausgabe der Zivilkleider, wie auch der Akten und Entlassungspapiere begonnen. Die Lebensmittelbestände wurden sichergestellt und verstärkte Wachen in Bäckerei, Küche und Kleiderkammer gelegt. Auch der Ausschuß stellte sich mehrere Tage auf die ordnungsmäßige Abwicklung im Interesse aller Gefangenen ein. Die Obleute in

den einzelnen Häusern wurden verstärkt und Anweisungen ausgegeben, daß Essen erst dann auszugeben sei, wenn alle Gefangenen, soweit sie nicht im Tischlereibetrieb untergebracht waren, ihre Zellen aufgesucht hätten. Die Anweisungen wurden durchweg befolgt. Es fehlte nur ein geringer Prozentsatz von Gefangenen, die den ersten Augenblick zur Entfernung benutzt hatten und von denen ein Teil in den Feuerlinien umgekommen ist.
Eine Besprechung mit der spärlichen Restbeamtenschaft, meistens in Zivil, ergab die völlige Bereitschaft zur freiwilligen Zusammenarbeit aufgrund gemeinsamer Interessen und teilweise auch gleicher politischer Auffassungen. Da die Anstalt wiederum zwischen den Kampflinien lag, tauchte die Frage der Räumung in Richtung Osten auf. Es bestand die Möglichkeit, daß das deutsche Kampfkommando von der Öffnung des Zuchthauses erfahren hatte und sich nicht mehr an die gegebene Versicherung gebunden fühlte. Nach gründlicher Erwägung wurde seitens des Ausschusses gemeinsam mit Pfarrer Bartz und Oberlehrer Reichel den politischen Gefangenen vorgeschlagen, die Anstalt nicht zu räumen unter der Voraussetzung verstärkter Sicherungs- und Verteidigungsmaßnahmen. Unter der umsichtigen und erfahrenen Leitung des politischen Gefangenen Wilhelm Thiele[1] wurden die Türme, die Pforten, die Zugänge und Verbindungstüren verstärkt besetzt, Meldegänger bestimmt, Patrouillen ausgeschickt, auch energische Maßnahmen gegen evtl. Plünderungen eingeleitet. Die politischen Gefangenen wurden in den Kellerräumen auf Schlafstätten untergebracht, ebenso die Frauen und Kinder. Ein nächtlicher Kontrollgang von Martin Schmidt und mir ergab völlige Ordnung. Mit Ausnahme von einigen Artilleriesalven, die über die Anstalt hinweggingen, verlief die Nacht zum 28. April ganz ruhig.
Am 28. 4. in der Frühe begaben sich Martin Schmidt und Thomas Mrochen zum Sowjetkommandeur, während im verstärkten Maße in der Anstalt die bereits am Tage vorher begonnene Abwicklung ihren Fortgang nahm. Einige Zeit darauf erschien ein Sowjet-Ober-

---

[1] s. dessen Erinnerungen »Geschichten zur Geschichte«, Berlin (Ost) 1981.

leutnant, der alle Maßnahmen des Ausschusses billigte, weitere Vereinbarungen bezüglich der Sicherheit und Ordnung sowie Wiederherstellung der Sauberkeit traf, den Wachtmeister Lindener als Kommandeur der Anstalt einsetzte und am Abend des gleichen Tages eine Versammlung der politischen Gefangenen wünschte. Er billigte auch den Schutz der Anstalt und die getroffenen Verteidigungsmaßnahmen gegen deutsche Truppen. Etwas später erfolgte die Besichtigung der Anstalt durch einen Sowjet-Major, der die Anweisungen des Oberleutnants bestätigte und Lebensmittelzuschüsse in Aussicht stellte.

Mitten in die Abwicklungsarbeiten und Vorbereitungen der Abendversammlungen erging nun seitens des russischen Kampfkommandos der Befehl auf Räumung der Anstalt aus militärischen Gründen. Die Räumung mußte innerhalb von zehn Minuten erfolgen und wurde ein hastiger Aufbruch unter Zurücklassung aller Vorräte, Akten usw., und zwangsläufig auch der nicht transportfähigen Kranken. Es konnte nur eine Sonderformierung der einzelnen Ausländergruppen durchgeführt werden, dann ging der Marsch durch die russischen Linien an einem angriffsbereiten Panzerverband vorbei, kreuz und quer über die Landesanstalt auf die Chaussee zunächst in Richtung Rathenow, später mehr Richtung Nauen.

In dem entstandenen Durcheinander blieb dem Ausschuß nun nichts anderes übrig, als sich langsam an die Spitze des ganzen Zuges zu stellen und auf einer Wiese die politischen Gefangenen aus dem Strom herauszuziehen. Auf diese Weise gelang es, 160 politische Gefangene zu sammeln, zirka 60 bis 70 Mann gingen verloren, da der Zug infolge der außerordentlichen Beanspruchung der Straßen durch die motorisierten Sowjettruppen mehrfach zerrissen wurde. Ein Teil der Abgesprengten befand sich bei den Ausländerzügen (Holländer, Tschechen, Polen). Der Zug ging nun zwischen zwei Einschließringen auf Umwegen hindurch. Auf einem dieser Wege fand die erste Begegnung mit einer in Stellung gegangenen Fußtruppe der Sowjetarmee statt. In einer Ansprache hob der Sowjetoffizier insbesondere das »völlig passive Verhalten der deutschen Werktätigen und des deutschen Volkes« bei der militärischen

Zertrümmerung des Hitlerregimes hervor im Gegensatz zu den anderen europäischen Nationen und unterstrich »Schuld und Verpflichtung des deutschen Volkes«, in einheitlicher »antifaschistischer Front« sich ein neues Haus zu bauen. Am ersten Tag ging der Marsch über Radewege. Dort wurde Quartier in einem verlassenen Gehöft bezogen, und dort erfolgte auch die Orientierung in der neuen Lage und die Organisation des Trecks. Es mußte eine verantwortliche Treckleitung gebildet werden, die in den Händen Thieles lag. Die Einteilung der Gefangenen nach ihrer bisherigen Hauszugehörigkeit in Brandenburg wurde beibehalten, eine Verpflegungskolonne zusammengestellt, die mit den jeweiligen Kommandostellen der Roten Armee zusammenzuarbeiten hatte. Die Küche wurde neu organisiert, ebenso der Sanitätsdienst, ein Büro der Arbeitsgemeinschaft, die Anfertigung von Transparenten etc. Ein längerer Treck war vorauszusehen, da ältere und fußkranke, überhaupt kranke Kameraden vorhanden waren, außerdem die Unterbringung in Quartieren und die Verpflegung von 160 Mann erhebliche Schwierigkeiten machte angesichts der durchaus ungeregelten Verhältnisse und des Nichtvorhandenseins deutscher Verwaltungsorgane in den Kampftagen vor der Kapitulation. Schließlich wurde noch ein Vortrupp mit Dolmetschern gebildet. Am 29. 4. ging der Marsch bis Bagow. Trotz später Ankunft in diesem Ort wurde sofort ein herzliches Verhältnis zur Einwohnerschaft hergestellt. Übernachtung in einer Scheune.

Am darauffolgenden Tage wurden dem Pächter des Rittergutes in Bagow konkrete Forderungen bezüglich Verpflegung und Beschaffung von Transportmitteln gestellt, die auch erfüllt wurden. Weiter wurde mit Einverständnis der Frau von Ribbeck das Schloß des sich im Konzentrationslager befindlichen Herrn von Ribbeck bezogen. Hier wurde zunächst eine gründliche Kontrolle aller beim Treck befindlichen ehemaligen politischen Gefangenen vorgenommen und eine Sitzung der ehemaligen Kommunisten einberufen, in der sich eine KP-Fraktion der Arbeitsgemeinschaft formierte. Eine gleiche Zusammenkunft veranstalteten die ehemaligen sozialdemokratischen Freunde. In einer darauf stattgefundenen einheitlichen Kundgebung aller ehemaligen politischen Gefangenen wurde eine

Erklärung für die Einheit der Arbeiterschaft, die einheitliche Zusammenfassung aller antifaschistischen Kräfte abgegeben.[1]
Für die sozialdemokratischen Freunde sprachen die ehemaligen Reichstagsabgeordneten Dahrendorf und Buchwitz, die den »Willen zur unerschütterlichen Zusammenarbeit gegen den Faschismus, für die Einheit der Arbeiterschaft im Aufbau eines neuen demokratischen Deutschlands, für den Kampf um den Sozialismus« zum Ausdruck brachten. Die Freunde vom ISK, vom Zentrum (Abgeordneter vom Zentrum in Lübeck, Ehrtmann) und aus dem früheren »demokratischen Lager« (ehemaliger Ministerialdirigent Dr. Landwehr) schlossen sich der Erklärung für die »einheitliche Antifaschistische Front« an. Die Leitung der Arbeitsgemeinschaft wurde neu gewählt. Den Vorsitz übernahm Wachtel, Berlin.
Anschließend fand eine Versammlung mit den Ortsbewohnern statt, in der die praktischen Fragen des Wiederaufbaues auf dem Lande besprochen wurden (es kam natürlich später alles anders). Am Nachmittag gingen Fahrt und Marsch über Nauen, das noch alle Spuren der kaum beendeten Kämpfe und der Überfüllung durch Fremdarbeiter trug, bis nach Wernitz. In Wernitz stationierte der Treck vom 30. April bis 5. Mai. Die Dauer dieses Aufenthaltes war vor allem durch die Erschöpfung und Erkrankung vieler Kameraden bedingt, die den plötzlichen Anstrengungen nach jahrelanger Haft und der guten Kost nach langer Entbehrung nicht gewachsen waren. Außerdem waren die Kämpfe in Spandau und in der westlichen Umgebung Berlins noch nicht zu Ende. Die Unterbringung der Treckteilnehmer erfolgte in verlassenen Häusern mit Einverständnis der an sich schwachen Ortsbesetzung. Dieser war das Auftauchen eines so großen Haufens ehemaliger Zuchthäusler zunächst wenig geheuer, und man stellte den Treck bei Arbeiten auf einem nahe gelegenen Feldflugplatz auf die Probe. Die bereitwillige Beteiligung an dieser Arbeit schuf schnell ein Vertrauensverhältnis. Man vertraute dem Treck sogar die vorübergehende Unterbringung von deutschen Kriegsgefangenen an, die ausnahmslos gut behandelt wurden. In Wernitz erlebte der Treck noch eine Alarmnacht. Eine

---

[1] s. Wortlaut der Entschließung im Anhang

versprengte stärkere deutsche Kampfgruppe war bis in die Nähe von Wernitz vorgedrungen und bedrohte den Ort, der darauf plötzlich geräumt werden mußte. Mit Sack und Pack erfolgte ein hastiger Aufbruch und Marsch bis zum hoffnungslos überfüllten Bredow, wo notdürftig übernachtet wurde. Am anderen Tag ging es wieder nach Wernitz zurück.

Eine würdige Maifeier wurde dort veranstaltet. Der längere Aufenthalt führte zu einer persönlichen Annäherung vieler Kameraden, die im Zuchthaus dazu keine Gelegenheit hatten. In den einzelnen Häusern fanden rege Diskussionen statt, und der Gesundheitszustand besserte sich erheblich. Kein Wunder, daß die Ungeduld bei manchem wuchs. Es wurde deshalb schnell den Wünschen der Kameraden aus Oberschlesien nachgegeben, die in einem Sondertreck abgingen. Delegationen wurden nach Wustermark und Nauen geschickt, wo bereits der Aufbau einer kommunalen Selbstverwaltung im Gange war. Schließlich wurde der Marsch nach Berlin in zwei Etappen beschlossen. Ein Vortrupp wurde vorangeschickt, das Gepäck im Wagen verladen. Der Zug bewegte sich innerhalb einer wahren Völkerwanderung von und nach Berlin an unübersehbaren Mengen zerstörter Kriegsgeräte, an großen Trupps deutscher Kriegsgefangener, an verbrannten und verkohlten Leichen, Massengräbern, Tierkadavern vorbei die Heerstraße entlang bis Berlin-Spandau. Hier wurde mit Einvernehmen des Stadtkommandanten die Behrendkaserne in der Wilhelmstadt bezogen, unmittelbar neben dem späteren Kriegsverbrechergefängnis.

Infolge der noch durchaus unübersichtlichen Verhältnisse im Stadtgebiet Groß-Berlin wurde beschlossen, die Abwicklung der Arbeitsgemeinschaft von Spandau aus vorzunehmen. Zu dieser Abwicklung gehörten: die Zurückführung der Berliner in ihre Bezirke und Wohnungen, die soziale Sicherstellung für die Übergangszeit und die Versorgung mit Lebensmitteln für eine gleiche Periode, die Eingliederung der einzelnen Mitglieder in die kommunale Selbstverwaltung und andere Organe, je nach ihrer Erfahrung und Qualifikation. Jedes Mitglied mußte einen ausführlichen Lebenslauf schreiben, der gründlich geprüft wurde; die vorläufige

Eingliederung der Kameraden aus solchen Gebieten des Reiches, die im Moment noch nicht erreichbar waren, erfolgte provisorisch.

Nach zwei Tagen gelang es, eine feste und dauernde Verbindung zu den entscheidenden Instanzen herzustellen. Es erschienen in Begleitung des Stadtkommandanten von Spandau und anderer Sowjetoffiziere Arthur Pieck[1] – noch in russischer Kapitänsuniform – Walter Ulbricht, Karl Maron und andere. Es gab erschütternde Umarmungen von Genossen, die sich ein Jahrzehnt nicht gesehen hatten. Dann gab der Sowjetoberst die eben abgeschlossene Kapitulation bekannt. Zum ersten Mal nach den Jahren der Knechtschaft erscholl die Internationale.

In obigem Sinne wurde dann die Abwicklung in drei Wochen langer Arbeit durchgeführt. Sie erfolgte im Geiste zum Teil jahrelanger vertrauensvoller und erfolgreicher Zusammenarbeit. Die Kameraden wurden im Berliner Magistrat, in der Polizei, in den Bezirksverwaltungen, im Rundfunk usw. eingesetzt. In den inzwischen neuerstandenen Freien Gewerkschaften und demokratischen Parteien waren die Freunde aus der Arbeitsgemeinschaft an führender Stelle die Sprecher aller antifaschistischen Kräfte. In dem neuerstandenen politischen Leben Berlins und anderer Teile des Reiches trug die Arbeit langer und schwerer Jahre ihre Früchte. Diese Arbeit wies den Weg in eine bessere Zukunft des deutschen Volkes.

---

1 s. Biographisches Handbuch, S. 558, und Paul Heider u. a. (Hrsg.), Für ein sozialistisches Vaterland, Berlin (Ost), 1981, S. 151 ff

Walter Hammer
(d. i. Walter Hösterey)

24. 5. 1888 in Elberfeld geboren, 1966 in Hamburg gestorben. Wandervogel-Bewegung, ab 1906 schriftstellerische Betätigung, ab 1912 führend in Freideutscher Jugend, ab 1915 Soldat, 1920 Herausgeber »Das Blaue Heft«, Mitgründer der Monatszeitschrift »Junge Menschen«. 1921 einem Bombenattentat durch Rechtskreise entgangen. 1922 Gründer des Fackelreiterverlages, Herausgeber der Zeitschrift »Der Fackelreiter«. 1925 Mitglied des Reichsausschusses des Reichsbanners, 1933 Schutzhaft, Dezember 1933 Emigration in die Niederlande, 1934 nach Dänemark. 1940 Verhaftung, Überstellung nach Berlin. 1941 Konzentrationslager Sachsenhausen, Oktober 1942 zu fünf Jahren Zuchthaus verurteilt. Ab 1948 Leiter des Forschungsinstitutes, Landesarchiv Potsdam. Aufbau eines Archives, eines Museums und einer Gedenkstätte. 1950 Schließung der Arbeitsstelle auf Veranlassung der SED, Übersiedlung nach Hamburg. Aufbau des Walter-Hammer-Archivs über Widerstand und Verfolgung, publizistische Tätigkeit.

Freiheit und Chaos
Das Regiment der falschen Märtyrer

In Brandenburg an der Havel wurde ein aufschlußreiches Strafverfahren zu Ende geführt. Aus der politischen Perspektive beleuchtete es ein Stück jener Schreckensherrschaft, die in der Nachbarschaft des Zuchthauses im Frühjahr 1945 eingerissen war. In den Kreisen der politischen Gefangenen hatte man damals damit gerechnet, daß zunächst ihre Strafakten überprüft werden würden, bevor der harmlosere Teil der Kriminellen freigelassen werden würde. Da die Strafanstalt auf dem Görden aber in ein Artillerieduell hineinzugeraten drohte, war die sofortige Liquidation des ganzen Strafanstaltsbetriebes geboten, weshalb – wie selbstverständlich – alle Politischen, leider aber unterschiedslos auch sämtliche kriminellen Gefangenen freigelassen wurden. Dabei waren viele unverbesserliche Schwerverbrecher mit 18 und 20 Vorstrafen, mit Sicherungsverwahrung und Polizeiaufsicht, gemeingefährliche Räuber und Mörder, Einbrecher und Betrüger. Während die befreiten politischen Gefangenen mit wehenden roten Fahnen davonzogen, namentlich nach Berlin, wo nun wichtige Aufgaben auf sie warteten, gingen die meisten Kriminellen verheerend auf Beute aus. Insbesondere auf dem Görden führten sie noch monatelang ein tolles Regiment. Sie gaben sich natürlich dreist als »politische Märtyrer« aus und brandschatzten die eingeschüchterte Bevölkerung, indem sie sich als Direktoren, Polizeigewaltige, Ärzte und Professoren aufspielten. Es gab turbulente Szenen, die, vom finstern Hintergrund abgelöst, noch einer ganzen Generation von Komödiendichtern dankbaren Stoff für Possen und Grotesken abgeben könnten.

Im engeren Bezirk des Zuchthauses selbst, wo nur noch einige 160 Schwerkranke zurückgeblieben waren, kam es nach dem Vorbild des gerade zur Hölle gefahrenen »Führers« zu einer »Machtergreifung« im kleinen. Nachdem in der nahen Landesanstalt ein immer noch steckbrieflich gesuchter Schwerverbrecher namens Karl Tank raubend und prassend das Zepter ergriffen hatte, schwang sich im Zuchthaushospital ein Blinder zum Direktor auf. Er gab sich bei der Besatzungsmacht frech als »befreiter Politischer« aus und wurde entsprechend ermächtigt, alles Erforderliche, namentlich an Lebensmitteln, für die krank im Zuchthaus zurückgebliebenen Politischen zu beschlagnahmen. Der Blinde scharte noch ein paar Ganoven um sich, polterte durchs ganze Zuchthausgelände und unterwarf sich den ganzen Restbestand mit der Drohung, daß er Ungehorsame der Besatzungsmacht als »Saboteure« ausliefern werde. Einige einwandfreie Beamte, denen der politische Gefangenenausschuß empfohlen hatte, unbesorgt zurückzubleiben und die restliche Liquidation zu besorgen, wurden wider besseres Wissen als »Gestapoagenten« und »SS-Leute« denunziert. Auch etliche politische Gefangene wurden infam verdächtigt und sollten derart eben-

Walter Hammer

falls beiseite geschafft werden. Mit begreiflicher Wut ging es dann über die Akten her, die körbeweise in die Feuerung flogen, damit alle Spuren von Vorstrafen und Verrat getilgt wurden. Den Beamten nahm man die bereits unterstempelten Entlassungsscheine weg und füllte sie nach Gutdünken und Bedarf aus. Auf dem Görden verkaufte man sie für drei- und vierhundert Mark, in den Straßen Berlins wurden sie aber später von SS-Leuten mit 3000 und 5000, bisweilen sogar 10000 Mark bewertet. Beschlagnahmt wurde alles in rauhen Mengen: Lebensmittel, Wäsche, Anzüge usw. Während aber die schwerkranken Politischen vergebens nach der ihnen ärztlich verordneten Diät verlangten, schlangen vor ihren Augen die neuen Herren Delikatessen schamlos in sich hinein. Während diese Ganoven wertvolle Stoffe wagenweise verschoben und ihre Mitbanditen mit reicher Beute unbehelligt davonziehen ließen, blieben für die Politischen, denen die Sorge der Besatzungsmacht eigentlich gelten sollte, bei ihrer Entlassung aus der Hospitalbehandlung nur noch Lumpen übrig. Mitte Juni 1945 leistete man sich sogar die Gefühlsroheit, an dieser Stätte unermeßlicher Qualen eine Tanzdiele aufbauen zu lassen und im lauten Jahrmarktsstil eine »Befreiungsfeier« zu veranstalten.

Durch amerikanische Versteigerung von Schnaps und Wurst und durch eingesammelte Spenden teilnahmsvoller Gäste kamen viele Tausende zusammen, wovon jedoch die paar wirklich Politischen am allerwenigsten profitieren durften.

Als im Juli 1945 der Restbestand des Zuchthaushospitals ins Stadtkrankenhaus nach Brandenburg übergesiedelt war, waren von den 60 restlichen Kranken und Rekonvaleszenten nur noch vier oder fünf eigentliche Politische. Mit Mühe und Not war es geglückt, eine volle Zugangsliste aus dem Gerümpel des Zuchthauses vor der Vernichtungswut der Ganoven zu retten, so daß es möglich wurde, die Delikte jedes früheren Gefangenen unzweideutig festzustellen. Beim Tauziehen um die Macht hatte sich mittlerweile ein rückfälliger Betrüger namens Robert Hosang des ganzen Landes bemächtigt. Ihm waren die paar noch übriggebliebenen Politischen als Aushängeschild gerade noch gut genug. Doch speiste er sie weiterhin mit leeren Versprechungen ab, während er sich und seine Mitbanditen als befreite Schutzhäftlinge deklarierte und derart deutsche und ausländische Behörden verhängnisvoll hinters Licht führte. Hosang hatte den Spitznamen »Robert der Teufel« und nannte sich selbst zum Scherz »Oberbandit«. Skrupellos verschob er die ihm für die politischen Kranken anvertrauten Vorräte, die hingereicht hätten, noch viele Dutzend wirklicher Opfer des Faschismus das Leben zu retten. Teilnahmsvolle Antifaschisten

brachten Liebesgaben und Blumen ins Krankenhaus, natürlich der Meinung, es mit lauter Politischen zu tun zu haben.
In Wirklichkeit aber beherrschten die Kriminellen das Feld. Sicherungsverwahrte und beispielshalber auch ein als Schieber berüchtigter und dazu noch wegen Sittlichkeitsverbrechen bestrafter Kreisleiter der NSDAP aus Schlesien genossen im Krankenhaus als vermeintliche Politische eine doppelt und dreifach so gute Verpflegung wie die arbeitende Bevölkerung draußen. Mörder und Einbrecher zogen abends auf Raub aus und bevölkerten den schwarzen Markt, Beute und Liebesgaben anbietend. Immerhin hatte man ja noch mehrere Stück Großvieh geschlachtet. Gab es einmal dabei einen kleinen Betriebsunfall, dann sparte Hosang mit seinen Vorräten nicht, um seine Mitbanditen wieder freizupauken. Er ließ einem Sicherungsverwahrten auch kostspieligen Zahnersatz machen und tauschte, als das eines Tages nottat, sogar Salvasan für einen Sack Zucker ein. Ließ sich nicht Krankheit markieren und begann der Boden unter den Füßen heiß zu werden, dann zogen die Spitzbuben mit 150,– Mark Entlassungsgeld und mit schweren Koffern voll Beute davon, bekamen aber auch noch eine Bescheinigung auf den Weg, in der sie sich als befreite »Schutzhäftlinge« priesen, die sich noch um die Pflege ihrer kranken Kameraden sehr verdient gemacht hätten (weshalb später auch viele Brandenburger irrtümlich als Politische anerkannt wurden und sich bei ihnen stets eine genaue Nachprüfung empfiehlt).
Beinahe hätte die ganze Räuberbande auf Hosangs Antrag hierbei noch Uhr und Ring verehrt bekommen, herrührend aus Beständen, die man einigen der gleichen Ganoven vorher beschlagnahmt hatte. Es gelang aber, diesen Betrugsversuch noch rechtzeitig zu hintertreiben und die Behörde davon zu überzeugen, daß Hosang seine Leibgarde fälschlich als politische Befreite bezeichnet hatte (es waren nur noch vier Politische unter ihnen, wovon heute noch zwei leben). Es hätte wirklich noch gefehlt, daß man Räuber mit Uhr und Ring prämiert hätte.
Nachdem das Stadtkrankenhaus in Brandenburg von der kriminellen Invasion wieder gesäubert war, beanspruchte Herr Hosang dort noch weiter ein wohlgeheiztes Büro mit Telefonanschluß, worin er

in seinem weißen Arztkittel den Eindruck eines seriösen Beamten erweckte und den Besuch auch ausländischer Behörden in Empfang nahm. Namentlich die verschiedenen Zweige des Roten Kreuzes vertrauten ihm ehrenvolle Aufträge an, was sie bestimmt unterlassen hätten, wenn sie ihn genau gekannt hätten. Von diesen Beziehungen profitierte er andererseits derart, daß er – sich brüstend mit seinen »Freunden im Kontrollrat« – nicht ohne Erfolg um viele und beträchtliche Darlehen bei der Bevölkerung Brandenburgs sich bemühte (eine der zahlreichen von ihm betrogenen Frauen verlor derart allein 22 000 RM). Denn mit einem Herrn, der über so einflußreiche Beziehungen verfügte, mochte man es doch nicht gerne verderben.

Mittlerweile war es aber ruchbar geworden, daß dieser edle Herr Hosang nicht nur eine kriminelle, sondern auch eine recht bemerkenswerte politische Vergangenheit hatte. Im Zuchthaus pflegte er sich nicht zu Unrecht damit zu brüsten, ein ganz alter Kämpfer seines geliebten Führers gewesen zu sein. Er habe es zu einem Adjutanten bei einem Standartenführer gebracht. Nachforschungen in Berlin ergaben, daß er in seiner alten Nachbarschaft als gefährlicher Schläger in jenem SA-Sturm berüchtigt war, der damals im Straßenbahndepot Brandenburger Straße stationiert war. Eben deshalb konnte er auch nicht wagen, nach seiner Befreiung in Berlin in seinem alten Wohnbezirk wiederaufzutauchen, weshalb er es vorzog, ins Zuchthaus zurückzukehren, dort mit im trüben zu fischen, namentlich aber auf die Vernichtung seiner Akten auszugehen, besonders aber ein Schriftstück aus der Welt zu schaffen, welches ihn als alten Gefolgsmann seines Führers des besonderen Schutzes aller Naziorganisationen empfahl. Dadurch bekam die ganze Geschichte ein neues Gesicht. In politischer Beleuchtung sahen die Dinge nun so aus: Hosang, im Zuchthaus von jeher als Kommunistenfresser bekannt, hatte jene kriminellen Elemente geführt, die sich mit einem Teil der Nazibeamtenschaft gegen die Politischen verschworen hatten, wobei unzählige tapfere Hitlergegner hinterlistig ans Messer geliefert worden sind. Als Hosang im Jahre 1943 Stubenältester in der Tbc-Baracke des Zuchthaushospitales wurde, gewann er mehr und mehr die herrschende Macht über die Patienten. Wer draußen reiche Naziverwandte hatte, die illegal Lebensmittel und Rauchwaren, sogenannte Kommoden, hereinschmuggeln konnten, der wurde von ihm gepflegt, der arme Prolet hingegen und der Ausländer konnten mitleidlos dahinsiechen, wurden in die Torfkiste gesteckt, er war verratzt, auf ihn kam es für Hosang nicht mehr an. Ihm war es gleichgültig, »ob er nun um 10 oder um 12 Uhr einging«. So raffiniert Hosang auch nach der Befreiung das politische Motiv all seines Handelns zu verbergen trachtete, offenbarten die Zeugenaussagen doch deutlich, daß er es nicht hatte unterlassen können, weiterzumarschieren »nach dem Gesetz, nach dem er angetreten war«. Ganz bewußt hat er auch noch nach der Befreiung des Zuchthauses seine Gesinnungsfreunde und Mitbanditen auf Kosten der Politischen gefördert. In vielen Fällen hat er verdienten Politischen die Wohltaten boshaft vorenthalten, welche die hilfsbereite Bevölkerung ihnen zugedacht hatte. Bei der unter Vorsitz des Amtsgerichtsdirektors Ulrich geführten Verhandlung ergaben die Zeugenaussagen hinreichende Beweise für Betrug im Rückfall, Diebstahl und Verbrechen gegen die Menschlichkeit, weshalb Amtsrat Janecke eine Gesamtstrafe von 9 Jahren Zuchthaus beantragte. Mit Rücksicht auf den schlechten Gesundheitszustand des Angeklagten kam Robert Hosang dann mit 7 Jahren Zuchthaus davon, einer durchaus angemessenen Sühne angesichts des Unheils, welches dieser politische Abenteurer und »Oberbandit« angerichtet hat.

Anhang

Drahtlose Nachrichten: »Der Draht«
Zuchthaus Brandenburg (Havel-Görden)
geschrieben im Laboratorium Havemann – Arresthaus

21. IV. 45

Der russische Heeresbericht meldet: Eroberung von 8 Städten westlich der Oder und der Neiße, darunter: Bad Freienwalde, Wriezen, Lebus (im nördlichen Vorfeld von Frankfurt), Spremberg, Hoyerswerda. Kamenz wurde erreicht, 35 km vor Dresden. Schwere deutsche Verluste, besonders bei Spremberg, wo die Spree überschritten wurde. Frankfurt ist fast eingeschlossen. Nördlich Frankfurts wurde der Brückenkopf auf 65 km Breite ausgeweitet. Westfront: ¾ des holländischen Territoriums jetzt befreit, Angriffe im Vorfeld von Amsterdam und Hilversum. Polnische Truppen an der Emsmündung bei Emden. Kanadische Truppen erreichten Oldenburg. Die britische II. Armee hat alle Bahn- und Straßenverbindungen zwischen Bremen und Hamburg unterbrochen, den größten Teil der Autobahn Bremen–Hamburg und Zeven, nördlich der Autobahn erobert. Kämpfe am Stadtrand Harburg. Hamburg unter Artilleriebeschuß. 25 km Elbeufer bei Lauenburg in britischer Hand. Die Elbebrücke bei Lauenburg noch unbeschädigt. Der deutsche Gegenangriff nordöstlich Braunschweig in Stärke einer Division (Versuch des Entsatzes der im Harz eingeschlossenen Verbände) wurde zerschlagen. Der amerikanische Brückenkopf bei Barby wurde unter Zerschlagung einiger deutscher Gegenangriffe erheblich ausgebaut und mit großen Mengen Nachschub an Truppen und Material aufgefüllt. Die Elbe von Dessau bis Wittenberg von der amerikanischen I. Armee besetzt. Die I. amerikanische Armee nach Eroberung von Halle und Leipzig in neuen Vorstoß auf Dresden, die Mulde überschritten, nachlassender deutscher Widerstand. Südlich vom eroberten Zwickau strömen Verstärkungen der III. Armee in die Tschechoslowakei. Nach Brechung des letzten

Widerstandes der SS-Verbände im Zentrum der Stadt wurde gestern die Eroberung Nürnbergs beendet. Die amerikanische VII. Armee im Vorstoß nach Süden 50 km vor Regensburg und 100 km vor München. Die französische I. Armee stieß vom eroberten Tübingen nach Süden bis 19 km vom Oberlauf der Donau vor.
Im Ruhrkessel werden noch Gefangene von versprengten Gruppen eingebracht. Angehörige von 17 deutschen Divisionen wurden gefangen genommen, es handelt sich vorwiegend um Elite-Verbände. 24 Generäle wurden gefangen genommen. Italienfront: Die amerikanische V. Armee 3 km vor Bologna, die alliierte VIII. Armee nähert sich Ferrara. Die deutsche Front beginnt zusammenzubrechen. Große Mengen Gefangene und Beute. Gestern über 3000 Einsätze taktischer Luftstreitkräfte über dem Frontgebiet Mittelmeerraum.
Luftkrieg: Gestern am Tage 600 USA-Bomber, Angriffe auf Bahnziele in Nauen, Oranienburg, Neuruppin und Brandenburg. Andere USA-Bomber griffen Ziele in Regensburg und Pilsen an. Die RAF bombadierte ein großes Treibstofflager bei Regensburg. Russische Sturmowiks am Tage über Berlin. Nachts RAF-Angriff auf Berlin. Bei dem RAF-Angriff auf Swinemünde wurde das letzte noch intakte deutsche Großkampfschiff, das Panzerschiff Lützow, von 6-Tonnen Bomben getroffen; es liegt im seichten Wasser auf Grund.
Superfestung bombardierte wieder Flugplätze auf der japanischen Stamminsel Kiushu. Das alliierte Oberkommando wiederholte den vor 10 Tagen an die Arbeiter und Angestellten der deutschen Nordseehäfen gerichteten Aufruf. Anweisungen des alliierten Oberkommando an die russischen und polnischen Zivilarbeiter zwischen der russischen und der alliierten Front: Ordnung und Ruhe bewahren, Raub und Plünderungen unterlassen, da diese den alliierten Vormarsch stören, auf Unterhalt und Beköstigung durch die deutschen Behörden bestehen.
Der Gauleiter von Sachsen, Mutschmann, erließ einen Aufruf an die Bevölkerung von Dresden, die Stadt bis zum letzten Blutstropfen zu verteidigen.
– Vor Berlin: Seelow erobert. Der russische Heeresbericht

21. IV. 45

Der russische Heeresbericht meldet: Eroberung von 8 Städten westlich der Oder und der Neisse, darunter: Bad Freienwalde, Wriezen, Lebus (im nördlichen Vorfeld von Frankfurt), Spremberg, Hoyerswerda. Kamenz wurde erreicht, 35 km vor Dresden. Schwere deutsche Verluste, besonders bei Spremberg, wo die Spree überschritten wurde. Frankfurt ist fast eingeschlossen. Nördlich Frankfurt wurde der Brückenkopf auf 65 km Breite ausgeweitet.
Westfront: ⅔ des holländischen Territoriums jetzt befreit; Angriffe im Vorfeld von Amsterdam und Hilversum. Polnische Truppen an der Emsmündung bei Emden. Kanadische Truppen erreichten Oldenburg. Die brit.II.Armee hat alle Bahn- und Strassenverbindungen zwischen Bremen und Hamburg unterbrochen, den grössten Teil der Autobahn Bremen-Hamburg und Zeven, nördl.d.Autobahn, erobert. Kämpfe am Stadtrand von Harburg. Hamburg unter Artilleriebeschuss. 25 km Elbeufer bei Lauenburg in brit.Hand. Die Elbebrücke bei Lauenburg noch unbeschädigt. Der deutsche Gegenangriff nordöstlich Braunschweig in Stärke einer Division (Versuch des Entsatzes der im Harz eingeschlossenen Verbände) wurde zerschlagen. Der amerikanische Brückenkopf bei Barby wurde unter Zerschlagung einiger deutscher Gegenangriffe erheblich ausgebaut und mit grossen Mengen Nachschub an Truppen und Material aufgefüllt. Die Elbe zwischen von Dessau bis Wittenberg von der amerik.I.Armee besetzt. Die amerik.I.Armee nach Eroberung von Halle und Leipzig in neuem Vorstoss auf Dresden, die Mulde überschritten, nachlassender deutscher Widerstand. Südlich vom eroberten Zwickau strömen Verstärkungen der amerik.III.Armee in die Tschechoslowakei. Nach Brechung des letzten Widerstandes der SS-Verbände im Zentrum der Stadt wurde gestern die Eroberung Nürnbergs beendet. Die amerik.VII.Armee im Vorstoss nach Süden 50 km vor Regensburg und 100 km vor München. Die französ. I.Armee stiess vom eroberten Tübingen nach Süden bis 19 km vom Oberlauf der Donau vor.
Im Ruhrkessel werden noch Gefangene von versprengten Gruppen eingebracht. Angehörige von 17 deutschen Divisionen wurden gefangen genommen; es handelte sich vorwiegend um Elite-Verbände. 24 Generale wurden gefangen genommen.
Italienfront: Die amerik.V.Armee 3 km vor Bologna, die all.VIII.Armee nähert sich Ferrara. Die deutsche Front beginnt zusammenzubrechen. Grosse Mengen Gefangene und Beute. Verstärkter Einsatz taktischer Luftstreitkräfte über dem Frontgebiet Mittelmeerraum.
Luftkrieg: Gestern am Tage 600 USA-Bomber, Angriffe auf Bahnziele in Wanen, Oranienburg, Neuruppin und Brandenburg. Andere USA-Bomber griffen Ziele in Regensburg und Pilsen an. Die RAF bombardierte ein grosses Treibstofflager bei Regensburg. Russische Sturmowiks am Tage über Berlin. Nachts RAF-Angriff auf Berlin. - Bei dem RAF-Angriff auf Swinemünde wurde das letzte noch intakte deutsche Grosskampfschiff, das Panzerschiff Lützow, von 6-Tonnen Bomben getroffen; es liegt in seichtem Wasser auf Grund.
Superfestungen bombardierten wieder Flugplätze auf der japan.Stamminsel Kiu. Das alliierte Oberkommando wiederholte heute den vor 10 Tagen an die Arbeiter und Angestellten der deutschen Nordseehäfen gerichteten Aufruf. Anweisungen des all.OK an die russischen und polnischen Zivilarbeiter zwischen der russischen und der alliierten Front: Ordnung und Ruhe bewahren, Raub und Plünderungen unterlassen, da diese den alliierten Vormarsch stören, auf Unterhalt und Beköstigung durch die deutschen Behörden bestehen.
Der Gauleiter von Sachsen, Mutschmann, erliess einen Aufruf an die Bevölkerung von Dresden, die Stadt bis zum letzten Blutstropfen zu verteidigen.
- Vor Berlin: Seelow erobert. Der russ. Heeresbericht schreibt: Die Kämpfe vor Berlin haben sich zu einer schweren Vernichtungsschlacht für die deutsche Wehrmacht entwickelt. DNB meldet: Russ.Truppen 12 km vor den Aussenbezirken von Berlin; eine der beiden Bahnlinien Berlin-Dresden durchschnitten Weitere Fortschritte der russischen Offensive gegen Mährisch-Ostrau, Bahnlinie Troppau-Mähr.-Ostrau durchschnitten. Nordwestlich Wien Vorstoss gegen Znaim, Poysdorf und zahlreiche weitere Orte erobert. =
- Der Schwarzwald frei von deutschen Truppen.
- Burma: Britische Truppen in schnellem Vormarsch 300 km vor Rangoon.
- Kämpfe in den Aussenbezirken von Dessau.
Veröffentlichung weiterer grauenvoller Einzelheiten aus deutschen Konzentrationslagern: Verbrennung lebender Menschen; Tagebücher von SS-Wächtern in tätowierte Menschenhaut gebunden; Lampenschirm aus dem gleichen Material. Trotz aller erdenklichen Hilfsmassnahmen starben im Lager Belsen (bei Bremen) gestern noch 400, in Buchenwald 100 der Insassen. (Verhungert)

Das Original der illegalen Zuchthauszeitung »Der Draht« von Robert Havemann.

schreibt: Die Kämpfe vor Berlin haben sich zu einer schweren Vernichtungsschlacht für die deutsche Wehrmacht entwickelt. DNB meldet: Russische Truppen 12 km vor den Außenbezirken von Berlin; eine der beiden Bahnlinien Berlin–Dresden durchschnitten. Weitere Fortschritte der russischen Offensive gegen Mährisch-Ostrau; Bahnlinie Troppau–Mähr.
– Ostrau durchschnitten. Nordwestlich Wien Vorstoß gegen Znaim. Poysdorf und zahlreiche weitere Orte erobert.
– Der Schwarzwald frei von deutschen Truppen.
Burma: Britische Truppen in schnellem Vormarsch 300 km vor Rangoon.
– Kämpfe in den Außenbezirken von Dessau.
Veröffentlichung weiterer grauenvoller Einzelheiten aus deutschen Konzentrationslagern: Verbrennung lebender Menschen; Tagebücher von SS-Wächtern in tätowierte Menschenhaut gebunden; Lampenschirm aus gleichem Material. Trotz aller erdenklichen Hilfsmaßnahmen starben im Lager Belsen (bei Bremen) gestern noch 400, in Buchenwald 100 der Insassen (verhungert).
Der Lagerkommandant von Belsen wurde von britischen Truppen gefangen genommen. Er hatte noch wenige Tage vor der Besetzung des Lagers mehrere hundert politische Gefangene erschießen lassen; er zeigte keinerlei Reue. In Belsen befanden sich bei der Besetzung 21 000 Männer und 18 000 Frauen.
– Der »Bericht zur Lage« im Reichssender begann heute: Die Schlacht um Berlin hat begonnen, der Kanonendonner wird lauter ... Hitler hat in seinem Tagesbefehl die Schlacht um Berlin als Entscheidungsschlacht dieses Krieges bezeichnet, nach deren »siegreicher Beendigung« die große Wende des Krieges kommen soll.
– Reuter meldet aus Moskau: Die voröstlichen Vororte von Berlin unter russischem Artilleriefeuer. – Kämpfe am Stadtrand von Bautzen. Asch (Tschechoslowakei) erobert. – USA-Großbomber heute im Raum München.
OKW-Bericht: In der großen Schlacht zwischen den Sudeten und dem Stettiner Haff wehren sich unsere Truppen mit verbissener Entschlossenheit gegen den massierten Ansturm der Bolschewisten. Auf engen Raum zusammengefaßte Panzerarmeen des Fein-

des haben die Front an mehreren Stellen aufgerissen. An stehengebliebenen Frontteilen und in der Tiefe des Schlachtfeldes leisten eigene Kampftruppen hartnäckigen Widerstand und fesseln starke Kräfte der Sowjets. Nordwestlich Görlitz stehen unsere Panzer in Abwehr heftiger Angriffe. Zwischen Spremberg und Cottbus führen die Bolschewisten starke Panzerkräfte nach. Vorgeworfene Teile drangen bis in die Räume Jüterbog und südlich Wünsdorf vor, wo die Kämpfe im Gange sind. Im Abschnitt Görlitz–Cottbus wurden in den letzten beiden Tagen 211 Panzer vernichtet.
– Bei Frankfurt schlugen unsere Verbände alle Angriffe zurück. Im Raum östlich Berlins wird in der Linie Fürstenwalde–Strausberg–Bernau erbittert gekämpft. Angriffe gegen diese Orte brachen verlustreich für den Feind zusammen. Die Bolschewisten dehnten ihre Angriffe auf die nördliche Oderfront aus, wo zwischen Schwedt und Stettin zahlreiche Übersetzungsversuche vereitelt werden. Zwei örtliche Brückenköpfe sind abgeriegelt. – Fliegende Verbände im Endkampf eingesetzter Flakartillerie der Luftwaffe griffen wirksam in die Erdkämpfe ein und vernichten 75 Panzerkampfwaffen und mehrere 100 Kraftfahrzeuge, 45 Flugzeuge wurden angeschossen (bis hier wörtlich).
– Im Süden der Ostfront scheiterten Durchbruchsversuche bei St. Pölten, Mistelbach und Mähr.-Ostrau. In der Festung Breslau geringer Einbruch. Gegen Pillau starke sowjetische Angriffe, Durchbruch verhindert. – Gironde-Süd vom Feind überwältigt. – An der unteren Ems Vorstöße des Feindes bei Aschendorf bis beiderseits Papenburg. Nördlich Friesoythe heftige Kämpfe. Beiderseits Delmenhorst und südlich Lage Bremen bei wechselvollen Kämpfen wenig verändert. Vorstoß durch die Lüneburger Heide in Besitz Front zur Elbe. Im Harz schwere Kämpfe um den Brocken und bei Elbingerode. Starke Angriffe auf unseren Brückenkopf Dessau brachen zusammen. In Bitterfeld und Delitzsch erbitterte Kämpfe. Bei Chemnitz und Plauen Aufklärungstätigkeit, jedoch südlich davon tieferen Einbruch in das Fichtelgebirge. Vorstöße südlich und südöstlich Nürnbergs, dessen Besatzung sich zäh verteidigte. Größerer Bodengewinn verhindert. Göppingen erreicht. Starker Druck auf der Linie Heilbronn–Pforzheim. Von Tübingen aus gewann der

Gegner nach Nordosten Raum. – Schwere Abwehrschlacht in Mittelitalien. Durchbrüche verhindert.

22. IV. 45

Die Rote Armee kämpft in den östlichen und nördlichen Vororten von Berlin. Erobert wurden: Erkner und Straußberg, Luckau, Senftenberg, Bautzen und Kamenz. Russische Truppen stehen 21 km vor Dresden. – In Berlin beginnt eine Panik der Nazis um sich zu greifen. Die Stadtbahnen sind überfüllt mit Verwundeten aus den Kämpfen in den Vororten. Im Zentrum der Stadt schlagen die Granaten der russischen Artillerie ein. Russische Sturmowiks (Schlachtflugzeuge mit Stuka-Eigenschaften) sind ununterbrochen über der Stadt. – Nach bisher von Moskau unbestätigten Meldungen steht die Rote Armee bereits in den Außenbezirken von Dresden. Die Vereinigung der russischen und angloamerikanischen Streitkräfte wird jederzeit erwartet. (Ausführlichere Meldungen von der Ostfront voraussichtlich weiter unten).
Westfront: In Holland wurde die Grebbe-Linie vor Amsterdam und Hilversum erreicht. Bremen und Hamburg unter Alliiertenbeschuß. Der Harzkessel mit dem Hauptwiderstandszentrum Blankenburg völlig liquidiert; 20000 Gefangene. Dessau erobert (war das zweite wichtige Nazi-Bollwerk vor Berlin).
Bitterfeld fast völlig gesäubert. Elbebrückenkopf bei Barby weiter verstärkt. Keine Meldungen über den Vormarsch auf Dresden. Asch erobert. Crailsheim wieder erobert, amerikanische VII. Armee 60 km vor Augsburg. Die französische I. Armee eroberte gestern Stuttgart und Freiburg/Br. und erreichte Donaueschingen. Bei Tuttlingen wurde die Donau überquert und die Schweizer Grenze erreicht, damit wurden mehrere deutsche Divisionen abgeschnitten. Italien: Streitkräfte der amerikanischen V. und der britischen VIII. Armee eroberten gestern Bologna (350000 Einwohner). Bologna war das wichtigste deutsche Widerstandszentrum vor der Po-Ebene. Die amerikanische V. Armee stieß über Bologna bereits 15 km auf der Straße nach Modena vor. Die 8. Armee steht 12

km vor Ferrara. Die alliierten Truppen wurden in Bologna mit ungeheurer Begeisterung von der Bevölkerung begrüßt. Luftkrieg: USA-Großbomber griffen Bahn- und Truppenziele in München, Ingolstadt und Rosenheim an (im Vorfeld der Offensive in Süddeutschland). Kiel heute nacht von Moskitos angegriffen. 8 Abgeordnete des Unterhauses und 2 Mitglieder des Oberhauses sowie 3 Abgeordnete des amerikanischen Kongresses besichtigten gestern das Konzentrationslager Buchenwald. 12 amerikanische Senatoren sind auf dem Luftwege von den USA nach Deutschland unterwegs, um gleichfalls die KZs zu besuchen. Von den deutschen Konzentrations-Lagern wird ein authentischer Film aufgenommen werden, der in allen deutschen Kinos zur Vorführung gebracht werden wird. Es wird berichtet, daß die weibliche SS-Wache im Lager Belsen die SS-Männer an Grausamkeit noch weit übertraf. Präsident Truman, Stalin und Churchill veröffentlichten eine gemeinsame Erklärung, daß nicht nur diejenigen Deutschen und sonstigen Nazis wegen ihrer Kriegsverbrechen und insbesondere der gegen deutsche Antifaschisten begangenen Verbrechen bestraft werden sollen, die als leitende und führende Nazis verantwortlich sind, sondern daß jeder mit gleicher Härte bestraft werden soll, der bei der Ausführung der Verbrechen mitgewirkt hat, wobei die Berufung auf höheren Befehl keinerlei Strafmilderungen bewirken soll. Wem also heute sein Leben lieb ist, weigere sich, an der Tötung von politischen Gefangenen in irgendeiner Form teilzunehmen!
Moskau meldet außer den oben angeführten Orten als erobert: Bernau, Werneuchen, Altlandsberg, Buckow, Münchenberg, Calau, Schlukau (?). In Königsberg und bei Dresden Kämpfe. Cottbus eingeschlossen. Panzerkämpfe in den Außenbezirken von Berlin. Schwerer Luftangriff auf Berlin. – Von der übrigen Ostfront: zahlreiche Orte nördlich Wien und im Raum Brünn und Znaim erobert. Die Sowjet-Union richtete an den USA-Außenminister Stettinius eine erneute Aufforderung, die provisorische polnische Regierung (Lubliner Komitee) nach San Francisco einzuladen. Die US-Regierung lehnt ab unter Hinweis darauf, daß Polen wohl als eine der vereinten Nationen Recht auf Vertretung in San Francisco

habe, aber erst gemäß dem Abkommen von Jalta eine demokratische polnische Regierung gebildet werden müsse. – Molotow ist in Washington eingetroffen und wird morgen eine Konferenz mit Stettinius haben. Gestern fand eine Konferenz Eden–Stettinius mit dem französischen Außenminister statt. – Die Regierung der Sowjet-Union schloß mit der provisorischen polnischen Regierung einen Freundschafts- und Beistandspakt ab.
Der deutsche »Gemeinsender« Hagedorn weist daraufhin, daß die Nazis es bisher nicht gewagt haben, zu den furchtbaren Enthüllungen über die Konzentrationslager Stellung zu nehmen: Dies ist ein beredteres Eingeständnis der Schuld als das sonst übliche Geschrei der Nazi-Propaganda, die es hier nicht wagt, angesichts der zahllosen Mitwisser ihrer Verbrechen auch nur mit einem Wort diese ungeheuren Anklagen abzustreiten.
Die französische I. Armee erreicht die Donau auf 60 km breiter Front. –
Papenburg erobert. – Vor der Hafeneinfahrt von Kopenhagen wurden zwei deutsche Schiffe versenkt. – Der deutsche Dampfer Praetoria mit Flüchtlingen an Bord lief auf der Fahrt nach Kopenhagen auf eine Mine und sank.
Heute mittag wird gemeldet: die Rote Armee hat den Frontalangriff auf Berlin von Norden, Osten und Süden begonnen. Ständige Luftangriffe britischer und russischer Flugzeuge auf die Stadt.
Ein Berichterstatter schreibt von den russischen Panzerkorps: das sind keine »Panzerspitzen«, das ist ein massiver Panzerwall.
– Der Korrespondent von Svenska Dagbladet telefonierte gestern abend mit seiner Redaktion: das ist möglicherweise mein letzter Anruf aus Berlin. Überall in der Innenstadt, am Brandenburger Tor, in der Leipziger Straße und Unter den Linden krepieren russische Granaten.
Amerikanische Piloten melden: russische Panzer am Ostufer der Elbe!
– Südlich Hamburg wurde eine deutsche Kräftegruppe eingekesselt.
OKW-Bericht: Im Süden der Ostfront machten einige Gegenangriffe südlich des Semmerings gute Fortschritte. Südöstlich St. Pöl-

ten sowjetische Angriffe nach Süden. Nordwestlich Mährisch-Ostrau-Durchbruch vereitelt, Einbrüche aufgefangen (folgendes wörtlich:) In der Doppelschlacht zwischen den Sudeten und dem Stettiner Haff stehen unsere Truppen in schwerem Kampf. Nordwestlich Görlitz wurde die Frontlücke durch erfolgreiche Gegenangriffe geschlossen. Die Besatzung von Bautzen verteidigte sich hartnäckig gegen den mit starken Kräften angreifenden Feind. Nach West vorgestoßen drangen die Sowjets in Bischofswerder und Königsbrück ein. – Südlich Cottbus ziehen die Bolschewisten weitere Kräfte zur Näherung ihrer Angriffe gegen den Raum südlich Berlin nach und erreichten mit Angriffsspitzen die Linie Treuenbrietzen–Zossen südlich Königswusterhausen. In Cottbus und Fürstenwalde sind Straßenkämpfe in Gange. – Östlich und nördlich Berlin schob sich der Feind in schweren Kämpfen bis an die äußerste Verteidigungszone der Reichshauptstadt heran. In der Linie Lichtenberg–Niederschönhausen–Frohnau wird erbittert gekämpft. An der Ostfront konnte der Gegner seine Brückenköpfe zwischen Greifenhagen und Stettin zunächst ausweiten, wurde aber durch unsere Gegenangriffe wieder zurückgeworfen. (Folgendes wird gekürzt). Vor Pillau Sperrlinie gehalten. Zwischen Ems und Elbe starke Angriffe. Papenburg nach mehrmaligem Besitzwechsel gefallen. Ausweitung des Brückenkopfes Friesoythe dem Gegner nicht gelungen. Südwestlich Delmenhorst Angriffe nicht gelungen. Englische Kräfte bei Harburg in der Flanke gefaßt. Übersetzungsversuche über die Elbe zwischen Tangermünde und Wittenberge zerschlagen. Im Raum Dessau–Bitterfeld wechselvolle Kämpfe. Kämpfe um Dessau und Muldeübergänge; Bitterfeld verloren. Nördlich Chemnitz örtlicher Einbruch. Im Elster- und Fichtelgebirge und von Asch angreifender Feind bei Markttriebnitz aufgefangen. Auf der Linie Neumarkt–Crailsheim scheiterten Durchbruchversuche. Im Großraum Stuttgart heftige Kämpfe mit dem zur Umfassung der Stadt ansetzenden Gegner. Angriffe bei Göppingen und Tübingen. Kämpfe im Schwarzwald und in der Rheinebene bei Rottweil. – In der Materialschlacht in Italien blieben dem Feind wesentliche Erfolge versagt.

27. IV. 45

Die russischen Truppen, die gestern von Norden und Süden kommend sich bei Ketzin am Autobahnring vereinigten und damit die Schließung Berlins vollendeten, sind nördlich und südlich der Havel weiter nach Westen vorgestoßen. Südlich ist jetzt die Stadt Brandenburg völlig in russischer Hand, nördlich der Havel wurden Fehrbellin und Rathenow erobert. Gleichzeitig hat sich ein zweiter enger Ring um Berlin unter Ausschluß von Potsdam nach Eroberung von Wannsee, Nowawes und Pichelsdorf gebildet. Im inneren Berlin verringert sich der noch von deutschen Restverbänden gehaltene Raum schnell, besonders seitdem auch von Südwesten ein schneller Vorstoß erfolgte. Wilmersdorf und Dahlem wurden fast ganz besetzt, in die südwestlichen Teile Charlottenburgs sind die Russen eingedrungen. Das Zentrum des deutschen Widerstands gruppiert sich um die Bezirke Tiergarten und Schöneberg. Siemensstadt, der Görlitzer Bahnhof und das Gebiet zwischen Alexanderplatz und Schloß sind besetzt. Am Alex verteidigen sich noch Polizei und SD-Kräfte. Letztere als Volkssturm im Polizeipräsidium. Größere Verbände der Russen sind durch den Grunewald auf die Heerstraße vorgestoßen. Die Berliner Zivilbevölkerung hat in diesen Tagen großes Leiden auszustehen. Es wird vom Ausbruch einer Ruhrepidemie berichtet, der bereits viele Tausende zum Opfer fielen –. Weitere Frontmeldungen in kurzer Zusammenfassung:
Gestern fielen folgende Städte: Stettin, Bremen, Eger, Brünn, Torgau und Strehlau von den Russen genommen, die die Elbe überschritten haben.
In Italien völliger Zusammenbruch der deutschen Armee. Allgemeiner Aufstand der italienischen Freiheitskämpfer.
Die folgenden Städte sind in den Händen der Aufständischen: Turin, Mailand, Genua, Como, Chiasso. Die deutschen Wehrmachtsbesatzungen dieser Städte haben sämtlich die Waffen niedergelegt. Die Provinzen Piemont, Liguria und Lombardia werden völlig von den Aufständischen beherrscht, deren Macht sich jetzt auch schnell in den östlichen Provinzen Oberitaliens

ausbreitet. Deutsche Verbände auf der Flucht in die Alpen werden von der amerikanischen V. und der alliierten VIII. Armee schnell verfolgt, Verona erobert; die Etsch in breiter Front überschritten.
Hermann Göring hat abgedankt. Der deutsche Rundfunk teilte mit, daß Göring den Führer ersucht hat, ihn wegen eines Herzleidens von seinem Posten als Oberbefehlshaber der deutschen Luftwaffe zu entbinden. Hitler gab diesem Wunsche statt. Ein Nachfolger wurde bereits ernannt.
– In Berlin wurde das Tempelhofer Feld erobert.
In Süddeutschland hat sich das Tempo des amerikanischen Vormarsches auf Linz und München weiter beschleunigt. Der deutsche Widerstand ist praktisch gleich Null. Die III. amerikanische Armee steht 80 km vor Linz, nachdem sie an Passau vorbeigestoßen ist. Die amerikanische VII. Armee steht 50 km vor München aus westlicher und nördlicher Richtung. Die französische I. Armee hat die deutsch-schweizerische Grenze zwischen Basel und dem Bodensee völlig besetzt. Konstanz besetzt. Die im Südwestzipfel Badens abgeschnittenen deutschen Truppen haben die Waffen niedergelegt.
– Südlich Stettin wurden erobert: Schwedt, Gartz und Kaskow.

28. IV. 45 (letzte Ausgabe)

Vereinigung der Roten Armee mit den amerikanischen Truppen bei Torgau an der Elbe. Erobert: Rathenow, Wittenberg, Potsdam, Spandau, Prenzlau, Angermünde. In Berlin erobert: Neukölln, Tempelhof, Moabit, Moritzplatz. Keine abgegrenzte Front mehr, nur noch Säuberungsoperationen großen Stils.
Regensburg und Ingolstadt erobert, die III. und VII. amerikanische Armee 40 km vor München und 10 km vor Augsburg.
Der Sprecher des OKW, General Dittmar, begab sich in einem Ruderboot über die Elbe im Schutz einer weißen Fahne in amerikanische Gefangenschaft. Er erklärte, Hitler sei tatsächlich in Berlin und weigere sich, die Stadt zu verlassen.

In San Francisco: Weißrußland, Ukraine als Gründungsstaaten anerkannt, womit die SU 3faches Stimmrecht erhält.

Entschliessung

der politischen Gefangenen des Zuchthauses Brandenburg/Havel-Görden

Die politischen Gefangenen des Zuchthauses Brandenburg/Havel-Görden begrüssen die heldenmütige Rote Armee, die in unerbittlichem Kampfe den Faschismus zertrümmerte, als ihren Befreier! Mit der Roten Armee marschiert der Sozialismus in Europa!

In dieser Stunde gedenken wir aller Antifaschisten, die den Mordkommandos der SS und dem Fallbeil der faschistischen Justiz zum Opfer fielen. In unserer Anstalt allein wurden allwöchentlich 40 Antifaschisten an unseren Zellentüren vorbei aufs Schaffott und an den Galgen geführt. Sie starben als proletarische Helden, siegesbewusst! Sie starben für Euch Arbeiter, Werktätige!

Wir gedenken unseres Genossen Ernst T h ä l m a n n, des besten Sohnes der deutschen Arbeiterklasse. Er wurde am meisten gefoltert - unerschüttert aber hielt er stand! Mit ihm zugleich fiel Rudi B r e i t s c h e i d!

Wir schwören Euch gefallenen Antifaschisten, nicht eher zu ruhen, bis der Faschismus ausgerottet ist, bis der Neuaufbau in einem unabhängigen demokratischen Deutschland begonnen und bis unter der Herrschaft der Arbeiterklasse die nationale und soziale Freiheit Deutschlands erkämpft, der Sozialismus errichtet ist.

Wir gedenken insbesondere der Tausende sozialdemokratischer Arbeiter, die als Antifaschisten ihr Leben liessen! Wir gedenken der Opfer des 20.Juli 1944.

Arbeiter, Werktätige! Wir politischen Gefangenen haben den Weg zur politischen Einheit zwischen den sozialdemokratischen und kommunistischen Arbeitern beschritten - uns hat der faschistische Terror zusammengeschweißt! Wir haben gelernt, die Einheit als eine Lebensfrage zu erkennen, wir haben gelernt: nur die einheitlich kämpfende und bewaffnete Arbeiterklasse im engsten Bündnis mit allen Werktätigen in Stadt und Land kann faschistischen Terror und kapitalistische Herrschaft brechen! Klassengenossen folgt darum unserem Beispiel! Über alles Vergangene hinweg formiert Euch zu Bataillonen der Einheitsfront! Wir haben nur einen gemeinsamen Feind: Faschismus und Reaktion, wir haben nur ein gemeinsames Ziel: den S o z i a l i s m u s ! Seite an Seite wollen wir ihn erkämpfen!

Nach einem zwölfjährigen schwersten, illegalen Kampfe grüssen die politischen Gefangenen die Kommunistische Partei, der die meisten von ihnen als Mitglieder angehören. Immer stand die Partei im heissesten Feuer des antifaschistischen Kampfes.

Wir geloben heute feierlich, nicht zu rasten und zu ruhen, sondern im engsten Bündnis mit der Sowjet-Union alle Feinde der Werktätigen zu vernichten und die soziale und nationale Freiheit Deutschlands zu erringen!

Walter Uhlmann 6000 Frankfurt am Main
                Max-Bock-Straße 93

                1.11.1978

Lieber Robert Havemann!

Heute schreibt Dir einer der Ehemaligen aus Brandenburg.
Damals zu Deiner Zeit, war er Beifahrer auf dem Anstalt-
LKW des Zuchthauses. Sicherlich erinnerst Du Dich an
die kurzen Zusammentreffen in der Expedition an der Rampe.
Ich nahm die Sachen von Dir in Empfang für die Dorotheen-Str.
Sie wurden auch dort an den von Dir Genannten ausgehändigt.
Das nur kurz zur Auffrischung damaligen Geschehens.
Einige Brandenburger haben Erinnerungen zu Papier gebracht
aus jener Zeit. Durch Krankheit und Todesfall kam es bisher
nicht zur Veröffentlichung. Es sind etwa 2oo Seiten.
Inzwischen kam der DDR-Bericht: "Gesprengte Fesseln"
heraus. Du kannst Dir vielleicht denken, wie das auf
alte Freunde aus der Zuchthauszeit, die mit den Ver-
fassern Frenzel, Thiele und Mannbar, engstens im Knast
verbunden waren, wirkte.
Daher muß unser Bericht, der geschichtlichen Wahrheit vom
antifaschistischen Widerstand hinter Mauern entsprechend,
ergänzt werden.
Die Frage wäre also, wärst Du bereit, aus Deiner Sicht und
Erfahrung zum DDR-Bericht Stellung zu nehmen bzw. die
unterschlagenen Tatsachen zu lüften?
Ich habe im vergangenen Jahr eine sehr kritische Rezension geschrieben in der "Internationalen Korrespondenz
zur Geschichte der deutschen Arbeiterbewegung".
Eine Fotokopie füge ich bei.
Wir würden uns freuen, recht bald von Dir zu hören.
Natürlich machen wir uns keine Illusionen über Deine ver-
dammte Lage und wissen, wie schwierig Deine Entscheidung
sein wird.
In alter Kameradschaft grüßen Dich Edu Wald und

                    Walter Uhlmann

Anlage: Fotokopie der "IWK", 8 Seiten

Robert Havemann   1252 Grünheide/Mark, Burgwallstraße 4

                              10. Januar 79

An Walter Uhlmann
6 Frankfurt/M, Max-Bock-Str.93

Lieber Walter Uhlmann,
die Zeit, die wir im Zuchthaus Brandenburg-Görden verbracht haben, ist
wohl für jeden von uns unvergeßlich und, wie auch für die vielen, vielen
Freunde und Genossen, Unterdrückten und Verfolgten, die in den KZ's und
den Gefängnissen der Nazis gefangen waren, von nachhaltiger Wirkung für
unser ganzes späteres Leben. Unvergeßlich für mich ist auch unser Auszug
aus dem Zuchthaus nach unserer Befreiung am 27. April 1945 und unser langer
Fußmarsch von Brandenburg nach Berlin-Spandau. Als TU-Mann hatte ich ja
während meiner Zeit im Zuchthaus nur wenig Gelegenheit zum direkten Kontakt mit anderen Gefangenen. Aber durch meine Arbeit und die dafür notwendige Einrichtung meines Laboratoriums im Arresthaus habe ich doch mit einigen Genossen ab Mai 1944 engen und regelmäßigen Kontakt gehabt. Zuallererst mit Edu Wald, der mir sehr nahe stand. Ich trauere um ihn. Ich
erhielt die Nachricht von seinem Tod. Als er damals aus der KPD austrat,
in Hannover, verstand ich ihn nicht, aber es schmerzte mich, weil er mir
in Brandenburg so viel bedeutet hatte. Jetzt trauere ich darum, daß wir
nicht schon vor Jahren wieder Verbindung miteinander aufgenommen haben.
Aber fast ebenso nahe war mir schon damals Männe Gomolla und Willy Richter, der Kalfaktor im C-Flügel von Haus I war, Aerodynamiker, später Professor an der TU Dresden. Abends, wenn ich zum Einschluß aus meinem Labor
in meine Zelle im C-Flügel gebracht wurde, wartete Richter schon an der
Gittertür, wo ich ihm das zweite, meistens noch etwas ergänzte Exemplar
der Zeitung zusteckte. Das erste hatte schon gegen 16 Uhr Männe Gomolla
bekommen, dem es der Kalfaktor des Arresthauses gebracht hatte. Auch an
unsere Treffen an der Laderampe hinter der Tischlerei kann ich mich gut
erinnern. Aber die meisten Genossen und Kameraden habe ich doch erst nach
unserer Befreiung auf dem Heimmarsch näher kennen gelernt, so natürlich
auch die drei Autoren des Buches "Gesprengte Fesseln", Max Frenzel, Wilhelm Thiele und Artur Mannbar. Jetzt fällt mir aber noch ein guter
Freund aus der Küche ein, der dort als Diätkoch tätig war, Thieme, ein
halber Franzose, und auch noch Bobbi Dewey, der auch Kalfaktor in Haus I
war. Er sah mir immer durch das Eckfenster im Treppenhaus zu, wenn ich
Freistunde hatte. Die drei Autoren des Buches gehörten zu den ehemaligen
Brandenburgern, mit denen ich nach dem Krieg eng befreundet war. Besonders
mit Max Frenzel, der ebenso wie ich auch mit Männe Gomolla befreundet war,
und dessen Frau ich schon aus der Illegalität kannte, habe ich mich oft
getroffen. Als ich in dem Buche las, und jetzt, nach Deinem Brief, habe
ich es wieder getan, wurde viel in meiner Erinnerung an die guten Freunde
und Genossen wieder aufgefrischt. Soviele Namen sind mir wohl vertraut,
ich sehe sie lebendig vor mir. Ich habe ja viele von Ihnen nach dem Krieg
auf unseren Brandenburger Treffen zu den Jahrestagen unserer Befreiung
am 27. April wieder gesehen, das letzte Mal am 27.April 1965 1970. Sie
fanden alle fünf Jahre statt. Bei dem Treffen im Jahre 1965 rief mich
noch Ali Neumann, das Politbüromitglied mit Überlänge, am Abend beim
"gemütlichen Beisammensein" an seinen Tisch. Damals gab es ein merkwürdiges Gespräch. Ich saß neben Ali, als sich, hinter Ali stehend, Hanne Fruck
in unser Gespräch einmischte: "Na, Robert, hier bist Du wohl ziemlich enttäuscht, hier hast Du die Mehrheit gegen Dich!" Ich: "Aber Hanne, hoffentlich bist Du nicht auch in Deinem Dienst so schlecht informiert." Hanne
Fruck war oberster Stasi-Chef von Berlin. Drauf Fruck: "Na, Robert, was
denkt denn der Genosse X.X.(ich nenne seinen Namen nicht aus Sicherheit)

über Deine politischen Ansichten, der wird wohl kaum ja dazu sagen!" Der
Genosse X.X. stand auch neben Ali. "Mit ihm hast Du Dich doch vorhin
schon ausführlich unterhalten!" Ich wollte auf keinen Fall etwas sagen,
weil es wie eine Denunziation gewirkt hätte. Also sagte ich: "Ich habe mit
ihm darüber nicht gesprochen. Ich weiß nicht, wie er da denkt."
Darauf der Genosse X.X.: "Robert, Mensch, sag Ja, ich sag ja, damit ihrs
wißt!" Darauf Hanne, sehr verärgert, wendet sich an den neben mir sitzenden
Genossen Y.Y., dessen Name ich wegen seiner hohen Funktionen auch nicht
nennen kann: "Na, ..., und wie denkst Du?" Y.Y. stand auf, mit einem
Blick auf Fruck, aus dem abgrundtiefe Verachtung sprach, und sagte: "Damit
Du's weißt, mindestens fifty-fifty!" Dann ging er weg. Mir gegenüber saß bei
diesem Gespräch der Genosse Altenkirch, der als Vorsitzender der ZPKK meinen
Parteiausschluß durchgeführt hatte, und Kurt Seibt. Ali und Kurt Seibt versprachen mir damals neue freundschaftliche Aussprachen, um die ich sie ge-
beten hatte. Dies Versprechen wurde nicht gehalten. Zum Treffen im Jahre
1970 hatte ich zunächst keine Einladung erhalten. Ich bin dann zum Komitee
gegangen, wo es mir gelang, in letzter Minute doch noch eine Einladung zu
bekommen. Auf der Fahrt von der Autobahn bis zum alten Rathaus, wo unsere
Feier stattfand, hatte ich eine Polizeieskorte mit zwei Blaulicht-Autos.
Max Frenzel stand plötzlich im Gang vor mir, sehr verlegen sich windend,
stotterte er: "Ja - Robert - das hast - Du nun - davon --" Ich verstand
ihn nicht und ließ ihn stehen. Ich merkte bei vielen Angst, aber trotzdem
freundliche Blicke; aber es kamen auch immer wieder Leute zu mir,
drückten mir die Hand, setzten sich demonstrativ neben mich. Es war sehr
gespannt. Erich Ziegler, mit dem ich nach 25 eng befreundet war, kam und
sagte mit äußerster Kälte: "Ich verstehe Dich nicht, wie Du es wagen konn-
test, hierher zu kommen." Am Nachmittag hatte ein Führung zur Hinrichtungsstätte in der Garage des Zuchthauses Brandenburg stattgefunden. Es dauerte
lange, bis die lange andere Menschenschlange durch den Raum und an der
Guillotine vorbei geschoben hatte. An den Wänden die Bilder von vielen Hingerichteten. Auf einem Tisch Dokumente, ein dickes Buch, ein Manuskript
über die Geschichte von Brandenburg, unsere Geschichte. Auf der aufgeschla-
genen Seite las ich ".... einem Häftling, der zum Tode verurteilt war,
der aber ein Laboratorium eingerichtet bekommen hatte, war es gelungen,
in seinen Apparaten einen Radio ...." Ich las einiges, was in dem Buch "Gesprengte Fesseln" weggelassen werden mußte. Mein Name war aber schon damals
nicht genannt. Aber alle kannten ihn ja. Darum hatten sie ja auch gerade
diese Seite aufgeschlagen. Auf der Heimfahrt verfolgte mich ein schwarzes
Auto mit vier Insassen bis vor meine Haustür.

Das Buch "Gesprengte Fesseln" enthält viel wertvolles Material über die
Geschichte des Widerstandes im Zuchthaus Brandenburg. Alle, die an dieser
Geschichte teilgenommen haben, werden es mit Interesse lesen, sicher auch
manches Fehlerhaftes darin entdecken, das keineswegs mit der Absicht der
Fälschung da hinein geraten sein muß; jedenfalls soll man dies nicht von
vornherein annehmen. Es wäre verdienstvoll, alle zweifelhaften Stellen
durch Briefwechsel mit den Autoren und den im Buch genannten einzelnen Be-
richtern zu klären. Einen Mangel wird man aber nicht so einfach beseitigen
können. Er betrifft nicht das Buch, sondern seine Autoren. Sie müssen begreifen, daß ihr Bericht sich selbst vor aller Welt ausweist als ein Bericht
von Menschen in Fesseln geschrieben. Dabei sind weder die Fesseln noch die
Gefesselten das eigentlich Beklagenswerte. Das Schlimme und Beklagenswerte
sind die politischen Zustände, die guten, aber zu schwachen Menschen solche,
sie entwürdigenden Fesseln anlegten.

Dies ist meine Stellungnahme zu dem Buch. Im übrigen habe ich ja in meinen
Büchern schon ziemlich viel über die Zeit in Brandenburg berichtet. Du
kannst, wenn es Dir brauchbar und nützlich erscheint, in beliebigem Umfang
aus diesem Brief in Eurem Buch oder auch sonst zitieren.

Mit freundlichen Grüßen in alter kameradschaftlicher Verbundenheit

Dein Robert Havemann

*Schreib ein Heldenlieder. Ich las in der Fotokopie Deines Artikels
in der IWK, daß in derselben Nummer ein Artikel über Walter Löwe
(Niles) erschienen ist, der mich sehr interessiert.*

*Deinen Brief vom 1.11.78
erhielt ich erst vor wenigen Tagen.*

Blick hinter die Gitter: Gesprengte Fesseln[1]
Von Walter Uhlmann[2]

Es ist sicherlich verdienstvoll, 30 Jahre nach der Niederschlagung der Hitler-Diktatur eine Dokumentation über den Widerstand der politischen Häftlinge im damaligen, am Ende der Weimarer Republik erst fertiggestellten, Zuchthaus Brandenburg-Görden zu veröffentlichen. Etwa 40 mündliche und schriftliche Berichte sowie dokumentarisches Material bilden die Grundlage. Das Personenverzeichnis nennt 385 Namen, in der 3. Auflage 436. – Wer selbst die Zeit von 1937 bis 1945 dort durchstehen mußte, ist beeindruckt von der Vielzahl der Geschehnisse, die aus dem Dunkel der Vergangenheit wieder ins Gedächtnis gerückt werden: Kleine, oft unscheinbare Vorgänge und dann wieder lebensbedrohende solidarische Handlungen der Politischen im Sinne des antifaschistischen Widerstandes, Gespräche mit Todeskandidaten wenige Stunden vor ihrer Hinrichtung; der dumpfe Schall des Fallbeils morgens in aller Frühe, als die Arbeitskommandos der Unterkunft, unmittelbar über der Todesgarage, sich zum Aufbruch rüsteten. – Wer das alles erleben, erdulden mußte, noch heute überkommt ihn das Zittern, die Hilflosigkeit, aber auch die Erinnerung an den nie erlahmenden solidarischen Willen, sich nicht unterkriegen zu lassen. Dazu verhalf die sich täglich offenbarende Gemeinschaft der Politischen. Ein Blick, ein Wort, manchmal ein ganzer Satz, ein Stück

1 Max Frenzel, Wilhelm Thiele und Artur Mannbar, *Gesprengte Fesseln. Ein Bericht über den antifaschistischen Widerstand und die Geschichte der illegalen Parteiorganisation der KPD im Zuchthaus Brandenburg-Görden von 1933 bis 1945.* Berlin: Militärverlag der DDR, 1. Aufl., 1975; 2. Aufl. 1976, 368 S.
2 Abdruck aus: Internationale wissenschaftliche Korrespondenz zur Geschichte der deutschen Arbeiterbewegung (IWK) 1977, H. 2

Brot oder ein »Nachschlag« aus dem Essenkübel. So begannen die Kontakte, die strengstens untersagten und mit harten Strafen bedrohten Verbindungen zwischen den »Hochverrätern«. Das waren linientreue und oppositionelle Kommunisten aller Schattierungen, SAP-Genossen, Männer des 20. Juli, solche der »Schwarzen Front«, Gewerkschafter, Sozialdemokraten und Intellektuelle. All das wird in »Gesprengte Fesseln« der Vergessenheit entrissen und könnte dazu beitragen, der jüngeren Generation ein klares Bild jener Vergangenheit zu vermitteln. In früheren Publikationen, die unmittelbar nach 1945 erschienen waren, wurden bereits entsprechende Versuche unternommen.

Das ist die eine Seite des vorliegenden Buches. Aber die drei Autoren haben die Ereignisse in ein streng parteigetreues kommunistisches Schema gepreßt, einer Partei-Zensur unterworfen. Wie hätte sich sonst ausgerechnet der Militärverlag der DDR zur Veröffentlichung bereitgefunden? Wer alle drei Autoren in jahrelanger illegaler Zusammenarbeit innerhalb des Zuchthauses kannte, ist erschüttert, was aus einst charaktervollen, von der Idee des Sozialismus überzeugten und stets toleranten Menschen im Laufe einiger Jahrzehnte unter dem Druck des SED-Staatsapparates geworden ist. Es ist bedrückend und empörend zugleich, wie die geschichtliche Wahrheit im Sinne einer strengen Parteidoktrin entstellt, verschwiegen oder verleugnet wird. Frenzel, Thiele und Mannbar waren bis zu ihrer Verhaftung und auch im Zuchthaus keine gedankenlosen Nachplapperer der ultralinken KPD-Politik, sondern führende Mitglieder der sogenannten Versöhnler-Fraktion in Berlin. Gegen Mannbar führte die Kaderabteilung der KPD/SED nach 1945 ein Ermittlungsverfahren durch. Alle drei hatten nämlich »wiedergutzumachen«. Sie waren erpreßbar. Selbst nach 1945 bis 1953, soweit es dem Rezensenten durch engsten Kontakt in Erinnerung, blieb ihr kritisches Bewußtsein auch gegenüber der eigenen Partei wach. Aus diesem Grunde ist eine sachliche Würdigung ihres Buches nur möglich anhand einer Reihe von Geschehnissen, an denen die Autoren in irgendeiner Weise beteiligt waren. Auf vierzehn Punkte möchte ich hier eingehen. Dabei soll nicht kritisiert werden, was – verständlicherweise – in der Zwischenzeit in Vergessenheit geriet; das wäre

unfair. Angesichts dessen, was den Lesern in der DDR z. T. als Ergebnisse der Forschungen zum antifaschistischen Widerstand vorgestellt und zugemutet wird, ist es in diesem Zusammenhang notwendig, einige Fakten ins Gedächtnis zu rufen und auf Vorgänge hinzuweisen, die den Autoren sehr wohl geläufig sein müssen, wenn sie auch in ihrer Arbeit nicht erwähnt werden.
Was einst die Politischen aller Richtungen zum illegalen Widerstand hinter Zuchthausmauern ermutigte und sie in einer Art loser Organisation zusammenhielt, wird nach 30 Jahren dem Leser als die »illegale Parteiorganisation der KPD« vorgezaubert. – Und nun die Beispiele. Im Jahre 1948 erschien im »Verlag VVN« die von Artur Mannbar und Edu Wald verfaßte 24seitige Broschüre »Brandenburg«. Kein Wort fällt darin von der illegalen KPD-Organisation, sondern, der Wahrheit entsprechend, wird nur von den »illegalen Widerstandsgruppen« der Politischen berichtet. (S. 11) Doch 7 Jahre später taucht der Begriff der »Parteileitung« auf. Emanuel Gomolla (ehemals Brotschneider im Zuchthaus, ein vorbildlicher Politischer) schreibt am 3. April 1955 im »Neuen Deutschland« über die Befreiung 1945: »... An der Spitze stand die Parteiorganisation der KPD ... Von der Parteileitung wurde ein Plan ausgearbeitet, das Zuchthaus durch eine bewaffnete Erhebung selbst zu befreien. Von dem Genossen Professor Dr. Havemann, der über eineinhalb Jahre als Todeskandidat in seinem Labor in einer Zuchthauszelle gearbeitet hatte, wurden zu diesem Zwecke chemische Kampfstoffe entwickelt«. Zum Zeitpunkt dieser Veröffentlichung galt Havemann im Parteijargon noch nicht als ein Verräter. Und daß Edu Wald die hochbrisanten Verteidigungsmittel, z. B. Blausäure-Entwickler, aus dem entlegenen Laboratorium Havemanns unter größtem persönlichen Risiko durch viele Stationen des Zuchthauses bis in die Anstaltstischlerei, die Zentralstelle des Widerstandes, transportierte, das alles wird jetzt totgeschwiegen. Denn Edu Wald trennte sich 1947 von der KPD in Westdeutschland. Er ist ja ein Abtrünniger. Nur wer das richtige Parteibuch vorzuweisen hat, wird als Held anerkannt.
Anläßlich eines Treffens der Überlebenden sprach nach 1945 in Brandenburg, von Beifall begrüßt, auf Einladung der »Arbeitsge-

meinschaft der ehemaligen politischen Gefangenen des Zuchthauses« und der »Vereinigung der Verfolgten des Nazi-Regimes« (VVN), Rudolf Küstermeier, damals Chefredakteur der Hamburger Tageszeitung »Die Welt« über den Widerstandskampf. Heute heißt es diffamierend auf S. 169: »Er [R. K.] war Mitglied der SPD. Im Zuchthaus einer von uns, mauserte sich in der BRD zum Antikommunisten, der alle im Kampf gegen den Faschismus bewiesene Gemeinsamkeit vergaß«. Wer also nach 1945 nicht Mitglied der SED/KPD wurde, erhält den Stempel »Antikommunist«. So einfach ist die Denkschablone. Schlimmer als mit denjenigen, die Sozialdemokraten bleiben, wie Küstermeier und Dahrendorf z. B., wird mit denen abgerechnet, die im Zuchthaus als Kommunisten bekannt – wenn auch nicht linientreu –, später nach den Erfahrungen in der Sowjetzone bzw. der DDR ihr Parteibuch zurückgaben, ausgeschlossen wurden oder gar in den Westen gingen. Sie werden totgeschwiegen. Da sei genannt Robert Havemann. In der bereits erwähnten Broschüre »Brandenburg« liest man auf S. 13 über dessen illegale Tätigkeit: »Die Widerstandsorganisation hatte sogar ihren eigenen Rundfunkempfänger. Das Gerät befand sich in der Zelle eines zum Tode verurteilten Kameraden, der die Auslandssendungen abhörte und noch am gleichen Tage an einige Kameraden weitergab ... in den letzten Monaten sogar durch ein illegales Nachrichtenblatt... So verbreiteten sich die Meldungen an alle Mitglieder der Widerstandsgruppen«. Kein Wort von alledem in »Gesprengte Fesseln«. Denn Havemann zählt nicht mehr zur Partei. – Von den Alliierten Armeen wird überhaupt nichts geschrieben. Sie gab es nach Darstellung der Verfasser offensichtlich niemals. Nur noch »Die Siege der Roten Armee kündigten die endgültige Zerschlagung des Faschismus an«. (S. 240)
Schon im Jahre 1950 setzte bereits der wohl massivste Schlag gegen eine objektive Beschreibung der Abläufe im Zuchthaus Brandenburg ein. Walter Hammer, hervorgegangen aus der Freideutschen Jugendbewegung vor dem Ersten Weltkrieg, unerschrockener Kriegsgegner, Pazifist und Kämpfer gegen den Nazismus, ebenfalls politischer Häftling, baute nach 1945 in Brandenburg das »Forschungsinstitut des Zuchthauses« auf. Es war Teil des Landes-

archivs Potsdam. In der programmatischen Erläuterung seiner Aufgabe durfte damals noch betont werden: ». . . unbekümmert und unbestechlich, über alle Zonen- und Ländergrenzen hinwegschauend, muß sie [die Geschichtsschreibung] sich freihalten von jeder dogmatischen Engherzigkeit. Der Kampf gegen die Hitlertyrannei soll sich ohne Einseitigkeit wahrheitsgetreu in seiner ganzen Mannigfaltigkeit spiegeln . . . aber auch mit seiner vorbildlichen Solidarität«. Walter Hammer gehörte zur engeren Landesleitung der VVN dieses Bezirkes. Aber bereits Mitte 1950 machten die SED-Gewaltigen, ehemals Kameraden aus dem Zuchthaus, der unermüdlichen Forschungsarbeit ein jähes Ende. Hammer berichtet: »Ein Dutzend Prominente der stalinistischen Orthodoxie [kamen] aus Berlin angefahren, . . . an ihrer Spitze Prof. Dr. Robert Havemann und der neugebackene Polizeipräsident von Berlin, Waldemar Schmidt.«[1] Es gab eine harte Auseinandersetzung. Schmidt kommentierte die Bemühungen Walter Hammers, die Hinrichtungsgarage sowie drei Zellen der Todeskandidaten zu einer Gedenkstätte auszubauen, mit den unglaublichen Worten: »Das Panoptikum wird zugemauert!«.[2] Dies, obwohl der Einweihungstermin für die Richtstätte den Hinterbliebenen im In- und Ausland bereits mitgeteilt worden war! Noch am gleichen Tage forderten Beamte der ostzonalen Sicherheitspolizei von Hammer die Schlüssel des Forschungsinstituts, um im Auftrag der Regierung die drei Museumssäle, die Werkstätten und Büros zu schließen. So begann die Geschichte des jetzt vorliegenden parteitreuen Berichtes über das Zuchthaus Brandenburg. Das Ganze ist auch in anderer Hinsicht der Beachtung wert. Denn Robert Havemann, jetzt ein Verfolgter in der »sozialistischen DDR«, glaubte sich damals noch bedingungslos den Parteibefehlen unterordnen zu müssen. Erst nach dem 20. Parteitag der KPdSU und der Abrechnung Chruschtschows mit dem Stalinismus begann auch für ihn der viele Jahre während Prozeß des Nachdenkens. Noch 1950 war er als Genosse anerkannt.

1 Walter Hammer in einer Sendung des Nordwestdeutschen Rundfunks am 30. August 1950.
2 Walter Hammer, *a. a. O.*

Im Jahre 1959 hob Max Frenzel in einem Artikel die Tätigkeit Havemanns ausdrücklich und wahrheitsgemäß hervor.[1] Auf S. 522 schrieb er: »Außer der Nazipresse hatte die Parteiorganisation des Zuchthauses einen eigenen Nachrichtendienst. Dem zum Tode verurteilten Genossen Robert Havemann ... war es gelungen, einen Kurzwellen-Empfänger zu basteln und so versorgte er ... die Organisation täglich mit den neuesten Nachrichten der Auslandssender«. Siebzehn Jahre nachdem Frenzel den lebensgefährlichen Einsatz Havemanns in Erinnerung gebracht hatte, sucht der Leser in »Gesprengte Fesseln« vergeblich nach einer entsprechenden Passage. Die Wahrheit wird unterdrückt. Denn Havemann, der einst so linientreue Verfechter der SED-Politik, wurde nach den Enthüllungen Chruschtschows im Jahre 1956 ein sehr kritischer Parteigenosse. Und das, was er dachte, sprach er auch aus. Seine Vorlesungen an der Humboldt-Universität in Ost-Berlin waren überfüllt, sie versetzten der Parteihierarchie harte Schläge. Im März 1964 erfolgte der Ausschluß Havemanns aus der SED. Er wird verfemt wie im Mittelalter. Über seinen selbstlosen antifaschistischen Einsatz für die Partei darf von diesem Zeitpunkt an kein Wort mehr berichtet werden. Als im September 1976 Max Frenzel in Ost-Berlin von dem Kameraden Rudolf Küstermeier gefragt wurde, warum jetzt der Name Robert Havemann einfach verschwiegen werde, erhielt er nur die verlegene Antwort: »Das ist unsere Auffassung«. Basta! So macht man in der sogenannten »entwickelten sozialistischen Gesellschaft« Geschichte.

Eine ganz besonders wichtige Funktion zur Verbindung der Politischen mit der Außenwelt fiel dem Beifahrer des Zuchthaus-LKW zu. Mit Recht wird im Buch darauf verwiesen. Aber wie?! Auf S. 236 ist zu lesen: »... die Beifahrer der zwei Zuchthaus-LKWs, Waldemar Schmidt und Willi Ahrens, leisteten diese Arbeit von 1943 bis 1945«. Eine Verfälschung und eine Lüge zugleich. In den Garagen des Zuchthauses standen zwei LKW. Der eine Beifahrer war

---

[1] Max Frenzel, in: Walter A. Schmidt, *Damit Deutschland lebe. Ein Quellenwerk über den deutschen antifaschistischen Widerstandskampf*, Berlin (Ost) 1959.

kein Politischer und der andere, ein KPO-Mann, wegen illegaler Gewerkschaftsarbeit zu 8 Jahren verurteilt. Diese beiden übten ihre Tätigkeit von September 1943 bis zur Befreiung aus. Willi Ahrens saß nur wenige Wochen auf dem LKW. Er wurde bereits um die Mitte des Jahres 1943 aus dem Zuchthaus entlassen bzw. in eine andere Anstalt verlegt. Und Waldemar Schmidt war der Beifahrer auf dem LKW des Reichsgutes Plauer Hof, einem Außenkommando. Mit diesem Lastwagen wurde vor allem die tägliche Verpflegung vom Zuchthaus zum Außenkommando transportiert. Schmidt kam daher nicht oft nach Brandenburg, geschweige denn nach Berlin, wie man fälschlicherweise aus der Niederschrift entnehmen könnte. Wie sonst wäre es denkbar gewesen, daß der politische Beifahrer auf Wunsch Waldemars für dessen Mutter in Berlin am Friedrichshain Post und Lebensmittel schmuggelte? Aber all das darf ja nicht mehr wahr sein, denn dieser ehemals kommunistische Genosse hatte ja 1953 sein Parteibuch zurückgeschickt, war also in den Augen der Autoren »Renegat« geworden. Zwar berichtet auch der 2. Autor, Wilhelm Thiele, von einem Beifahrer (S. 202/203): »Die Materialverwaltung der Tischlerei hatte ein anderer Politischer... Als der Materialverwalter Beifahrer... wurde, kam Schwerdtfeger an seine Stelle«. Wie dieser Politische hieß, durfte Thiele im Sinne der Parteiwahrheit jetzt nicht mehr wissen. Drum sei an folgendes erinnert. Zur Jahreswende 1944/45 schrieb derselbe Thiele an diesen Beifahrer eine selbstgemalte Ansichtskarte. Auf der einen Seite befindet sich eine satirisch-freundschaftliche Farbzeichnung, die zeigt, wie der Hilfswachtmeister und sein Beifahrer den defekten LKW mit Stricken vorwärts ziehen; auf der anderen Seite der handschriftliche Text von Thiele mit folgenden Worten:
Herrn Anstaltslastkraftwagenfahrerassistent
Walter Uhlmann
Brandenburg-Görden
Winterfeldt-Allee 22, Garage
Unserem lieben Walterchen wünschen wir
ein recht glückliches und frohes Neues Jahr
Edu [Wald]   Will [Thiele]   Erich [Ziegler]
1944

Neujahrsgratulation von Wilh. Thiele, 1944/45, an Walter Uhlmann. Obwohl die Karte mit Briefmarken beklebt war, wurde sie illegal im Zuchthaus hergestellt u. dem Beifahrer persönlich überreicht.

Sicherlich ein Beweis engster Kameradschaft und Zusammenarbeit im Zuchthaus. (Wald trennte sich 1947 von der KPD in Westdeutschland, Erich Ziegler lange 2. Vorsitzender der Sozialistischen Einheitspartei in West-Berlin). – Eine günstigere Möglichkeit, Briefe von Kameraden an ihre Angehörigen hinauszuschmuggeln als durch den Beifahrer gab es kaum. So besorgte dieser Post u. a. für Martin Schmidt, Waldemar Schmidt, Prof. Ernst Niekisch, Max Maddalena, Robert Dewey, Robert Havemann und viele andere. Nicht selten wurden die Aufträge auch von der Frau des Beifahrers in Berlin persönlich weitergeleitet und die Antwort zugleich mitgenommen. Entscheidend für solche Möglichkeiten war das außerordentlich loyale und tolerante Verhalten des dienstverpflichteten Hilfswachtmeisters Willi Donath aus Brandenburg, des offiziellen LKW-Fahrers. Er gewährte seinem Beifahrer immer wieder völlig freien Handlungsspielraum. Stundenlang konnte er sich im blauen Monteuranzug vom LKW in Berlin und an anderen Orten entfernen. Im Juni 1944, vermittelt durch die Frau des Beifahrers, stellte dieser den direkten Kontakt zur illegalen Deutschland-Leitung der KPD in Berlin her. Fritz Nitzschke, sein alter Freund und Berufskollege, gehörte als Techniker zur engeren Leitung der Saefkow-Jacob-Bästlein-Gruppe. Der illegal in Berlin lebende Jacob wurde als Mitarbeiter in Nitzschkes Betrieb am Moritz-Platz geführt.[1] Bei seinem ersten Besuch dort nahm der Beifah-

[1] Vgl. Daniil Melnikow, *20. Juli 1944 – Legende und Wirklichkeit*, Berlin (Ost) 1966, S. 47: »Große Hilfe erhielt die Gruppe auch von Angehörigen bürgerlicher Kreise ... Der Eigentümer des optischen Betriebes Friedrich Nitzschke gewährte Jacob Obdach, gestattete in seinem Betrieb die Anfertigung von Fotokopien ... und verteilte selbst Flugblätter.« (Die russische Originalausgabe erschien 1965 in Moskau.) Vgl. außerdem: Gerhard Nitzsche, *Die Saefkow-Jacob-Bästlein-Gruppe*. Hrsg. vom IML beim ZK der SED, Berlin (Ost) 1957, S. 63: »In der Spezialwerkstatt von Nitzschke erledigte die Gruppe einen großen Teil wichtiger Arbeiten, die Anfertigung von Fotokopien, Vergrößerungen und den Druck von Flugblättern. Der Inhaber des Betriebes ›führte‹ den illegal lebenden Genossen Franz Jacob als ›Beschäftigten‹ seines Betriebes und verteilte unter Geschäftsfreunden und im Bekanntenkreis Flugblätter des Nationalkomitees ›Freies Deutschland‹. In den Werkstatträumen fanden auch wiederholt Beratungen von Funktionären statt«.

rer illegale Flugschriften, unterzeichnet mit »Nationalkomitee Freies Deutschland – Berliner Ausschuß«, mit und schmuggelte sie mit allen damit verbundenen Risiken ins Zuchthaus. Einem kleinen Kreis vertrauter Kameraden gab er sie zum Lesen, darunter Max Frenzel, Walter Mickin, Robert Dewey, Herbert Kratzsch. Als die Saefkow-Gruppe durch Verrat hochging, wurde auch Nitzschke im September 1944 in Brandenburg hingerichtet. Dem Beifahrer gelang es, ihn noch wenige Stunden vor der Urteilsvollstreckung in seiner Zelle zu sprechen. Über all das schweigt das Parteigewissen der Autoren.

Ein weiteres Beispiel. Es betrifft Prof. Erich Paterna. Er schrieb das Vorwort zum Brandenburg-Bericht. Auf S. 13 betont er: »Der Bericht will ebendieses Vermächtnis den Bürgern der DDR, besonders der Jugend, eindringlich vor Augen führen«. Und im Buch selbst kommt er nochmals zu Wort (S. 273): »Genosse Paterna hat im Außenlager Abbendorf ... konspirativ abgesichert, sogar in einem marxistischen Kursus regelmäßig über die Theorie des Marxismus-Leninismus, insbesondere auch über die materialistische Dialektik gelehrt«. Da staunt nun wirklich der Zeit- und Zuchthausgenosse von Paterna, der Bett an Bett neben ihm in der Baracke von Abbendorf lag. Erich war damals ein außerordentlich aufgeschlossener und kritischer Denker. Im Unterschied zu einigen anderen Politischen zählte er zum Kreis jener Genossen, die nicht alles, was zur Linie der KPD vor 1933 gehörte, dogmatisch hinnahmen. Der ehemalige Lehrer bekannte sich dennoch zur KPD und fühlte sich mit ihr verbunden. Seine Bedenken galten vor allem dem philosophischen Fundament der Partei, der dogmatischen Anwendung materialistischer Dialektik, gemessen an den damaligen neuesten Erkenntnissen. Im kalten Winter 1939/40 – es mußte manche Schicht ausfallen – saßen wir oft in kleiner Runde zur Diskussion beisammen. Paterna machte uns dabei mit den neuesten wissenschaftlichen Erkenntnissen der Quantentheorie von Heisenberg bekannt, wonach sich das Atom aus nichtmateriellen Elementarteilchen zusammensetzt. Also war das materielle Atom nicht mehr das Fundament aller Dinge in unserer Weltanschauung. Für Paterna ergaben sich konsequenterweise Schlußfolgerungen gegenüber der bisher

Max Frenzel Hauptautor des in der DDR erschienenen, völlig einseitigen SED-Buches »Gesprengte Fesseln« über den Widerstand im Zuchthaus Brandenburg

in der Partei vertretenen sturen Anwendung der materialistischen Philosophie. Freilich von Kursen, ausgerechnet über Marxismus-Leninismus, wie das heute dem Leser vorgegaukelt wird, war damals in Abbendorf überhaupt keine Rede. Es ist außerdem bemerkenswert, daß in der zweiten Auflage gegenüber der ersten Auflage über das Außenkommando Abbendorf auf S. 243–253 berichtet wird. Keiner der zu Wort kommenden Kameraden erwähnt auch nur mit einer Silbe die sogenannten Parteikurse. – Nach 1945 avancierte Paterna zum Lehrstuhlleiter für Parteigeschichte an der Parteihochschule des ZK der SED, im Apparat geschätzt als getreuer Partei-Ideologe und unerbittlicher Verfechter des Stalinismus.

Waldemar Schmidt wird lt. Personenverzeichnis auf 33 verschiedenen Seiten erwähnt, z. T. beschreibt er selbst seine Zeit als Häftling. Aber da ergibt sich für den Dabeigewesenen die Frage: Wie und wo hat er die Tage und Stunden der Befreiung erlebt? Voller Begeisterung werden zwar von anderen die letzten Stunden im Zuchthaus geschildert, von Plauer Hof, wo Waldemar seit 1943 als Beifahrer wirkte, jedoch kein Sterbenswörtchen! So sah es mit der Befreiung dort aus: Der Kontakt zum Zuchthaus war abgerissen. Die Arbeit auf dem Gutshof verrichteten die Kameraden weiter, an der Spitze Waldemar Schmidt. Die Fronten rückten immer näher: im Westen die Kampflinie der deutschen Wehrmacht, im Osten die Truppen der Roten Armee. Eines Nachts, Anfang Mai, stürmte ein Stoßtrupp der Russen den Gutshof. Alle Kameraden wurden gefangengenommen, nach Brandenburg transportiert und erst am 5. Mai freigelassen. Selbst dafür könnte man unter damaligen Verhältnissen ein gewisses Verständnis aufbringen. Der Krieg tobte noch an allen Fronten. Aber aus welchen Gründen verleugnen die drei Autoren diese ihnen bekannten Tatsachen, und warum wußte Waldemar Schmidt – viele Jahre Sekretär für internationale Aufgaben und Verbindungen des »Komitees Antifaschistischer Widerstandskämpfer in der DDR« – nichts von seinen letzten Tagen und Stunden vor der Befreiung zu berichten, die ich mit ihm gemeinsam überstand? Vermutlich, weil es eben nur bewundernswerte Taten der Roten Armee gegenüber den antifaschistischen Häftlingen geben darf.

Und nun ein letztes Beispiel: Es betrifft Erich Honecker, heute Generalsekretär der SED und mächtigster und gefeierter Mann in der DDR. An 15 Stellen des Buches erscheint sein Name. Es wird darauf verwiesen, wie er als Arzt-Kalfaktor manchen Freunden in den schweren Tagen geholfen hat. Seltsamerweise auch von ihm kein Wort über seine Rolle während der letzten Tage im Zuchthaus! Nur diese lapidaren Worte: »Genosse Erich Honecker war 1944 und 1945, als die großen Zerstörungen durch die Bombenangriffe der Anglo-Amerikaner begannen, mit anderen Gefangenen der Baukolonne in Berlin eingesetzt... Diese Baukolonne, und mit ihr Erich Honecker, kam einige Tage vor dem Zusammenbruch des Faschis-

mus wieder ins Zuchthaus zurück«. (S. 212) Nun einige Fakten. Am 27. April 1945 befreite ein Stoßtrupp der Roten Armee die Gefangenen des Zuchthauses. In der Tischlerei versammelten sich alle Politischen. Es sprach Robert Havemann. Von Erich Honecker wird nichts berichtet. Niemand sah ihn dort. Sonst wäre sein Name nicht verschwiegen worden. Und als am nächsten Tag ein Treck der Politischen aller Schattierungen, etwa 150 Mann, auf Befehl eines sowjetischen Offiziers wegen der Frontnähe sich nach Berlin in Marsch setzt, wissen auch dabei die drei Autoren nicht den Namen des späteren Partei-Chefs zu erwähnen. In der DDR-Literatur gibt es über die letzten Tage Honeckers in Brandenburg bis heute unterschiedliche Darstellungen. Unbestritten ist, daß Honecker mit Erich Hanke am 6. März 1945 von seinem Arbeitskommando in Berlin flüchtete. Wera Küchenmeister schrieb darüber: »Nach dem 6. März fielen noch Bomben, später tobte der Kampf um Berlin. Konnte ein Flüchtender unversehrt die Stille des neunten Mai (Kriegsende) erleben? Er erlebte sie in unserem Hause... Niemand fand ihn dort...«[1]
Erich Hanke schildert die Sache ganz anders, nämlich so: »Etwa vierzehn Tage später (also nach der Flucht am 6. März) geriet Erich wieder in die Hände der faschistischen Justiz. Er hatte aber großes Glück im Unglück. Er wurde ins Zuchthaus Brandenburg-Görden gebracht und überlebte. Als die Sowjetarmee nach Brandenburg vorstieß, schlug auch für ihn die Befreiungsstunde«.[2]
Was stimmt nun, überlebte Honecker in Berlin oder Brandenburg? Nach der Flucht war, wie Hanke anhand von Dokumenten nachweist, gegen die beiden Geflüchteten die Gestapo eingeschaltet worden. Wer dieser in dieser Situation in die Hände fiel, dem war der Genickschuß oder der Strick sicher. Wie kam es also, daß Honecker dem tragischen Schicksal entging und warum verschweigt dies Erich Hanke? Das war geschehen: Als sich Honecker nach 14 äußerst gefahrvollen Tagen in Berlin nicht mehr verborgen halten

---

[1] In: Fritz Selbmann (Hrsg.), *Die erste Stunde. Porträts*, Berlin (Ost) 1965, S. 203.
[2] Erich Hanke, *Erinnerungen eines Illegalen*, Berlin (Ost) 1974, S. 247.

konnte, meldete er sich bei seinem Arbeitskommando zurück, wofür man Verständnis haben kann. Hilfswachtmeister Seraphin war froh, wenigstens einen der Geflüchteten wieder in seinem Kommando zu haben. Er lieferte ihn jedoch nicht in die Hände der Gestapo. Und weil es unter den täglichen Bombenangriffen nicht mehr möglich war, im zerstörten Berlin noch Reparaturen durchzuführen, kehrte Seraphin mit seinem Kommando nach Brandenburg zurück. Diesem Hilfswachtmeister verdankt Honecker das Überleben. Kein Wunder, daß der ehemalige Hilfswachtmeister nach 1945, als eines Tages Erich Honecker auf einer Veranstaltung in Brandenburg auftrat, unter allen Umständen versuchte, mit ihm persönlich in Kontakt zu treten. Seraphin hatte in keiner Weise Honecker gegenüber ein schlechtes Gewissen. Er konnte sich als dessen Lebensretter betrachten. Aber Honecker ließ sich nicht sprechen.

Solche Wahrheiten durften freilich Frenzel, Thiele und Mannbar nicht publizieren. Daß sie von alledem informiert waren, ist überhaupt keine Frage. Und auch Honecker läßt diese letzten Tage im Dunkel.

Bilanz: Wäre es nicht nach 30 Jahren eine selbstverständliche und solidarische Verpflichtung der Autoren gewesen, die Gemeinsamkeit des antifaschistischen Widerstandskampfes im Zuchthaus auch in einer gemeinsamen Publikation der Vergessenheit zu entreißen? Freilich hätte man dabei manches entheroisieren müssen. Geschichte sollte doch geschrieben werden, um daraus zu lernen.

Abkürzungen

Agit-Prop	Agitation und Propaganda
HJ	Hitlerjugend
ISK	Internationaler Sozialistischer Kampfbund
IWK	Internationale wissenschaftliche Korrespondenz zur Geschichte der deutschen Arbeiterbewegung
IAH	Internationale Arbeiterhilfe
KAPD	Kommunistische Arbeiterpartei Deutschlands
KdF	Kraft durch Freude
KJVD, KJV	Kommunistischer Jugendverband Deutschlands
KPD	Kommunistische Partei Deutschlands
KPO, KPD-O	Kommunistische Partei-Opposition
KZ	Konzentrationslager
MdR	Mitglied des Reichstags
M-Apparat	Militär-Apparat
NSDAP	Nationalsozialistische Deutsche Arbeiterpartei
NS	Nationalsozialismus
NSV	Nationalsozialistische Volkswohlfahrt
OLG	Oberstes Landesgericht
RAF	Royal Air Force
SA	Sturmabteilung
SAJ	Sozialistische Arbeiterjugend
SAP	Sozialistische Arbeiterpartei
SED	Sozialistische Einheitspartei Deutschlands
SF	Schwarze Front
Sipo	Sicherheitspolizei
Sopade	Sozialdemokratische Partei Deutschlands (im Exil)
SS	Schutzstaffel
VGH	Volksgerichtshof

Personenregister

Ahrens, Willi, KPD, 284f
Amsoneit, Hauptwachtmeister, 39
Amter, Hermann, KPD, 143
Arnold, Oberwachtmeister, 51
Artl, Hilfswachtmeister, 52

Bartz, Anstaltspfarrer, 52, 69ff, 89, 242, 246
Bastiaensen, flämischer Häftling, 90
Bayer, Polizei-Inspektor, 57
Behnke, Gerhard, KPD, 107
Bentheim, von, SF, 106, 137
Bergmann, von, Dr., 236
Beyer, Walter, Bündische Jugend, 163
Blank, Herbert, SF, 20, 130, 136, 138
Boehn, von, Offizier, 137
Bölke, Willi, SPD, 197
Borochowicz, Leo, KPO, 12
Bottländer, KPD, 122
Brammer, Hans. SAP, 156, 188
Brandenburg, Hans, Missionspfarrer, 72f
Brandler, Heinrich, KPO, 11, 168
Brandt, Willi, SAP, 157
Brill, Dr., Hermann, SPD, 106
Bräuning, Karl, KPO, 12
Brunn, Paul, KPD, 107
Buchwitz, Otto, SPD, 251
Bürckner, Adjutant Thieracks, 104

Chruschtschow, sowjetischer Ministerpräsident, 283
Czech, Josef, KPD, 107

Dahms, Arbeitsinspektor, 57, 65, 79, 92, 97, 101, 221, 239
Dahms, Dr., Günther, Sohn des Arbeitsinspektors, 101
Dahrendorf, Gustav, SPD, 106, 251
Danz, Hermann, KPD, 22
Dehms, Alexander, ISK, 182

Dewey, Robert, KPD, 79, 106f, 220, 277
Dewitz, von, SF, 132
Donath, Willi, Hilfswachtmeister, 214, 221, 224, 287

Ebeling, Karl, KPD, 122
Eberhard, Anstaltsarzt, 67
Ehlen, Walter, KPD, 141
Eisler, Gerhart, KPD-Versöhnler, 13
Ehrtmann, Zentrumspartei, 251
Enderle, August, SAP, 12
Ewert, Arthur, KPD-Versöhnler, 13

Faller, Theo, KPD, 164f, 167
Förder, Georg, SF, 137
Franz, Krimineller, 96, 98
Freisler, Roland, Chef des Volksgerichtshofes, 33, 43
Frenzel, Max, KPD-Versöhnler, 13, 107, 229, 277, 280, 284, 289
Frölich, Paul, SAP, 11

Gäbler, Fritz, KPD, 107, 243
Gärtner, Walter, KPO, 69, 106
Gerstenberg, Bodo, SF u. KPD, 48, 129, 150, 152, 154, 170, 189
Glaser, S., Ungarischer Kommunist, 170
Goebbels, Joseph, Reichspropaganda-Minister, 27, 30, 85
Gohl, Max, KPD, 107
Gomolla, Emanuel, KPD, 107, 281
Göring, Hermann, Reichsmarschall, 130
Gottfurcht, Hans, Sozialist, 195
Gottschalk, Hilfswerkmeister, 50, 96
Grabarski, Oberwachtmeister, 76
Graf, Dr., Oberregierungsrat, 63
Gramatte, Paul, KPO, 189
Grasse, Hermann, KPD, 133

Grosse, Fritz, KJVD, 141
Großkurth, Georg, 22

Hammer, Walter, Pazifist, 14, 16, 90, 106, 254, 256, 282
Hanke, Erich, KPD, 23 f, 291
Hase, Hilfswachtmeister, 224, 227, 239
Hausen, Erich, KPO, 12
Havemann, Robert, KPD, 14, 16, 23, 106 f, 148, 185, 221, 236 ff, 243, 276
Heinrich, Karl, SPD, 162 ff
Heise, Hilfswachtmeister, 52
Herz, William, Neu-Beginn, 121
Himmler, Heinrich, SS-Chef, 169
Hindenburg, Reichspräsident, 19, 108
Hinrichs, Oberlehrer, 74
Hochgräfe, Oberregierungsrat, 104
Hochmuth, Walter, KPD, 106
Honecker, Erich, KPD, 14, 16, 23 f, 59, 239, 290
Horst, Hauptwachtmeister, 51, 68
Hosang, R., 257
Hüllenhagen, SPD, 125

Junack, Werkmeister, 64, 96 ff
Jurr, Werner, Kommunist, 217 f

Kamenew, Mitarbeiter Lenins, 125
Kayser, Albert, KPD, 141
Kerber, Erwin, KPD, 106
Kientop, Gestapo, 158
Kirow, Chef der Leningrader KP, 125
Kirsch, Oberwachtmeister, 52
Knapp, Wilhelm, KPD, 107, 246
Kniffka, K., SF, 137
Kosky, Herbert, KPD, 130
Kraffelt, Hauptwachtmeister, 51
Kratzsch, Herbert, KPD, 106, 220
Krause, SAP, 156
Krausz, Georg, KPD-Versöhnler, 13
Kriese, Paul, KPD, 158
Krotteck, Oberlehrer, 74
Kürschner, Erwin, SPD, 106

Kurze, Bruno, Gewerkschafter, 196
Küstermeier, Rudolf, SPD/Roter Stoßtrupp, 76 ff, 88, 106, 138, 174, 282, 284

Landwehr, Dr., Demokrat, 251
Lange, Fritz, KPD, 106
Langner, Oberwachtmeister, 45
Laskowsky, Kurt, KPD, 134
Lemnitz, Alfred, KPD, 106
Lenin, Führer der russischen Revolution, 125
Lenz, Erwin, KPO, 205
Leuschner, Bruno, KPD, 106, 127
Liebknecht, Karl, KPD, 20
Lindner, Bruno, Rote Kämpfer, 173
Lindener, Wachtmeister, 249
Litzmann, Frau, Dr., SF, 137
Loll, Fred, KPD, 189
Loriades, Hans, KJVD, 184 ff
Lowe, Walter, (»Miles«), Neu-Beginn, 121
Lüdke, Hauptwachtmeister, 52
Lutze, Stabschef der SA, 111
Luxemburg, Rosa, KPD, 20

Maddalena, Max, KPD, 147, 287
Mannbar, Artur, KPD, 15, 106, 277, 280
Maron, K., KPD, 253
Menzel, Robert, KPD, 107
Metzger, Max-Josef, Pfarrer, 210
Meyer, Ernst, KPD-Versöhnler, 13
Meyer, Engelbert, Hauptwachtmeister, 50
Mickin, Walter, KPD, 107, 220
Mickinn, Hans, KPD, 107
»MM«, Maschinenmeister, 215 f
Mrochen, Thomas, KPD, 107, 215 f, 220, 243, 246, 248
Müller, Dr., Anstaltsarzt, 67
Müller, KPD, 134,
Müller, Karl, KPD, 170, 189

Müller, Werner, KPO, 12
Münzenberg, Willi, KPD, 10, 179

Naumann, Hans, SF, 136
Nelson, Leonard, Philosoph, 20
Neumann, Alfred, KPD, 107
Neumann, Walter, Hauptwachtmeister »Jummi«, 41f, 47, 83, 87, 95f, 116, 137
Niekisch, Ernst, 177f
Nitzschke, Fritz, Saefkow-Gruppe, 216ff, 221, 223, 287

Opel, Fritz, Roter Studentenbund, 108, 110

Paterna, Erich, KPD, 22, 106, 152, 174f, 189f, 288
Perl, Alfred, KPD, 133, 189
Pfaff, Josef, KPD, 107
Philippson, Julius, JSK, 20, 181
Pieck, Artur, Sohn von Wilhelm P., 252
Pieck, Wilhelm, Führer der KPD, 20
Plath, Willi, KPD, 189
Pledl, Max, Unpolitischer, 106
Popper, Fritz, KPO, 205
Prinz, Hilfswachtmeister 98
Purschke, Walter, JAH, 124
Puttins, Hauptwachtmeister, 50, 60, 65

Quack, Emil, Politischer, 101
Quack, Josef, Politischer, 101

Rauhe, Albert, KPD, 157
Reichel, Oberlehrer, 23, 52, 73, 242, 246
Reitmann, Hauptwachtmeister, 50, 87ff
Ritke, P., Politischer, 101
Rohde, Dr., Anstaltszahnarzt, 68f
Röhm, Ernst, SA-Chef, 111, 119, 197
Rosenberg, Hans, KPD, 130
Rosenfeld, Kurt, SAP, 156

Rothe, Max, 204
Rothbarth, H., KPD, 155
Rothmann, Hans, KPD, 119

Saefkow, Anton, KPD, 15, 86, 216f, 222, 287
Seeger, Hauptwachtmeister, 51
Seibt, Kurt, KPD, 107
Seraphim, Hilfswachtmeister, 24, 292
Siewert, Robert, KPO, 12
Sinowjew, Mitarbeiter Lenins, 125
Sommer, Fritz, SAP, 190
Sydewitz, Max, SAP, 156
Sygmund, Hans, KPD, 152, 157
Syrucek, B., Tscheche, Politischer, 107, 217
Schaefer, Alfred, KPD, 18, 115, 117, 152
Scharfschwerdt, Otto, SPD, 182
Schilling, Oberwachtmeister, 50, 58f, 97f
Schirrmeister, Willy, KPD, 106
Schlickeiser, Verwaltungsinspektor, 101f
Schmidt, Martin, KPD, 106f, 246, 248
Schmidt, Waldemar, KPD, 107, 228, 231, 233f, 246, 283f, 291
Scholz, Pfarrer, 52, 72
Schöpfel, Vorsteher, 57
Schröder, Adolf, SAP, 157
Schröder, Karl, Rote Kämpfer 173
Schulz, Hilfswachtmeister, 208, 212
Schwab, Alexander, Rote Kämpfer, 172f
Schwarz, Wachtmeister, 116
Schwerdtfeger, Walter, Journalist, 18, 26, 105, 107
Schwerdtfeger, Zuchthausdirektor, 21, 36, 38, 42, 56, 63, 74
Schwichtenberg, Werkmeister, SPD, 82, 107, 236, 243, 245
Stalin, Nachfolger Lenins, 126
Stauffenberg, Graf von, 18

Steffensen, Schneidermeister, 98
Strasser, Otto, SF, 10, 20, 130, 136, 179

Thalheimer, August, KPO, 11, 168
Thälmann, Ernst, KPD, 19, 120, 168
Thiele, Fritz, KPD, 106
Thiele, Wilhelm, KPD, 107, 248, 250, 277, 280, 285
Thierack, Otto, Justizminister, 33, 43, 104
Thümmler, Zuchthausdirektor, 23, 225f, 242, 245
Tittel, Hans, KPO, 12
Tulatz, Herbert, SAP, 133, 157

Uhlmann, Walter, KPO, 11f, 14, 106f, 169f, 189, 191, 216, 226, 234, 238, 276, 285
Ulbricht, Walter, KPD, 19f, 122, 129, 252
Urbahns, Hugo, Lenin-Bund, 173

Viete, Hauptwachtmeister, 41, 96, 137
Voggenauer, KPD, 163
Volk, Karl, KPD-Versöhnler, 13

Wachtel, Max, KPD, 251
Wadsack, Waldemar, SF, 174
Walcher, Jacob, SAP, 11
Wald, Edo, KPD-Versöhnler, 13, 15, 107, 220, 236, 241, 277, 281
Walter, Georg, SF 106, 140, 142, 145f, 177, 179
Warmbrunn, KPD, 141
Weber, Hermann, Prof., 9
Wegner, Dr., Journalist, 28
Wels, Otto, SPD, 19, 179
Wendt, Fritz, Werkmeister, 64, 82, 100, 102
Westermann, KPD-Versöhnler, 13
Wiegard, Kurt, 204
Wiest, Fritz, KPO, 12
Wissmann, Vorsteher, 56f
Wittenburg, Anstaltsarzt, 67f
Wittwer, Karl, 204
Wolf, Hauptwachtmeister, 189
Wolff, Pfarrer, 52, 69, 71
Wonsig, Max, KPD, 235
Wünsch, Oberwachtmeister, 52

Ziegler, Erich, KPD, 107
Ziemens, Walter, Politischer, 89
Zinn, Karl, SPD, 106

Bildnachweis

Archiv des Herausgebers und der Autoren
Archiv Gerstenberg, Frankfurt a. M.

Karl Fruchtmann
ZEUGEN
Aussagen zum Mord an einem Volk

MAN lebt... Ich habe eine neue Familie aufgebaut, ich habe eine Frau und drei Kinder, alles ist gut, man lacht, man... trotzdem lebe ich damit, die ganze Zeit."

WENN ich 35 Jahre nach Auschwitz noch immer von Auschwitz träume, das heißt doch, das ist tief in mir, ich kann das nicht von mir wegreißen, das bin ich, das ist ein Teil von mir."

WENN man sagt: sechs Millionen. Aber wenn ich zur Arbeit gegangen bin, wir sind immer zu fünft gegangen. Und zweihundert waren doch so eine lange Reihe, das waren doch so viele Menschen, sogar in Fünferreihen... Und sechs Millionen... Das kann man nicht begreifen."

60 Juden berichten, was sie in den Jahren in Konzentrationslagern erlebt haben, warum gerade sie überlebten und was die Folgen für ihr Leben heute sind. Sie sprechen über Weinenkönnen, über Träume, über Haß. Sie antworten auf die Frage, was mit ihrem Glauben an Gott, an die Menschen geschehen ist. Und sie sprechen von ihrer Hoffnung, daß ihre Leiden einen Sinn gehabt haben mögen.

182 Seiten. Broschur

Kiepenheuer & Witsch